国家社会科学基金项目（15BJY128）成果
国家社会科学基金项目和湖北经济学院 PI 团队项目资助

长江经济带旅游空间结构动态评价、形成机理及优化路径研究

邓祖涛　著

九州出版社
JIUZHOUPRESS

图书在版编目(CIP)数据

长江经济带旅游空间结构动态评价、形成机理及优化

路径研究 / 邓祖涛著. --北京：九州出版社，2020.10

ISBN 978-7-5108-9628-6

Ⅰ. ①长… Ⅱ. ①邓… Ⅲ. ①长江经济带－区域旅游

－旅游业发展－研究 Ⅳ. ①F592.75

中国版本图书馆 CIP 数据核字(2020)第 192367 号

长江经济带旅游空间结构动态评价、形成机理及优化路径研究

作 者	邓祖涛 著	
出版发行	九州出版社	
地 址	北京市西城区阜外大街甲 35 号(100037)	
发行电话	(010)68992190/3/5/6	
网 址	www.jiuzhoupress.com	
电子信箱	jiuzhou@jiuzhoupress.com	
印 刷	北京亚吉飞数码科技有限公司	
开 本	787 毫米×1092 毫米 16 开	
印 张	12	
字 数	215 千字	
版 次	2021 年 6 月第 1 版	
印 次	2021 年 6 月第 1 次印刷	
书 号	ISBN 978-7-5108-9628-6	
定 价	62.00 元	

前　　言

　　旅游空间结构是人类旅游活动作用于一定地域范围所形成的组织形式,体现了旅游活动的空间属性和相互关系,是旅游活动在地理空间上的投影,是区域旅游高质量发展的指示器。旅游空间结构是由点、线和面等要素组成,旅游要素空间结构特征、演变规律和优化路径是旅游空间结构主要研究内容。客观而准确地把握旅游要素空间结构演化态势与作用机制是正确进行区域旅游空间布局和科学制定旅游发展对策的前提和基础。

　　旅游空间结构是旅游地理学当前和未来主要研究方向之一。既有文献对旅游空间结构的研究大多从单一要素角度来研究,比如,从点要素角度来研究旅游景区空间结构,从线要素角度来研究旅游流,从面要素来研究旅游市场竞争态和旅游经济空间格局,较少将它们综合起来系统地研究旅游要素空间结构的演变态势及其形成机理。从研究尺度来看,本书从市域和省域视角对长江经济带旅游空间结构进行了较全面的分析。从研究时段来看,采用的是时空面板数据,而不是截面数据。从研究方法来看,采用的是定性和定量相结合的研究方法,比如,在研究旅游景区空间结构时,除了应用传统的最近邻指数、地理集中指数方法外,还选用了 Ripleys K 函数、热点探测、标准差椭圆和核密度等方法;在研究旅游市场空间结构时,除了剖析旅游市场竞争态外,还对不同类型的旅游市场转移模式进行了定性探讨;在研究旅游流网络结构时,不仅选用度数中心性、中间中心性和接近中心性来分析个体网络特征,还应用网络密度、网络关联度、网络等级度和网络效率来评价整体网络演变特征,此外,还采用 CONCOR 方法对旅游流网络进行聚类分析;在研究旅游经济空间格局时,应用了空间自相关性和半方差函数,在揭示其形成机理时,采用了地理探测器方法,这与以往文献主要采用定性分析和一般线性回归模型方法有很大的不同;在研究旅游网络结构的空间效应时,选择杜宾空间计量模型,并分析了网络结构对区域旅游协调发展的直接效应、间接效应和总效应。

　　本书研究内容共分七章。第一章,绪论,主要就本书的研究背景、研究意义、研究范围与概念界定、研究思路和研究内容进行了介绍。第二章,旅游空间结构文献综述,从国外和国内两个方面进行了回顾与评述,其中国外主要回顾了旅游空间结构理论与应用、旅游者时空行为与模式、旅游需求预测、旅游流影响因素四个方面的研究成果,国内主要评述了旅游资源空间结构、旅游客源市场结构、旅游经济发展空间差异、旅游流分布及其影响因素、区域旅游空间结构五个方面的研究成果。第三章,长江经济带旅游景区空间结构演变研究,应用地理数学方法和空间分析方法,从空间分布类型、均衡性、方向性和关联性四个维度系统地探测长江经济带高级别旅游景区空间结构演变特征,同时,从区位因素、交通因素、自然环境和人文环境定性地分析了高级别旅游景区空间结构的形成机理,在此基础上,提出了优化高级别旅游景区结构的对策与建议。第四章,长江经济带旅游市场竞争态及其转移模式研究,从国内旅游目的地市场和入境旅游目的地市场两个维度着眼,应用旅游市场竞争态模型将长江经济带旅游市场划分为明星市场、金牛市场、幼童市场和瘦狗市场四种类型,并通过市场转移模式确定不同旅游市场结构的演变类型,在此基础上,提出了相应的旅游市场发展战略。第五章,长江经济带旅游流网络结构演变研究,首先基于修正的引力模型构建长江经济带旅游流网络,然后应用社会网络研究方法评价了省域和市域尺度下的整体网络特征和个体网络特征,并进行了核心—边缘结构分析、旅游流分级和凝聚子群的划分,最后提出了旅游流空间结构优化举措。第六章,长江经济带旅游经济空间格局及其形成机理,应用空间统计方法研究不同时段下的长江经济带旅游经济空间自相关性和空间异质性,并采用地理探测器方法揭示其空间格局的演变机理,在此基础上,提出了相应的举措。第七章,长江经济带城市群旅游流网络结构及空间效应比较,从旅游流的方向和流量两个基本属性着眼,基于百度指数分别构建了长三角城市群、长江中游城市群和成渝城市群旅游流网络,分析了其总的特征、城市角色变化、旅游流层级的演变,同时,应用杜宾空间计量模型分析了旅游流网络结构对城市群旅游协调发展水平的影响。

　　本书是国家社会科学基金一般项目(15BJY128)的研究成果,获得了国家社会科学基金项目和湖北经济学院 PI 团队经费的出版资助。

目　　录

第一章　绪　论

第一节　研究背景和意义

空间这个术语及其派生词在地理学、区域科学及其他相关学科中运用得十分广泛(陆玉麒,1998)。空间研究在不同学科有不同的空间含义。亚里士多德认为,空间是事物生存的逻辑条件,牛顿认为空间是一个内在虚无的客观实体,艾萨德(Isnard)在《地理空间》中指出,从整体内容看,不存在纯粹的自然空间。空间与社会相关,社会又与空间相连,其统一为地理空间(张文奎,1989)。近代地理学中的空间概念仅是影响区域发展的一个要素而已,现代地理学不仅使空间概念研究得到了进一步发展,而且使之从区域研究中独立出来而自成一个研究体系。空间是对地球表层的一种抽象表达,最典型的应用就是古典区位论。

空间结构理论是在区位论基础上产生的,是研究客体在空间中的相互作用和相互关系,以及反映这种关系的客体和现象的空间集聚规模和集聚形态(陆大道,1995)。空间结构实为节点、网络、域面、要素流和等级——规模体系的要素集合(陆玉麒,1998)。空间结构是区域发展状态的显示器,是历史发展的函数。准确分析区域空间结构和演化规律,可为区域各行业的发展提供借鉴经验,指明发展方向(郭来喜,1994)。

空间结构研究是旅游地理学当前和未来主要研究方向之一(吴国清,2007)。旅游活动离不开旅游者的空间移动、旅游产业的空间布局、旅游地间的竞争和合作,目的地与客源地间的相互联系和相互作用等,这些问题都与空间过程有关(王洪桥,2017)。旅游空间结构是指旅游经济客体在地域空间中的集聚程度和集聚形态及其相互作用(黄华,2012)。在区域旅游发展过程中,其空间结构特征及演变规律关系到旅游资源在空间的有效配置和旅游活动的区位选择,是判断区域旅游是否得到高质量发展的重要标尺。旅游空间结构优化在供给侧结构性改革中必将发挥重要的引擎和纽带作用。

一、研究背景

(一)长江经济带为国家建设的战略重点区域

长江经济带横跨中国东中西三大区域,是中央重点实施的"三大战略"之一。2014 年中央经济工作会议明确了 2015 年经济工作的主要任务是"逐步增强战略性新兴产业和服务业的支撑作用,优化经济发展空间格局,重点实施长江经济带战略"。2014 年 9 月,国务院出台了《关于依托黄金水道推动长江经济带发展的指导意见》(以下简称为《意见》),该《意见》指出要将长江经济带建设成为具有全球影响力的内河经济带、东中西互动合作的协调发展带、沿海沿江沿边全面推进的对内对外开放带和生态文明建设的先行示范带(中国政府网,2014)。2016 年 9 月颁布的《长江经济带发展规划纲要》确立了长江经济带"一轴、两翼、三极、多点"的发展新格局。"一轴"是以长江黄金水道为依托,发挥上海、武汉、重庆的核心作用,推动经济由沿海溯江而上梯度发展;"两翼"分别指沪瑞和沪蓉南北两大运输通道,这是长江经济带的发展基础;"三极"指的是长江三角洲城市群、长江中游城市群和成渝城市群,充分发挥中心城市的辐射作用,打造长江经济带的三大增长极;"多点"是指发挥三大城市群以外地级城市的支撑作用(百度百科,2016)。2018 年 11 月,中共中央、国务院明确要求充分发挥长江经济带横跨东中西三大板块的区位优势,以共抓大保护、不搞大开发为导向,以生态优先、绿色发展为引领,依托长江黄金水道,推动长江上中下游地区协调发展和沿江地区高质量发展(中国政府网,2018)。由此可见,长江经济带是国家建设的战略重点,如何优化长江经济带产业布局,促进其协同发展?如何进行长江经济带产业转型升级,推动其高质量发展?旅游空间结构研究是重要的切入点和突破口。

(二)信息化和快速交通背景下的旅游空间结构研究成为新的科学命题

互联网和信息通信技术的进步推动着旅游业的快速发展,互联网已成为旅游企业、旅游目的地和旅游者之间进行在线旅游交易的重要平台(王兆峰,2019;陆利军等,2020)。随着供给需求两端的互联网程度的迅速提升,2018 年在线化率也持续快速提升,其中,机票、火车票市场的在线化程度已达到较高水平(艾瑞咨询,2018)。互联网改变了旅游者的消费行为,改变了旅游企业的营销方式,那么互联网背景下所形成的旅游流空间结构特征是什么？其空间结构与线下旅游流空间结构有什么异同性？是什么因素促成了线上旅游流的空间结构的形成？如何通过在线信息建设调整旅游流空间结构？这些都成为当下旅游地理学者新的研究命题(涂玮,2015)。

旅游业的发展与交通运输的发展密不可分,伴随交通运输技术的不断进步,旅游业获得了飞速的发展。快速交通对旅游业的直接影响是改变了区域旅游空间结构(汪德根等,2012;张宇,2015)。通过交通可达性的提高,重构了区域旅游资源吸引力格局,扩大旅游市场需求结构和旅游客源地结构,缩短了游客出游时间距离,增大了游客的出游半径和活动范围,改变了旅游行为和旅游流空间格局,形成"时空收敛"(穆成林等,2015)和"时空压缩"效应(汪德根,2016)。显然,快速交通不只是连接旅游客源地和目的地的必要手段,更是缩短两地时间距离、拉近人们心理距离的有效工具(钱佳)。高速铁路作为一种快速的、革命性的运输方式,加速和放大了都市经济圈"同城效应"和"近城效应"(徐长乐,2011),通过整合中心城市和周边城市的旅游资源、人才、资金、信息等要素,推动都市经济圈旅游合作。"武广高铁"使珠三角、长株潭和武汉都市圈进入了"小时旅游圈",使三个都市圈的核心城市广州、长沙和武汉出现"同城效应"(梁雪松,2010)。同时,高铁改变其沿线区域旅游流空间结构,对区域经济、旅游业发展产生了重大影响(王宇楠,2017)。高铁对旅游空间格局的影响已成为中国地理空间创新研究的新命题(黄泰等,2017)。

二、研究意义

(一)理论意义

本书以地理学、旅游学、经济学和管理学的相关理论为基础,从旅游景区、旅游市场、旅游流、旅游经济四个角度对长江经济带旅游空间结构进行了较系统的研究,丰富了区域旅游空间结构研究内容,同时,为长江经济带旅游空间布局、旅游协调发展和旅游高质量发展提供了理论依据,具体而言:

1. 构建了旅游景区空间结构研究体系

国内外对旅游景区空间结构的研究较多,但涉及的内容不完整,不能全面地反映区域旅游景区空间分布的整体情况。为此,本书从空间分布类型、空间偏移性、空间均衡性和空间关联性四个方面构建了旅游景区空结构研究体系,并对其演化规律及形成机理进行了较深入的分析。

2. 剖析了旅游目的地市场竞争态及其转移模式

既有文献大多仅研究旅游客源市场竞争态特征,极少关注旅游目的地市场竞争态分布特征。事实上,对旅游目的地市场的研究,有助于更好地廓清旅游目的地的供给力、吸引力、服务力和竞争力。

3. 对网络中的凝聚子群进行了深入分析

社会网络分析方法在旅游空间结构研究中应用越来越广泛,但大多数文献都是基于网络密度、节点中心性、结构洞等指标来分析,较少从凝聚子群角度对网络中行动者进行分类。凝聚子群的深入分析能为地方政府在制定区域旅游协调发展战略上提供科学的参考依据。

4. 应用地理探测器来解释旅游经济空间异质性

国内外对旅游经济空间影响因素的研究主要以定性分析和一般线性回归模型为主,极少应用地理探测器来解释。地理探测器是一种利用空间分层异质性来揭示其背后驱动因素的地理统计研究方法(王劲峰,2019)。所以本书采用地理探测器来解释长江经济带旅游经济空间的异质性以及演变机理具有重要的理论意义。

(二)实践意义

长江经济带是我国新一轮改革开放开发战略中的重要区域,是"两横三纵"全国城市化战略格局中的重要轴线(陈银娥等,2016),是最具发展潜力和竞争力的第二大经济带(钟业喜等,2016)。长江经济带旅游资源丰富,近年来,旅游业获得了较快的发展,逐步成为长江经济带经济发展新的增长点,与此同时,由于旅游资源、经济、交通、信息化等空间分布差异,使得长江经济带旅游发展存在明显的不平衡状态,旅游景区开发和布局不合理,旅游市场缺乏整体协调与规划,城市间、省域间旅游合作深度不够,旅游协同发展意识较薄弱,鉴于此,本书基于区位理论、市场竞争态理论、旅游协调发展理论、空间相互作用理论,应用定量和定性相结合的研究方法来剖析长江经济带旅游景区空间结构演变特征及其影响因素,揭示旅游市场竞争态演变及其转移模式,测度旅游流空间分布格局及其角色定位,分析旅游经济空间自相关性和空间异质性,比较三大城市群城市节点角色变化和城市之间旅游流层级演变规律及其形成机理,为落实国务院长江经济带空间发展战略及协助国家及省市发改委、国家及省市文化和旅游局、省市政府指导长江经济带旅游协调发展和实现长江经济带旅游空间和谐化、秩序化、一体化提供科学决策和智力支持。

第二节 研究范围与概念界定

　　长江经济带的概念普遍认为起源于 1984 年陆大道提出的长江沿岸产业带(段学军等,2015),之后,学者们对长江经济带展开研究,但地域范围不尽相同,主要包括以下几种:①长江三角洲及沿江地区(38 市)(段学军等,2015),即长三角的上海、江苏省的南京、苏州、无锡、常州、南通、扬州、镇江和浙江省的杭州、宁波、嘉兴、湖州和舟山以及长江沿江地区的安徽省的马鞍山、芜湖、铜陵、安庆、巢湖、池州,江西省的九江市,湖北省的武汉、黄石、鄂州、沙市、荆门、宜昌、黄岗、咸宁、荆州,湖南省的岳阳、常德、益阳,四川省的重庆、万县、涪陵;②沿江 7 省 2 市,即云南、四川、重庆、湖南、湖北、江西、安徽、江苏和上海;③长江流域 11 省(市)。既有文献中绝大多数是以长江流域 11 省(市)为长江经济带范围。随着《关于依托黄金水道推动长江经济带发展的指导意见》的颁布,长江经济带正式上升为国家战略。长江流域 11 省(市)被明确划定为长江经济带的范围(图 1-1)。长江经济带是我国横贯东西、打通东西向经济动脉的重要引擎,具有独特优势和巨大发展潜力。面积约 205 万平方公里,2017 年,总人口达到 5.95 亿,占全国的 42.8%,国内生产总值为 362658.52 亿元,占全国的 43.9%,旅游总收入为 76980.48 亿元,其中国内旅游收入 74731.82 亿元,旅游外汇收入333.06 亿美元。

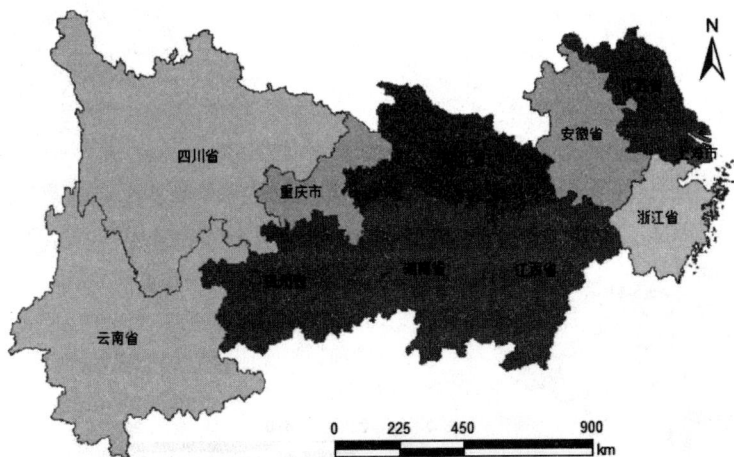

图 1-1　长江经济地带省域地图

　　长江经济带覆盖上海、江苏、浙江、安徽、江西、湖北、湖南、重庆、四川、贵州、云南11省(市)130个城市和地区,其中江苏13个,包括南京、无锡、徐州、常州、苏州、南通、连云港、淮安、盐城、扬州、镇江、泰州、宿迁;浙江11个,包括杭州、宁波、温州、嘉兴、湖州、绍兴、金华、衢州、舟山、台州、丽水;安徽16个,包括合肥、芜湖、蚌埠、淮南、马鞍山、淮北、铜陵、安庆、黄山、滁州、阜阳、宿州、六安、亳州、池州、宣城;江西11个,包括南昌、景德镇、萍乡、九江、新余、鹰潭、赣州、吉安、宜春、抚州、上饶;湖北17个,包括武汉、黄石、十堰、宜昌、襄阳、鄂州、荆门、孝感、荆州、黄冈、咸宁、随州、恩施、神农架林区、天门、仙桃和潜江;湖南14个,包括长沙、株洲、湘潭、衡阳、邵阳、岳阳、常德、张家界、益阳、郴州、永州、怀化、娄底、湘西;四川21个,包括成都、自贡、攀枝花、泸州、德阳、绵阳、广元、遂宁、内江、乐山、南充、眉山、宜宾、广安、达州、雅安、巴中、资阳、阿坝、甘孜、凉山;贵州9个,包括贵阳、六盘水、遵义、安顺、铜仁、黔西南、毕节、黔东南、黔南;云南16个,包括昆明、曲靖、玉溪、保山、昭通、丽江、普洱、临沧、楚雄、红河、文山、西双版纳、大理、德宏、怒江、迪庆。

　　本章研究的市域是指长江经济带地级单元及其以上城市所覆盖的范围,包括直辖市、省会城市、地级市和地级单元(自治州),共计126个地级及以上单元(简称126个城市,下同)(图1-2)。鉴于湖北省的神农架林区、天门、仙桃和潜江属于县级城市,所以没有纳入本书研究范围内。本章研究的省域是指长江经济带11个省(市)所覆盖的范围。

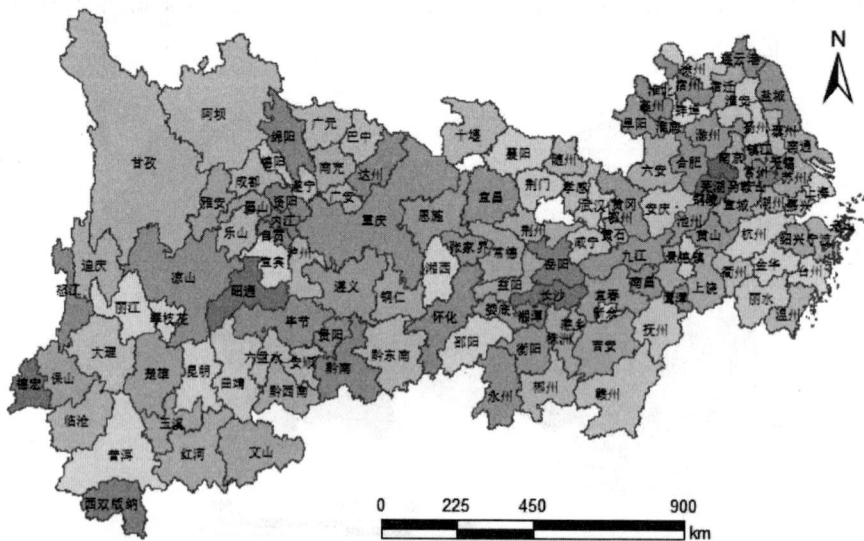

图1-2　长江经济地带市域地图

第三节 研究思路和研究内容

一、研究思路

本书首先查询并梳理国内外有关旅游空间结构研究文献,确立长江经济带旅游空间结构研究内容框架,然后实地调研、收集资料、整理数据,接下来选用定性和定量研究方法来进行分析,同时对其旅游空间结构演变的影响因素加以剖析,最后提出相应的对策与建议。总之,本书是按照"研究什么(研究内容)——如何研究(研究方法)——优化路径"的逻辑思路来展开研究。其技术路线如图 1-3 所示。

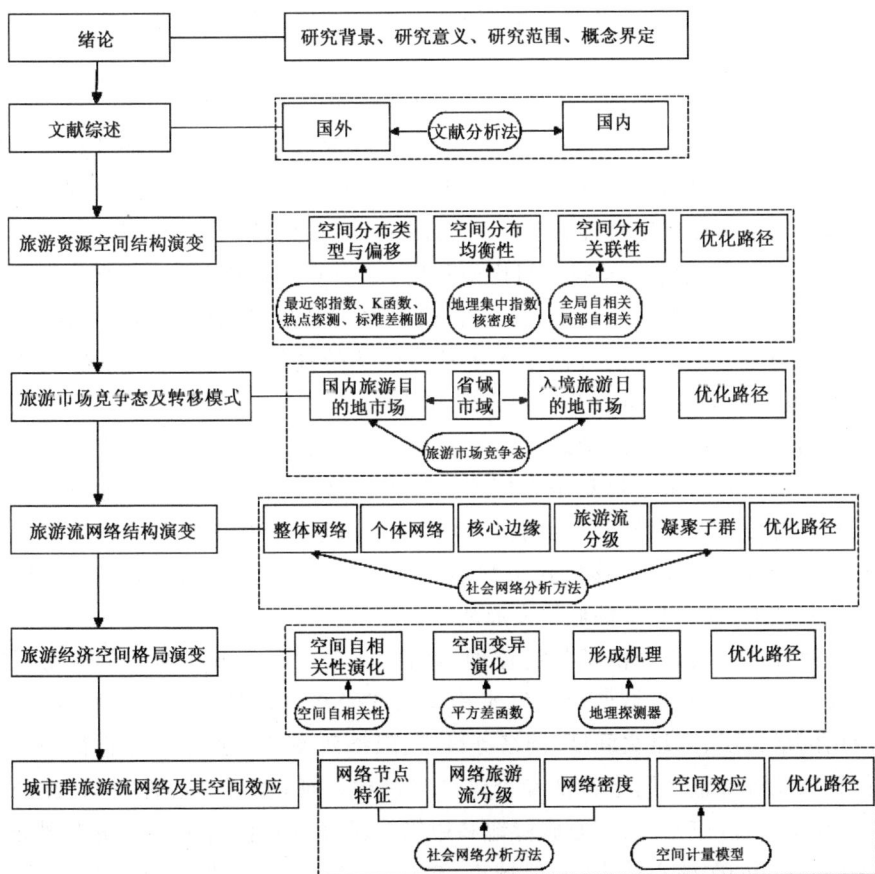

图 1-3 技术路线图

二、研究内容

本书共有七个章节,主要分绪论、国内外研究现状、旅游景区、旅游市场、旅游流、旅游经济和城市群旅游流来依次展开分析。

第一章 绪论。主要介绍长江经济带旅游空间结构的研究背景、研究意义、研究范围、概念界定、研究思路和研究内容,以便引导读者从整体上了解本书的研究架构。

第二章 旅游空间结构文献综述。主要从国外和国内两方面对既有文献进行了总结。其中,国外部分主要从旅游空间结构理论与应用、旅游者时空行为与模式、旅游需求预测、旅游流影响因素四个方面进行了梳理,国内部分则主要从旅游资源空间结构、旅游客源市场结构、旅游经济发展空间差异、旅游流分布及其影响因素、区域旅游空间结构演变五个方面进行了回顾。

第三章 长江经济带旅游景区空间结构演变研究。基于 Crimestat 软件,运用最近邻指数、Ripley's K 函数、热点探测来测度长江经济带高级别旅游景区空间分布类型;应用标准差椭圆方法分析长江经济带高级别旅游景区空间偏移和离散特征;基于 ArcGIS 软件,采用地理集中指数、核密度来判别高级别旅游景区的空间均衡程度;基于 Geoda 软件,选用全局自相关和局部自相关方法诠释了长江经济带高级别旅游景区的空间关联性;应用定性和定量相结合的方法来揭示长江经济带高级别景区格局的影响因素,并提出旅游景区重点开发和合理布局的对策。

第四章 长江经济带旅游市场竞争态及其转移模式研究。应用波士顿矩阵理论和旅游市场竞争态模型将长江经济带国内旅游目的地市场和入境旅游目的地市场划分为明星市场、金牛市场、幼童市场和瘦狗市场四种类型,并通过市场转移模式来判别长江经济带旅游市场结构演变类型,在此基础上,提出相应的旅游发展战略。

第五章 长江经济带旅游流网络结构演变研究。基于修正的旅游引力模型,从市域和省域两个尺度来构建长江经济带旅游流空间关联网络;应用网络密度、网络关联度、网络等级度、网络效率和节点中心性指标来评价长江经济带整体网络特征和个体网络结构特征;基于中心性,将长江经济带 11 个省(市)分为核心旅游地和边缘旅游地,同时,将 126 个城市划分为核心城市、次核心城市、一般城市、次边缘城市和边缘城市五个等级;根据长江经济带省域间、市域间相对旅游流大小,将其分为一级旅游流、二级旅游流、三级旅游流和四级旅游流四个等级;基于凝聚子群探测长江经济带省域间、市域间凝聚子群内部和之间的旅游联系;根据上述的分析研究,提出相关对策与建议。

第六章 长江经济带旅游经济空间格局及其形成机理。应用空间自相关性分析长江经济带旅游经济空间关联性特征;基于半方差函数揭示长江经济带旅游经济的空间异质特征;基于地理探测器探讨长江经济带旅游经济空间格局演变机理,并提出了优化其旅游经济空间格局的对策。

第七章 长江经济带城市群旅游流网络结构及空间效应比较。以长三角城市群、长江中游城市群和成渝城市群为研究对象,基于百度指数构建三大城市群旅游流网络结构,动态地分析城市节点角色变化和城市之间旅游流层级演变,同时,采用空间计量模型,分析旅游流网络结构对城市群旅游协调发展水平的影响,并提出城市群旅游流网络结构优化路径。

参考文献

[1] 陆玉麒.区域发展中的空间结构研究[M].南京:南京师范大学出版社,1998.

[2] 张文奎.人文地理学概论[M].长春:东北师范大学出版社,1989.

[3] 陆大道.区域发展及其空间结构[M].北京:科学出版社,1995.

[4] 郭来喜.中国人文地理学研究回顾和展望[J].地理学报,1994(S1):609-615.

[5] 吴国清.旅游地理学[M].福州:福建人民出版社,2007.

[6] 王洪桥.东北地区旅游空间格局演化及机制研究[D].长春:东北师范大学博士学位论文,2017.

[7] 黄华.边疆省区旅游空间结构的形成与演进研究——以云南省为例[D].上海:华东师范大学博士学位论文,2012.

[8] 中国政府网.国务院关于依托黄金水道推动长江经济带发展的指导意见(国发[2014] 39 号)[EB/OL]. http://www.gov.cn/zhengce/content/2014-09/25/content_9092.htm.2014.

[9] 百度百科.长江经济带发展规划纲要[EB/OL]. http://news.sina.com.cn/c/2016-09-12/doc-ifxvukuq4216861.shtml.2016.

[10] 中国政府网.国务院关于建立更加有效的区域协调发展新机制的意见[EB/OL]. http://www.gov.cn/zhengce/2018-11/29/content_5344537.htm.2018.

[11] 王兆峰.基于结构方程模型的旅游网站信息对旅游行为意向影响机制的研究——以湘西地区为例.商学研究[J].2019,26(2):23-32.

[12] 陆利军,戴湘毅.基于百度指数的湖南旅游目的地城市旅游者网络关注度及其空间格局研究[J].长江流域资源与环境,2020,29(4):836－849.

[13] 艾瑞咨询.https://www.iresearch.com.cn/Detail/report? id＝3318&isfree＝0.2018

[14] 涂玮.在线旅游信息表征的旅游流空间结构及动力机制研究——以泛长三角为例[D].南京:南京师范大学博士学位论文,2015.

[15] 汪德根,陈田.国外高速铁路对旅游影响研究及启示[J].地理科学,2012,32(3):322－328.

[16] 张宇.武广高铁对沿线区域旅游空间结构影响研究[D].北京:北京交通大学硕士学位论文,2015.

[17] 穆成林,陆林.京福高铁对旅游目的地区域空间结构的影响——以黄山市为例[J].自然资源学报,2016,31(12):2122－2135.

[18] 汪德根.高铁网络化时代旅游地理学研究新命题审视[J].地理研究,2016,35(3):403－418.

[19] 徐长乐,郇亚丽.高铁时代到来的区域影响和意义[J].长江流域资源与环境,2011,20(6):650－654.

[20] 梁雪松.基于双重区位空间的湖南旅游业发展机遇探讨[J].经济地理,2010,30(5):859－864.

[21] 王宇楠.哈大高铁对沿线区域旅游的影响及旅游空间结构的优化[D].哈尔滨:哈尔滨师范大学硕士学位论文,2017.

[22] 黄泰,席建超,葛全胜.高铁影响下城市群旅游空间的竞争格局分异[J].经济地理,2017,37(8):182－191.

[23] 陈银娥,钟学进.长江经济带城市旅游规模差异及位序规模分布优化研究[J].江汉论坛,2016,(12):36－42.

[24] 钟业喜,冯兴华,文玉钊.长江经济带经济网络结构演变及其驱动机制研究[J].地理科学,2016,36(1):10－19.

[25] 段学军,虞孝感,邹辉.长江经济带开发构想与发展态势[J].长江流域资源与环境,2015,24(10):1621－1629.

第二章 旅游空间结构文献综述

从理论渊源来看,区域空间结构的研究始于20世纪30—40年代的德国,可以远溯至传统的区位经济理论,而区域空间结构的概念提出及其理论形成,则是在20世纪50年代以来。区域空间结构的研究可以分为两个阶段:萌芽阶段和形成阶段。萌芽阶段主要得益于经济区位理论(Weber,1909;Christaller,1966)。区域空间结构理论长期受到平衡增长和不平衡增长发展战略的影响。许多学者开始从区域相互作用的角度关注区域空间发展问题,区域空间结构研究进入形成阶段,涌现出一大批区域空间结构理论,诸如佩鲁的增长极(Perroux,1950)、缪尔达尔的循环累积因果论(Myrdal,1957)、赫希曼的"极化—涓滴"理论(Hirschman,1958)、弗兰克等人提出的依赖理论(Frank,1967)、布鲁克弗尔德的相互依赖理论(Brookfield,1975)、罗斯托的增长阶段理论(Rostow,1960)、弗里德曼的核心—边缘理论(Friedmann,1966)、保罗·克鲁格曼的中心—外围模型(Krugman,1991)。

旅游空间结构作为区域旅游发展状态的重要指示器,是区域空间结构研究的重要领域之一,长期以来受到国内外学者们的广泛关注。客观而准确地把握旅游空间结构演化态势与作用机制是正确进行区域旅游空间布局和科学制定旅游发展对策的前提和基础。国外学者对旅游空间结构研究主要集中在旅游空间结构理论与应用、旅游者时空行为与模式、旅游需求预测、旅游流影响因素等方面的研究。

第一节 国外旅游空间结构研究进展

一、旅游空间结构理论与应用研究

自20世纪60年代起,国外学者开始应用相关理论来探索区域旅游空间结构(Christaller,1964;Lundgren,1973;Miossec,1976)。Christaller(1964)应用区位理论探究游憩活动与地理空间的结构关系,提出休假者旅行到城市外部时所产生的范围扩展问题。之后,一些学者运用核心—边缘理论来解释区域旅游空间结构关系。Hills 和 Lundgren 构建了核心－边缘理论模型,强调边缘地区对核心地区的依赖。Weaver 以特立尼达和多巴哥与安提瓜和巴布达岛这两个加勒比群岛国家为例,探讨了旅游与优势岛屿和附属岛屿之间内核心外围关系的相互作用。Chaperon 和 Bramwell (2013)以地中海的马耳他岛和周边的戈佐岛为研究案例,探讨了旅游依赖性以及边缘和核心之间的"代理"关系。有学者基于混沌和复杂性理论揭示了区域旅游空间组织演变规律(Zahra 和 Ryan,2007),运用钻石理论分析区域旅游产业集群的生长条件(Jackson 和 Murphy,2002,2006),借鉴社会网络理论分析旅游目的地旅游流及空间网络结构(Baggio,2008;Lee 等,2013),基于锚点理论和社会网络分析技术确定了韩国首尔旅游景点系统的空间结构(Kang 等,2018)。

既有文献在旅游系统模型构建上取得了较大成就。Gunn(1988,2013)从需求板块和供给板块两个部分构建了旅游系统模型,并在此基础上提出了旅游目的地地带(TDZ)模型;Preobrazhensky 等(1982)构建了反映空间结构模式的地域游憩系统模型;Leiper(1995)提出了由旅游者、旅游业、客源地、旅游通道和目的地五个要素组成的旅游地理系统模型。20 世纪 90 年代,旅游地空间合作越来越受学者们的关注。Gray(1989)认为合作过程具有五大特点。Roberts 和 Simpson(1999)对中欧和东欧的旅游伙伴关系进行了较深入地分析,Jamal 和 Getz(1995)提出了社区旅游合作发展的三个阶段以及要采取的行动。de Araujo 等(2002)详细地阐述了区域旅游合作伙伴关系和旅游合作框架的构建。

二、旅游者时空行为与模式研究

旅游者行为一直是旅游研究的一个主要领域(Walmsley 和 Behavioural,2002)。根据 Pearce(2011)的观点,要想较好地理解旅游者行为,就必须将社会心理方法(即旅游意图)和地理方法(即旅游空间模式)有机地结合起来。长期以来,旅游行为研究者主要关注社会心理(Cohen 等,2014),对旅游空间模式的研究较少,且都停留在单纯的空间上,缺乏从时间上加以研究。时间地理学概念和地理信息技术的引入,使旅游者时空行为的研究逐渐丰富起来。时间地理学提供了一个框架来理解人类在时间和空间上的存在。在旅游研究中,时间地理学可以用来研究"时间、空间和旅游者流动性之间的复杂联系"(Zillinger,2002)。时间地理学关注游客在时间和空间上的移动和互动,因此,可以为研究旅游和休闲相关的移动提供相关的理论和方法框架(Hall,2012)。移动和多景点是旅游者时空行为的两个基本维度。空间,反映在移动上,而时间则反映在参与活动中(Grinberger等,2014)。"时空约束"是时间地理学的一个重要概念,是由权限约束(出游目的)、能力约束(出行时间)和耦合约束(旅游团结构)三部分组成。Schwanen&Kwan(2008)应用时空约束概念开展了与人类日常旅行和日常生活相关的约束研究。Kang(2016)探讨美国南卡罗来纳州沿海地区的时空约束与旅游空间格局之间的关系。他认为权限约束与宏观层面(即单目的地出行和多目的地出行)显著相关,而能力约束和耦合约束与微观层面(即多目的地旅行模式)有显著的关联。地理信息系统(GIS)提供了一种可视化多目的地出行分析结果的方法(Wu和Carson,2008),是研究旅游者空间行为的有效工具。Lin等(2009)以台湾淡水县为例,基于3D-GIS对旅游者活动模式进行了地理可视化研究。伴随GPS和手机跟踪等高科技技术发展,旅游者时空活动跟踪已成为可能(Beeco等,2012;Cantis等,2016)。此外,随着人们越来越依赖虚拟社区、个人博客和Flickr、Twitter和Instagram等网络来获取旅游信息,社交媒体对旅游业产生了强大的影响(Xiang和Gretzel,2010)。它们提供了使用高时空分辨率数据的可能性,使利用不断更新的信息动态研究旅游时空行为成为可能,从而为旅游时空行为的研究提供了一个新的理论视角。含地理标记的twitter数据包含了全球大多数地点的大量最新内容(Leetaru等,2013)。Chua等(2016)通过从Twitter上分析带地理标记的社交媒体数据,来表征意大利南部地区旅游景点Celnto旅游流的时空和人口特征。García-Palomares等(2015)应用照片共享服务和地理信息系统,比较了欧洲八个城市主要热点地区的照片分布情况,发现旅游者和居民的照片空间集中度较高,且存在显著性差异。此外,有学者运用指数来测度旅游者的时空行为。Li等(2008)利用国家潜在出游发生指数和总旅游倾向指数来评价1995—2004年亚太国家成员国的一般出行倾向,并分析过去10年中亚太成员国的相对出游力的变化。

　　在旅游活动中,移动不是随机的。旅游者的时空行为受到游客特征和目的地特征的共同影响(Lew和McKercher,2006;Lau和McKercher,2006;Grinberger和Shoval,2019)。其中,游客特征包括时间预算、动机、兴趣、旅游团结构、文化距离、人格、目的地知识和先前经历等。时间预算是影响游客行为的最具影响力的因素,因为它可以直接限制或扩大潜在活动的数量和范围,以及可以体验个人活动的深度(Pearce,1988)。兴趣对行为也产生一定影响。Fennel(1996)发现,有特殊兴趣的游客旅行的目的地不同于主流旅游者和一般旅游者。他们的行动更有目的性,更有针对性,更愿意参观那些有专业吸引力的低等级景点。旅游团的成员组成也会影响他们的旅游行为。旅游团的旅游活动是经过大家协商最终达成一致才能执行,单个人的偏好可能会服从团体(群体)的压力,特别是在亚洲这样的集体主义社会里(Lew,2006)。文化距离也可能会影响行为,来自接近客源地文化的游客比那些来自远离客源地文化的游客更希望寻找不同景点和旅行到目的地的不同地区(Flogenfeldt,1999;Lew,1987)。1991年,Debbage测试了Plog提出的游客心理特征模型(Plog,1974)。在他看来,非自我中心型(多中心型)的旅游者似乎更有可能冒险越过天堂岛度假区,而自我中心型(心理中心型)的游客似乎在任何情况下都不愿意离开这个岛(Debbage,1991)。人格类型在识别游客的空间行为中起着重要作用。目的地的先前经历是决定旅游行为及其空间表现的重要因素(Koo等,2012)。熟悉度和旅游之间的关系早就被认识到,尽管近年来似乎没有受到太多关注(Kastenholz等,2013)。对目的地的了解和熟悉是游客时空行为的决定因素(Caldeira和Kastenholz,2018),而这取决于旅游者先前的到访和信息搜索中使用的来源数量(Tideswell和Faulkner,1999)。更多的信息可能会形成更长的时间逗留,更大范围的移动性和更多的景点到访(Hernández,2003)。放松和熟悉被认为是重游游客最显著的动机因素,而新奇和新的文化体验被认为是第一次游客最重要的动机(Li等,2008)。McKercher等(2012)通过问卷调查和GPS跟踪比较第一次和重游的国际旅游者在香港的行为,发现第一次的旅游者移动范围更大,而重游者则倾向于集中性;第一次的旅游者更可能参观标志性景点,而重游者往往更具有空间选择性,访问较少的地方,但在那里花费更长的时间,以及更多地利用公共交通工具。

目的地特征包括天气、住宿地点、景点位置、交通可达性和环境。人们普遍认为天气对旅游目的地会产生影响,但事实上,天气对旅游目的地的影响取决于目的地性质和范围。在McKercher等看来,已有研究的目的地大多数都集中在农村地区,而对城市目的地的研究有限。无论是实际的还是感知到的天气都不会在很大程度上影响旅游者在城市目的地的行为,尽管会影响他们的满意度(Falk,2015)。Losada等(2019)应用地理加权主成分分析(GWPCA)方法分析了西班牙老年人的旅游空间行为,发现在西班牙北部、中部和南部地区的情况有明显的差异,在这些地区,最具决定性的因素是目的地的卫生和清洁、医疗保险和交通设施。

旅游者的活动模式是由时空约束与认知、社会、文化、情感因素之间的复杂交互作用形成的(Grinberger和Shoval,2019)。识别和理解访问者的时间-空间活动模式是目的地管理有效和成功的关键(Bauder和Freytag,2015)。对游客空间行为模式的理解与游客体验和满意度的管理有着密切的关系(Andereck,1997;Edwards和Griffin,2013)。Lue等(1993)总结了旅游者的游憩空间模式,包括一个单一目的地模式和多目的地模式(中途模式、大本营模式、区域旅游模式和旅行链模式)。一些学者利用 Lue 的空间模式进行了研究(Stewart 和 Vogt,1997;Chancellor,2012;Popp 和 Mc-Cole,2016;Kang,2016),发现游客在旅行期间倾向于访问多个目的地。Oppermann(1975)提出了七种模式,包括两种单目的地模式和五种多目的地模式,他用这些模式比较了马来西亚出境旅游者的旅游行程。Lew 和 McKercher(2002)以香港为例提出了单个目的地、门户目的地、离境目的地、游览目的地、枢纽目的地五种旅行模式,并指出台湾和新加坡居民主要将香港作为短期购物假期和商务活动的单一目的地。美国和澳大利亚居民最有可能将香港作为旅游门户和旅游目的地,特别是作为中国旅游的门户目的地。与其他地区相比,中国居民更倾向于将香港作为出境目的地。Dredge(1999)提出了城市旅游空间规划布局的三种模式,即单节点模式、多节点模式和链状节点模式。Mariot(1969)将旅游者往返客源地和目的地之间的旅行路径分为抵达路径、返回路径和游憩路径三类。Campbell(1967)根据目的地类型提出了度假路径、游憩性度假路径和游憩路径三种旅行模式。Lundgren(1982)根据交通工具将旅游者旅行模式分为普通列车旅行模式、特快列车旅行模式、早期汽车旅行模式、现代汽车旅行模式和航空旅行模式五种类型。Lew 等(2006)基于城市交通模型和旅游者行为,运用归纳方法构建本地目的地的领土模式和线性路径模式,其中,领土模式包括不移动、便利的移动、同心圆式的探索、目的地范围内不受限制的移动四种模式;线性模式包括点对点模式、环型模式、复杂模式。Huang 和 Wu(2012)以颐和园为例,运用时间地理学的时空路径概念,从定性和定量两个角度,对颐和园旅游者的旅游行为模式进行了分析,得出了七组时空行为模式。Grinberger 等(2019)基于以色列的耶路撒冷、特拉维夫两个城市的数据子集来研究旅游者行为,发现 LH 模式没有被识别,只有 LL 和 HH 模式,且选择这两种模式的趋势在增加。

三、旅游需求预测研究

准确的旅游需求预测对于企业从业者在考虑人员、能力和资源管理以及定价策略的情况下进行规划和决策非常重要。同时,准确的预测能够有效地进行政府政策规划,促进旅游目的地的旅游业和经济发展(Witt 等,1995;Kim 和 Moosa,2005;Jiao 和 Chen,2019)。旅游需求预测方法通常分为时间序列模型、经济计量模型和人工智能模型(Song 和 Li,2008;Goh 和 Law,2011;Wu 等,2017)。

传统的时间序列模型,如 Naïve Ⅰ、Naïve Ⅱ、指数平滑和基于 AR 移动平均(ARMA)的模型在旅游需求预测中仍有广泛的应用,但更多地被用作比较新模型的基准模型。Lin 等(2011)采用时间序列、人工神经网络和多元自适应回归三种方法对台湾旅游需求进行预测,结果发现时间序列模型优于 ANNS 和多元自适应回归。Claveria 和 Torra(2014)研究了西班牙加泰罗尼亚的游客人数和过夜人数,结果表明,在短期内,时间序列模型比人工神经网络和自激励阈值自回归模型更为精确。Jere 等(2019)应用自回归综合移动平均(ARIMA)和 Holt-Winters 指数平滑(HWES)模型来模拟赞比亚每年国际游客入境人数。结果表明 HWES 是一个具有合理预测精度的模型。除了线性模型外,一些“偏线性”和“非线性”时间序列模型也被用于旅游需求预测。Chu(2014)研究了利用 logistic 增长回归模型预测拉斯维加斯旅游需求。基于均方根误差和 MAPE,发现 logistic 模型的性能优于 Naïve Ⅰ 和 SARIMA 模型。Huang 等(2014)利用傅里叶残差修正了 ARIMA 模型,并对新西兰入境旅游需求进行了预测。研究发现,傅里叶修正因子提高了模型的预测性能。Saayman 和 Botha(2015)将平滑过渡 AR(STAR)模型应用于预测南非的游客人数,并将 STAR 模型与其他几个时间序列模型进行比较,结果显示,非线性预测优于其他方法。Chaitip 和 Chaiboonsri(2014)在研究中使用马尔可夫转换向量自回归(MS-VAR)模型预测泰国国际游客。Pan 和 Yang(2017)应用马尔可夫转换动态回归(MSDR)模型对酒店入住率进行了预测。

传统计量经济学方法包括误差修正模型(ECM)、自回归分布滞后模型(ADLMS 或 ARDL)、向量自回归模型、和时变参数(TVP)模型。与非因果时间序列模型相比,计量经济模型在旅游需求预测中具有使用解释变量信息的能力。尽管这些计量模型仍然在广泛使用,但模型的新发展和整合已经在许多研究中取得了成果。Song 等(2011)将 TVP 引入结构时间序列模型,组建 TVP-STSM 新模型。在 Gunter 和 Önder(2016)的研究中,贝叶斯估计被纳入 VAR 模型,以避免由于将 Google 大数据作为解释变量而导致的参数过度化。Claveria 等(2016)使用高斯回归模型对西班牙区域旅游市场之间的相互依赖性进行建模,研究发现,高斯回归法在预测精度上优于基准神经网络法。

神经网络是人工智能模型的代表,20 世纪 90 年代末就开始应用于旅游需求预测中。近十年来,利用人工神经网络进行旅游需求预测的出版物数量居高不下,表明研究人员越来越有兴趣将这种方法应用于旅游需求预测。与经典的统计方法不同,ANN 模型是数据驱动的、非参数的,不需要很强的假设,可以学习非线性数据趋势(Ghalehkhondabi 等,2019)。

Liu(2011)用人工神经网络预测了中国潍坊的游客数量。Chen 等(2012)提出了基于经验模式分解和 BP 神经网络的旅游需求预测模型,结果表明,该模型优于单一 BPN 模型和传统 ARIMA 模型。Claveria 等(2015)比较 MLP、径向基函数和 Elman 神经网络技术,以预测旅游需求。Li 和 Cao (2018)通过研究神经网络的长期—短期记忆来预测旅游流,结果发现,神经网络对一般线性模型无法建模的非线性随机系统具有良好的建模能力。Álvarez-Díaz 等(2018)应用人工神经网络和遗传两种人工智能非线性模型来预测西班牙每月入境旅游需求,得出人工智能模型比传统的季节自回归综合移动平均法(SARIMA)预测效果好。

随着互联网的发展,游客越来越依赖于谷歌、百度等搜索引擎来了解旅游目的地信息。Yang 等(2015)使用百度和谷歌搜索趋势数据,通过自回归移动平均模型预测中国游客流量,并对两个搜索查询的数据性能进行评估。Huang 等(2017)利用协整理论和格兰杰因果关系分析,发现百度关键词搜索指数的增加与游客流量的增加呈正相关。Li 等(2017)将复合搜索指标与广义的动态因子模型(GDFM)相结合,精确地预测了北京的游客数量和酒店入住率。Li 等(2018)提出了一种基于百度指数的旅游量预测模型 PCA-ADE-BPNN,并以北京市和海南省为例,验证了该模型在预测精度上始终优于其他模型。

四、旅游流影响因素研究

旅游流是旅游客源地和目的地相互作用的一种形式,是旅游地理学研究的核心问题之一(Pearce,1995)。了解旅游流的影响因素对基础设施和交通发展、旅游产品开发和旅游业的商业可行性都具有深远的影响(McKercher 和 Lew,2004)。不少文献已对其进行了广泛的研究和应用。从宏观层面上,他们大多采用时间序列分析(Song 和 Li,2008)和空间自回归模型(Marrocu 和 Paci,2013)等研究方法,并从需求和供给视角来展开分析。Zhang 等(2019)从地理视角将旅游流影响因素归结为客源市场因素、目的地因素以及客源—目的地之间的区域因素,并将它们细分为八类,即社会经济因素(比如收入)、地理因素(比如距离)、旅游因素(比如目的地景点)、文化因素(比如文化距离)、政治因素(比如签证)、气候因素(比如温度)、市场因素(比如广告)。

收入是旅游业中最重要的决定因素(Archer,1980;Lim 和 McAleer, 2005)。Munóz 和 Amaral(2000)指出,经济需求理论表明,随着国家收入的增加,更多的居民能够负担得起去其他国家旅游的费用,即出境旅游人数会增加。Vanegas 和 Croes(2005)认为价格与国际需求旅游呈负相关，即目的地国的生活成本低于客源国，旅游需求越大。Lim 和 McAleer(2001)发现了从香港和新加坡到澳大利亚的国际旅游人数和实际收入、运输成本、实际汇率之间存在长期均衡关系。许多研究表明，汇率的变化会影响到特定目的地的旅游需求。Vita(2014)对 27 个经合组织(OECD)和非经合组织成员国的入境游客人数进行估计，结果发现多重汇率制度效应，并支持维持相对稳定的汇率对吸引国际游客的重要性。此外，一些文献从区域差异角度进行了分析。Massidda and Etzo(2012)采用 GMM 面板数据估计方法，以区域双向旅游流量为衡量标准，研究意大利国内旅游需求的主要影响因素，指出南方游客对收入变化的反应要比北方游客对价格差异的反应要小。Mwase(2013)认为除了来自西班牙和美国的旅游流外，从客源市场流向加勒比地区的旅游流都具有收入弹性。澳大利亚对国际旅游需求存在州和地区之间的差异(Shafiullah 等,2018)。

长期以来，旅游与交通之间的关系一直是研究的焦点(Hall,2010)。Pagliara 等(2015)发现西班牙高铁系统对游客选择前往马德里附近的其他城市有显著影响，但马德里作为旅游目的地的选择却不受高铁系统的影响。在高铁服务的所有城市中，高铁对意大利游客数量和在目的地过夜的数量的影响都是积极的(Pagliara 等,2017)。Liu 等(2019)建立了一个非线性回归模型，研究了周末和节假日高铁对旅游者的时间分布，结果发现，宁杭高铁能显著增加南京游客数量，周六增长 29.44%，周日增长 41.72%。

近年来，气候和天气因素对旅游流的影响成为学者们十分关注的领域。Falk(2015)讨论了天气对国内和德国游客在奥地利过夜影响，研究发现，除维也纳首都外，绝大多数省份在同一个月内的日照时数和气温对国内游客过夜有显著的正向影响;日照时间对德国游客过夜的影响主要是延迟一年。Priego 等(2015)基于引力模型研究了温度对旅游目的地选择决策的影响，结果证实气候是决定国内旅游流的重要因素。Li 等(2018)基于推拉理论的相对气候指数来评估相对气候变异性对季节性旅游需求的影响。研究发现，年内相对气候对与香港气候差异显著的大陆地区的旅游需求有正向影响。此外，有学者认为，天气对不同的目的地，比如乡村和城市地区的旅游流可能会产生不同影响。McKercher 等(2014)发现在香港的旅游与天气条件的变化无关。但对于农村地区来说，天气状况会对游客流量产生强烈影响。产生差异的原因可能与旅游者的旅游动机有关。城市中的文化遗产旅游、购物活动、会议商务旅游和夜生活旅游并不取决于有利的天气条件，而农村中的徒步旅行、爬山、骑自行车、露营、打高尔夫球、日光浴和游泳等却离不开良好的天气条件(Richardson 和 Loomis,2005;

Scott 等,2007)。

此外,移民、体育赛事、文化等对旅游流的影响也引起了学者们的兴趣。澳大利亚在海外出生的人口比例是决定国际游客到澳大利亚旅游的关键因素之一(Hollander,1982;Seetaram,2012;Smith 和 Tom,1978)。大型体育赛事对游客流量有显著的正向影响(Fourie 和 Santana-Gallego,2010)。文化距离对入境旅游流有显着的负面影响(Yang 和 Wong,2012)。

从微观层面上,个体特征,比如人口特征、旅行经历,也会影响游客的行为。Lau 和 Mckercher(2006)以到访香港的游客为研究对象,得出第一次到访和重复到访的游客有不同的移动模式。McKercher 等(2012)认为第一次到香港的游客移动范围更大些,而重复旅游者的移动地则倾向于集中。Caldeira 和 Kastenholz(2018)利用全球定位系统技术对里斯本 10 家不同酒店的游客进行调查,研究发现首次访问和再次访问的游客在选择目的地时确实存在着差异。

更多的学者在探讨旅游流影响因素时,是将宏观因素和微观因素相结合,也就是既考虑客源地特征、目的地特征以及客源地和目的地之间区域特征(距离和交通),又考虑了旅游者的个体特征。Mckercher 和 Lew(2004)认为,旅游者的空间分布受到距离衰减、市场准入、时间和预算可用性、旅行特征以及社会文化或人口特征的影响。Koo,Wu 和 Dwyer(2012)利用澳大利亚国际游客调查的数据,考察了交通方式、多样性寻求行为、旅游类型、探亲访友、停留时间、团队构成、目的地熟悉度、年龄结构和客源国等关键因素与旅游分布的关系。Zeng 和 He(2018)运用扎根理论,提出影响旅游流的因素模型。该模型包括旅游条件(旅游目的、时间预算、旅游伴侣、先前的旅游体验和他人的意见)、目的地特征(目的地资源和目的地分布)、交通特征(交通费用和交通网络)、宏观环境(签证政策和政治关系)和不可预见的情况(天气状况和偶然事件)。

第二节　国内旅游空间结构研究进展

国内对旅游空间结构的研究始于旅游区划。20 世纪 80 年代以来,我国地理学者对不同区域范围的旅游资源进行了区划研究(楚义芳等,1987;陈传康,1987;董瑞杰等,2014)。自 20 世纪 90 年代以来,学者们主要围绕旅游资源空间结构、旅游客源市场结构、旅游经济发展空间差异、旅游流分布及其影响因素、区域旅游空间结构演变等方面展开研究。

一、旅游资源空间结构研究

旅游资源是旅游业发展的基础,其空间格局深刻影响旅游业的发展战略。纵观国内学者的研究成果,主要集中在以下三个方面:

(一)旅游资源空间分布特征

学者们大多运用最近邻指数、K函数来描述旅游资源空间分布类型,应用地理集中指数、基尼系数、洛伦兹曲线、核密度、网格维数来刻画旅游资源空间均衡性,应用空间自相关性来表征旅游资源空间关联性。旅游资源空间分布研究不仅涉及不同尺度,比如跨国(周李,吴殿廷等,2018)、全国(潘竟虎等,2018)、跨省域(张晓梅等,2018)、省域(杨秀成等,2019)、市域(敬峰瑞等,2014;刘柄麟等,2017)、县域(徐仕强等,2019)、城市群(马欢欢等,2018),也涉及不同类型,比如国家风景名胜区(杨明举等,2013)、宗教资源(朱利涛等,2018)、冰雪资源(郝晶晶等,2017)、文化资源(鲍克飞等,2013;康丹等,2018)、体育资源(陈宝珠等,2018)、乡村旅游资源(赵波等,2018)等。徐冬冬等(2017)将休闲旅游资源分为四类,分别测度了其空间分布特征。吴清等(2017)从空间类型、空间密度、空间均衡和空间关联分析了湖南省A级旅游景区空间分布格局。张晓梅等(2018)运用GIS空间统计技术和地理数学方法分析了长江经济带高级别旅游资源的分布特征。潘竟虎等(2018)运用K函数、热点聚类等方法分析了国家级自然保护地旅游资源空间分布模式,并测算了其可达性。除了探讨旅游资源空间分布特征外,学者们探究了旅游资源空间格局形成机理。不少学者从定性角度解释了旅游资源空间格局形成机理。周李等(2018)从自然要素(旅游资源禀赋、地形地貌、湖泊水系)和人文要素(经济发展水平、交通、人口分布)两方面定性地分析了中蒙俄经济走廊自然旅游资源分布的影响因素。潘竟虎等(2018)从地貌、气候、水、土壤、植被分布特征以及文化特征揭示了旅游资源格局形成原因。康丹等(2018)基于GIS缓冲分析法直观展示了城市、5A级景区、道路(铁路和高速公路)附近旅游资源分布情况。钟林生等(2018)借助缓冲空间分析技术得出农垦旅游资源沿河流和交通分布。朱利涛等(2018)通过多元回归分析,发现地形因子(坡度和高度)、水系因子(与河流距离)、边远因子(包括离铁路、公路和城市距离)对青海省宗教旅游资源分布有显著性影响。

(二)旅游资源空间结构演化规律

上述文献大多是从一个时间截面来反映旅游资源空间格局,所以对区域旅游资源开发和布局指导有限。鉴于此,一些学者基于多个时段和面板数据来开展旅游资源空间格局动态研究。李玏等(2013)指出北京市高尔夫旅游资源经历了缓慢发展和蓬勃发展两个阶段,并揭示其分布由点状集聚向扩散转化,呈现多中心形态特征。杨友宝等(2015)选取 2002、2007、2013 三个时段来分析东北地区 A 级景区空间格局,研究发现,其集聚格局由单核空间扩张向跨行政区重组联动发展,集聚态势逐渐弱化,而扩散特征呈现强化倾向。王洪桥等(2017)也对东北地区 A 级景区进行了分析,选取的时段是 2009、2012 和 2015 年,得出 A 级旅游景区呈现先强后弱的空间集聚特征,与杨友宝等的结论基本一致。瓦哈甫·哈力克等(2019)基于地理加权回归模型揭示了 2006－2016 年中国省市旅游资源诅咒的空间关联性,发现旅游资源集聚态势逐渐增强,两极分化特征越来越显著。

(三)旅游资源价值评价体系

旅游资源评价旨在判别旅游资源价值,为指导区域旅游资源开发和保护提供指导科学参考。敬峰瑞等(2017)构建了旅游资源吸引力评价指标体系,并利用网络爬虫获取的数据定量分析了成都市 199 个旅游资源点的吸引力。冯亮等(2018)从定性和定量两个方面评价了晋中市红色旅游资源价值。李国兵等(2019)构建了旅游资源竞争力指标体系,并基于熵权和TOPSIS 法计算出珠三角地区各城市旅游资源竞争力。陈赖嘉措等(2019)基于层次分析方法评价了云南省民族村旅游资源价值。

二、旅游客源市场结构研究

旅游客源市场的空间结构是旅游地理学研究的基本问题(李彬彬等,2018)。科学地认识旅游客源市场空间结构,对于优化旅游市场空间结构具有重要意义(许小红等,2019)。国内对旅游客源市场结构的研究主要集中在入境旅游客源市场结构上,研究对象既有全国尺度和区域尺度,又有省域尺度和市域尺度。采用的研究方法多为亲景度、地理集中指数、竞争态、偏离－分额(SSM)、年际变化指数和季节变化指数等。1999 年,马耀峰等(2005)提出了亲景度,并将它用于判断美国对中国六大热点城市的旅游偏好上。随后,学者们围绕亲景度展开了研究(王丽,2015)。为判别入境客源市场的空间和时间集聚程度,不少文献将地理集中指数、季节强度指数和年际集中指数引入入境客源市场结构研究中。李能斌等(2016)运用这些指数分析了 2005－2015 年新加坡入境客源市场时空特征。王超等(2016)研究了 1979－2012 年福建省入境旅游客源市场的时空结构演变。

　　偏离—份额法(Shift-share Method,SSM)是区域经济和产业结构常用的一种方法,后来被用于入境旅游客源市场结构中,以判断入境客源市场的市场地位和竞争优势。孙慧娟(2017)从份额分量、结构偏离分量和竞争力偏离分量对黄河流域的 15 个入境客源市场进行有效的分析和直观展示。李东和等(2017)运用改进的 SSM 方法,从市场偏离分量、市场优势、总体效果三个方面剖析了安徽入境旅游客源城市场结构。石斌和马耀峰(2017)应用动态的偏离—份额法(DSSM)从更深层面诠释了陕西入境旅游客源市场演变特征。

　　竞争态是通过市场占有率和市场增长率来揭示市场的竞争格局,由于它的独特优势,在入境旅游客源市场结构中得到了广泛的应用。陈海鹰等(2019)将竞争态和地理集中指数、亲景度结合起来,探讨了三亚入境旅游客源市场结构演化特征。刘法建等(2019)比较了长三角(上海、江苏和浙江)和珠三角(广东)在 2011—2013 年和 2014—2016 年两个时期竞争态存在的差异。此外,陈玲玲等(2017)应用集合经验模态分解方法分析了中国入境旅游客源市场的时间多尺度特征。刘法建等(2016)运用社会网络方法中的中心性和奇异值分解法探究了客源国和目的国之间的网络关联格局。

　　影响入境旅游客源市场的因素主要有旅游资源丰度、经济发展水平、基础服务设施水平、旅游安全、交通便捷性、对外开放程度、国家关系等因素(万绪才等,2013)。学者们大多采用相关方法和回归方法来分析入境旅游市场的影响因素(穆学青等,2018;巫丹等,2015)。

　　与入境客源市场结构的研究相比,由于数据的限制,国内旅游客源市场结构的相关研究较少(马丽君等,2018)。保继刚等(2002)应用地理集中指数、客源市场吸引半径对桂林国内旅游客源市场演变进行了分析。之后,一些学者选取类似的指标研究了国内旅游客源市场结构特征(毛昕等,2015;李宜聪等,2016)。靳诚等(2010)应用 ADod 指标、数值模拟等方法探究了江苏国内旅游客源市场分布和距离之间的关系。李涛等(2014)基于 IPA 分析法,对济南国内旅游客源市场类型进行了划分。王公为等(2017)利用市场集中率、地理集中度等指标揭示了内蒙古国内旅游市场结构的空间差异。近年来,随着信息技术的发展,学者们开始采用大数据对旅游地国内旅游客源市场结构进行分析。邹裔忠等(2018)基于百度指数中搜索指数得出武夷山国内客源市场来自省外,且东部多,西部少。徐菲菲等(2019)基于手机信令数据划分南京国内客源市场,并发现其市场呈现空间递减规律和时间波动规律。

三、旅游经济发展空间差异研究

旅游经济发展差异是当前旅游问题和旅游现象研究的热点(汪德根等,2011),是旅游业"竞合"关系的主要影响因素之一(王洪桥等,2014)。既有文献对旅游经济发展差异进行了较多研究。从研究尺度上,主要包括城市群、省域和市域。赵磊(2014)应用区域经济学方法,从省域尺度上对国内、入境和整体旅游经济时空差异进行了比较分析。何调霞等(2016)定量测度和比较了长三角城市群的旅游经济发展水平,并从省域间和省域内、城市间和城市内对其差异的形成进行了分解。马丽君等(2018)分析中国 27 个省区 339 个城市旅游经济发展的空间差异及其变化。陆保一等(2018)测度了云南省 16 个州市旅游经济发展差异及其演变特征;从研究方法上,一般采用标准差、变异系数、基尼系数、泰尔指数、首位度。近年来空间变差函数在区域旅游发展中得到了应用。余兆旺等(2016)基于空间变差函数探究了泛长三角地区 31 个城市旅游经济发展差异演变;从研究内容上主要有国内旅游发展和入境旅游发展差异。覃超英等(2017)采用国内旅游收入和国内旅游人次两个指标,研究广西西江经济带国内旅游发展区域差异,发现国内旅游区域绝对差异总体上不断扩大,相对差异逐渐减小。郭晓东(2015)以甘肃省 14 个市州为研究对象,揭示了甘肃省入境旅游发展时空演变特征。陈勤昌等(2019)应用 ArcGIS 空间分析技术和数理统计方法动态地分析了长江经济带入境旅游发展水平省际差异。既有文献还探讨了乡村旅游、智慧旅游等发展水平差异。比如李涛等(2017)构建乡村旅游产业发展水平的评价体系,从纵向和横向两维度上探讨了江苏省乡村旅游发展演变规律和乡村旅游空间差异。穆学青等(2019)从旅游经济、旅游创新、旅游潜力、旅游环境四个方面构建智慧旅游发展水平评价体系,测度云南省 16 个城市智慧旅游水平,并探讨了其空间关联特征。此外,旅游经济与生态环境协调的空间差异也成为学者们关注的重要命题。郭晓东等(2014)构建了旅游经济与生态环境耦合系统评价指标体系,并运用协调发展度模型测度东中西部地区 11 省区旅游经济与生态环境协调发展水平的时空演变差异。周成等(2016)基于区域经济-生态-旅游耦合协调发展评价体系,选用加权 TOPSIS 方法对 31 个省区三大子系统耦合发展进行排序,并应用耦合协调模型揭示了三大子系统在省域尺度上的差异。

对于区域旅游发展差异的影响因素,既有文献从定性和定量角度进行了较充分地分析。余兆旺等(2016)从经济发展水平、旅游资源、旅游配套设施、旅游发展举措定性地分析了泛长江三角洲发展差异演化影响因素。丁洁等(2015)认为旅游资源禀赋、区位条件、经济发展水平和产业结构是造成山东省 17 个城市旅游经济发展空间差异的主要原因。肖金鑫等(2018)采用探索性空间数据分析方法分析了铁路网对旅游产业发展空间差异的影响。敖荣军等(2006)认为旅游资源、区域基础设施、服务设施和经济发展水平是区域旅游发展差异主要影响因素。陈锦龙等(2011)基于空间面板模型发现对区域旅游业发展影响最大的因素是经济发展水平,旅游交通、旅游接待设施、城镇居民收入也发挥一定的作用。于伟等(2015)通过研究发现,固定资产投资、市场化程度和开放度是产生区域旅游经济发展差异的主要原因。

伴随空间计量模型引入旅游经济发展中,旅游空间效应备受国内外学者的关注。忽略空间效应来探讨区域旅游经济发展差异存在着遗漏(王坤,黄震方等,2016)。吴玉鸣(2014)基于空间面板模型,检验了旅游经济增长过程中的空间溢出效应。周霓等(2016)揭示了山东省旅游经济效应空间分异规律。赵金金(2016)、王坤等(2016)基于空间杜宾面板模型,剖析区域旅游经济发展及其影响因素。陈刚强等(2014)应用地理加权回归模型(GWR)分析了中国城市入境旅游的区域经济效应及其空间差异变化。

四、旅游流分布及其影响因素研究

旅游流是游客在空间内的迁移现象(章锦河,张捷等,2005),是近年来旅游研究的核心主题。国内旅游流研究始于 20 世纪 80 年代,楚义芳、保继刚、谢彦君、吴必虎等率先开展了旅游流相关研究,随后国内出现大量关于旅游流方面的研究。从研究内容上看,已有的国内旅游流文献主要集中在旅游流的时空分布、网络演变及其影响因素。流量和流向是旅游流两个最基本属性(谢彦君,2011),学者们围绕这两个属性展开旅游流研究。郭向阳等(2017)、石张宇等(2017)运用数理统计方法分析了中部 6 省入境旅游流的流量与流质时空变化规律。谢霞(2019)应用地理统计和 ArcGIS 空间分析方法揭示了新疆入境旅游流流量与流质的时空演化特征。既有文献还对不同尺度、不同旅游方式的旅游流进行了比较。戢晓峰等(2019)应用时间集中指数和基尼系数比较了云南省自驾车和团队节假日旅游流的时空分异特征。查晓莉等(2019)从上海市、长三角区域和全国三个尺度比较了上海迪士尼旅游者的空间分布形态和旅游流流动特征。自章锦河等(2005)对旅游场的概念阐释以来,不少学者进行了大量的实证研究。董培海等(2018)基于旅游流空间场效应理论,运用地理集中指数、旅游重心变化和经济联系强度分析了云南省保山市旅游流空间场效应。陆保一等(2019)基于地理集中指数、重心模型及旅游经济联系强度探究了云南省边境地区旅游流空间场效应的时空演变规律。伴随信息化发展,一些学者从开源数据平台获得了大量的旅游流向和流量数据。利用新浪微博签到数据和核密度估计分析方法,揭示旅游流年内时空分布特征(王录仓等,2017;闫闪闪等,2017)。基于新浪微博数据,应用小波分析、数理统计和ArcGIS技术分析了锦州市旅游流的时间分布和空间分布特征(赵明成等,2019)。基于地理标记照片剖析了北京市入境旅游流空间特征及其规律(秦静等,2018)。

　　随着对旅游流研究的深入,不少文献应用社会网络分析方法来研究旅游流网络特征。网络数据主要来源于两个方面:一是基于引力模型来计算,二是通过抽样调查、网络游记、博客和在线预订等方式获取。前者表征相对旅游流,后者是指已经发生空间迁移的旅游流,即现实旅游流。1966年,Crampon(1966)首次将物理学中的引力模型运用到旅游研究中来。之后,基于引力模型研究旅游流的文献大量涌现。阮文奇等应用修正的引力模型,构建福建旅游流网络,测度其网络权力(阮文奇等,2018)。邓祖涛等(2014)、王辉等(2018)基于引力修正模型,构建旅游流强度模型,划分旅游流等级,并通过计算旅游流集聚指数和扩散指数来判断城市旅游地位。近年来,学者们开始关注现实旅游流数据的获取。陈梅花等(2017)基于问卷调查方法分析河南省旅游流网络结构特征。刘大均(2018)基于携程网络游记,揭示了长江中游城市群旅游流空间格局。徐敏等(2018)基于在线旅游网站提取的流向和流量信息,探究了长江三角洲地区旅游流的网络结构特征。马丽君等(2019)基于百度指数研究了湖南居民省内旅游流网络结构特征,并应用块模型方法将14个城市划分为4个板块。上述旅游流网络的构建是基于目的地或城市之间,即将目的地或城市作为网络中节点。与此同时,一些学者基于目的地或城市内部景点来构建网络,即将旅游景点作为网络中研究节点。穆小雨等(2019)基于网络游记数据揭示了成都自助旅游流网络结构特征。居玛·吐尼亚孜等(2019)、李亚娟等(2019)基于网络游记提取游客在旅游景点之间移动信息,从社会网络视角分析了旅游流网络格局。姜鉴铎等(2019)基于手机信令获得游客在景区的旅游线路信息,运用加权的社会网络方法来分析南京市旅游流网络结构。杨小莉等(2017)基于旅游专业网站,比较了跟团游、自助游和自驾游三种方式下的山西省旅游流空间网络结构特征差异。

　　既有文献从定性和定量两个视角研究了旅游流影响因素。董培海等(2018)认为旅游吸引物、旅游交通、旅游资源开发过程中的同质竞争是影响保山市旅游流的主要因素。李磊等（2019）研究了高铁对黄山旅游流空间结构的影响，指出交通对旅游流具有重要的导向作用。徐冬等（2019）基于空间面板杜宾模型（SPDM）分析了雾霾对中国城市旅游流的影响及其空间溢出效应。徐敏等（2018）构建多元回归模型，认为旅游资源禀赋、交通发展水平、地区经济发展水平、旅游服务接待水平对城市旅游流有显著性影响。不少文献表明，推拉理论能较好地解释旅游者的旅游动机和出游行为（Jang 等，2009；Al-Haj Mohammad 等，2010）。杨兴柱等（2011）对旅游驱动力作了理论探讨，构建了旅游流驱动机制概念模型。高军等（2011）将旅华英国客流旅游动力归结为 8 大推力因子、9 大拉力因子和 7 大阻力因子，并确定了各自的权重。

五、区域旅游空间结构研究

旅游空间结构是人类旅游活动作用于一定地域范围所形成的组织形式（尹贻梅等，2004），体现了旅游活动的空间属性和相互关系，是旅游活动在地理空间上的投影，也是区域旅游发展状态的重要指示器（卞显红，2003）。旅游空间结构是由点、线和面要素组成。既有文献对点要素研究主要集中旅游景区或旅游资源、旅游设施等方面。孙建伟等（2017）以 A 级景区和星级酒店为研究对象，运用地理数学方法和空间分析技术，来识别湖北省空间结构特征。对线要素研究主要侧重于交通可达性。李一曼等（2018）应用空间计量模型分析了陆路交通对浙江旅游空间结构的影响。刘春浩等（2017）选取交通优势度模型和引力模型探讨了高速公路对烟台市旅游空间结构的影响。伴随高铁的发展，不少学者展开了高铁对区域旅游空间结构的影响研究。崔保健等（2014）探讨了高铁背景下环渤海、长三角城市旅游空间结构转型，认为空间结构的转型是旅游产业转型的重要组成部分与必然趋势。汪德根（2013，2015，2016）分析了空间结构的高铁效应，深入剖析了高铁对于湖北省、长三角城市群、中国城市旅游空间格局的影响及其机理。穆成林等（2016）发现京福高铁开通前和开通后，黄山目的地空间结构由"单核—外围"向"双核—外围"转化，由凝聚向扩展模式转变。对面要素研究常见的研究尺度有单个城市旅游目的地、城市圈或城市群或城市带、省域。陆相林等（2018）从经济能级、竞争潜力能级和环境支撑能级三方面构建旅游能级，并提出京津冀城市群旅游空间结构优化路径。王新越等（2018）从资源丰度指数、交通优势度和旅游经济联系指数三方面构建了城市旅游综合水平评价指标体系，并由此提出"一核多轴、放射发展"旅游空间格局。郭向阳等（2017）运用交通优势度模型和地理集中度方法测算了云南旅游空间结构演变特征。方荣辉(2013)应用首位分布和位序—规模法则揭示了黄河三角洲地区旅游空间结构形成的特点,发现黄河三角洲入境旅游城市空间结构呈现出明显的集聚状态,且扩散作用不断显现。

既有文献在研究区域旅游空间结构发展模式及其演变规律时,常常依据点—轴理论(晋迪等,2013;沈惊宏等,2015)、核心边缘理论(庞闻等,2012;汪德根等,2015)、增长极理论(吴英,2015)、中心地理论(沈红娣,2012)和共生理论(马国强等,2018;杨怡等,2017)。晋迪等(2013)采用城市流强度模型测算了山西11城市的外向辐射能力和综合能力,并应用点—轴理论建构了"一核心、三主轴、四片区"旅游空间结构体系。沈惊宏等(2015)基于点轴理论,构建了疏点模式、散块模式、条带模式、团块模式、板块模式五阶段区域旅游演化模式,并运用ArcGIS模拟安徽省旅游空间结构发展模式的演变。庞闻等(2012)选用首位度和帕雷托维数探讨了关中天水经济区旅游空间结构,发现其处于核心集聚极化阶段后期,空间结构与等级结构紧密耦合。马国强等(2018)从同质度、关联度和外向功能强度三个方面分析了兰西城市群的旅游共生性,并提出了旅游产业协同发展的政策。既有文献从定性和定量角度分析了旅游空间结构影响因素,指出资源禀赋、旅游接待能力、经济状况、城市规模、交通可进入性等是影响区域旅游空间结构演变的主要因素(方荣辉,2013;王宜强等,2019;吴媛媛等,2018)。

综述所述,国内外既有文献在旅游空间结构研究上已取得了较丰硕的成果,但也存在一些不足,比如在研究尺度上过于单一,研究内容上较为集中,研究时段多采用截面数据,研究方法上多采用传统的统计方法。鉴于此,本书将在第三、第四、第五和第六章对既有文献在旅游资源空间结构、旅游市场空间结构、旅游流网络结构、旅游发展空间格局的不足和需要进一步拓展的地方进行更深入的剖析。

参考文献

［1］Weber, A. über den Standort der Industrie, 1. Teil, Reine Theorie des Standorts［M］. Tubingen, 1909.

［2］Christaller W. Central places in Southern Germany［M］. translated from Die zentralen orte in Suddentschland: Eine oekonomisch-geographische Untersuchung uber die Gesetzmassigkeit der Verbereigung und Entwichlung der Siedlungen mit stadticschen Funktionen (Jena 1933), by C. W. Baskin. Englewood cliffs, N. J: Prentice Hall. 1966.

[3] Perroux,F. Economic space:theory and applications[J]. Quarterly Journal of Economics,1950,64:89—104.

[4] Myrdal,G. Economic theory and underdeveloped regions[M]. London:Duckworth,1957.

[5] Hirschman, A. O. The strategy of economic development[M]. New Haven,Conn:Yale University Press,1958.

[6] Frank,A. G. Capitalism and underdevelopment in Latin America [M]. New York:Monthly Review Press,1967.

[7] Brookfield, H. Interdependent development [M]. London: Methuen,1975.

[8] Rostow,W. W. The stages of economic growth:a noncommunist manifesto [M]. Cambridge,England:Cambridge University Press,1960.

[9] Friedmann,J. Regional development policy:A case study of Venezuela [M]. Cambridge,Mass:M. I. T. Press,1966.

[10] Krugman, P. Geography and Trade [M]. MIT Press, Cambridge,MA,1991.

[11] Christaller, W. Some consideration of tourism location in Europe:The peripheral regions-undeveloped countries-recreation areas [J]. Papers in Regional Science,1964,12(1):95—105.

[12] Lundgren,J. O. J. Tourist impact/island entrepreneurship in the Caribbean[M]. Conference paper quoted in Mathieson, A. ,and Wall,G. Tourism:Economic,Physical,and Social Impacts. Longman,1973.

[13] Miossec, J. M. Elements pour une Theorie de I'Escape Touristique [M]. Les Cahiers Du Tourisme,C-3,CHET,Aix-en-Provenve,1976.

[14] Hills,T. L. ,Lundgren,J. The impacts of tourism in the Caribbean,A methodological study [J]. Annals of Tourism Research,1977,4 (5):248—267.

[15] Weaver,D. B. Peripheries of the periphery:Tourism in Tobago and Barbuda [J]. Annals of Tourism Research,1998,25(2):292—313.

[16] Chaperon, S. , Bramwell, B. Dependency and agency in peripheral tourism development [J]. Annals of Tourism Research,2013,40(1):132—154.

[17] Zahra, A. , Ryan, C. , From chaos to cohesion—Complexity in tourism structures:An analysis of New Zealand's regional tourism organizations [J]. Tourism Management,2007,28(3):854—862.

[18] Jackson,J. ,& Murphy,P. Tourism destination as clusters:Ana-

lytical experience from the New World [J]. Tourism and Hospitality Research,2002,4(1):36－52.

[19] Jackson,J.,& Murphy,P. Clusters in Regional Tourism:An Australian Case [J]. Annals of Tourism Research,2006,33(4):1018－1035.

[20] Baggio R. Network analysis of a tourism destination [D]. The University of Queensland,Queensland,Australia,2008.

[21] Lee,S. H.,Choi,J. Y.,Yoo,S. H. et al. Evaluating spatial centrality for integrated tourism management in rural areas using GIS and network analysis [J]. Tourism Management,2013,34(2):14－24.

[22] Kang,S. H.,Lee,G.,Kim,J. et al. Identifying the spatial structure of the tourist attraction system in South Korea using GIS and network analysis:An application of anchor-point theory [J],Journal of Destination Marketing & Management,2018,(9):358－370

[23] Gunn,C. A. Vacationscape [M]. Austin:Bureau of Business Research,1972.

[24] Gunn,C. A. Vacationscape:Designing Tourist Regions[M]. New York:Van Nostrand Reinhold,1988.

[25] Preobrazhensky,V. S.,Krivosheyev,V. M. Recreational Geography of the USSR[M]. Moscow:Progress Publishers (English version),1982.

[26] Leiper,N. Tourism management [M]. Collingwood,VIC:TAFE Publications,1995.

[27] Gray,B. Collaborating:Finding common ground for multiparty problems[M]. San Francisco:Jossey-Bass,1989.

[28] Roberts,L.,& Simpson,F. Developing partnership approaches to tourism in central and Eastern Europe. Journal of Sustainable Tourism,1999,7(3):314－330.

[29] Jamal,T. B.,& Getz,D. Collaboration theory and community tourism planning. Annals of Tourism Research,1995,22(1):186－204.

[30] de Araujo,L. M.,& Bramwell,B. Partnership and regional tourism in Brazil. Annals of Tourism Research,2002,29(4):1138－1164.

[31] Walmsley,D. Behavioural Approaches in Tourism Research [M]. In A Companion to Tourism,A. Lew,C. Hall and A. Williams,eds.,London:Blackwell,2004:49－60.

[32] Pearce,P. L. Tourist behaviour and the contemporary world [M]. Bristol:Channel View Publications,2011.

[33] Cohen, S. A. , Prayag, G. , & Moital, M. Consumer behavior in tourism: Concepts, influences, and opportunities. Current Issues in Tourism,2014,17(10):872—909.

[34] Zillinger, M. Tourist routes: A time-geographical approach on German car-tourists in Sweden [J]. Tourism Geographies,2007,9(1):64—83.

[35] Hall, C. M. Spatial analysis: A critical tool for tourism geographies. In J. Wilson (Ed.), The Routledge handbook of tourism geographies [M]. London: Routledge,2012:163—173.

[36] Grinberger, A. Y. , Shoval, N. , and McKercher, B. Typologies of tourists' time-space consumption: a new approach using GPS data and GIS tools [J]. Tourism Geographies,2014,16(1):1—19.

[37] Schwanen, T. , & Kwan, M. P. The Internet, mobile phone and space-time constraints [J]. Geoforum,2008,39(3):1362—1377.

[38] Kang, S. Associations between space-time constraints and spatial patterns of travels [J]. Annals of Tourism Research ,2016,61(9):127—141.

[39] Wu, C. L. , & Carson, D. Spatial and Temporal Tourist Dispersal Analysis in Multiple Destination Travel [J]. Journal of Travel Research,2008,46(2):311—317.

[40] Lin, M. L. , Chu, C. M. , & Tsai, C. H. , et al. Geo-visualization of Tourist Activity Travel Patterns Using 3D GIS: An empirical study of Tamsui, Taiwan [J]. World Academy of Science, Engineering and Technology. 2009,3(3):12—25.

[41] Beeco, J. A. , Huang, W. J. , Hallo, J. C. , et al. GPS tracking of travel routes of wanderers and planners [J]. Tourism Geographies,2012, 15(3):551—573.

[42] De Cantis, S. , Ferrante, M. , Kahani, A. , et al. Cruise passengers' behavior at the destination: investigation using GPS technology [J]. Tourism Management,2016,52:133—150.

[43] Xiang, Z. , & Gretzel, U. Role of social media in online travel information search. Tourism Management,2010,31(2):179—188.

[44] Leetaru, K. , Wang, S. , Cao, G. , et al. Mapping the global Twitter heartbeat: The geography of Twitter [J]. First Monday,2013,18(5).

[45] Chua, A. , Servillo, L. , Marcheggiani, E. , et al. Mapping Cilento: Using geotagged social media data to characterize tourist flows in southern Italy [J], Tourism Management,2016,57:295—310.

[46] García-Palomares,J. C. ,Gutiérrez,J. , & Mínguez,C. Identification of tourist hot spots based on social networks:A comparative analysis of European metropolises using photo-sharing services and GIS [J],Applied Geography,2015,63:408—417.

[47] Li,X. P. ,Meng,F. , & Uysal,M. Spatial pattern of tourist flows among the Asia-Pacific countries:An examination over a decade [J],Asia Pacific Journal of Tourism Research,2008,13(3):229—243.

[48] Lew,A. & McKercher,B. Modelling tourist movements:A local destination analysis [J],Annals of Tourism Research,2006,33(2):403—423.

[49] Lau,G. & McKercher,B. Understanding tourist movement patterns in a destination:A GIS approach [J],Tourism and Hospitality Research,2006,7(1):39—49.

[50] Grinberger, A. Y. , Shoval, N. Spatiotemporal Contingencies in Tourists' Intradiurnal Mobility Patterns [J],Journal of Travel Research,2019,58(3):512—530.

[51] Pearce, D. Tourist Time-budgets [J]. Annals of Tourism Research,1988,15(1):106—121.

[52] Fennell,D. A Tourist Space-time Budget in the Shetland Islands [J]. Annals of Tourism Research,1996,23(4):811—829.

[53] Flogenfeldt,T. Traveler Geographic Origin and Market Segmentation:The Multi Trips Destination Case [J]. Journal of Travel and Tourism Marketing,1999,8(1):111—118.

[54] Lew, A. The English-Speaking Tourist and the Attractions of Singapore [J]. Singapore Journal of Tropical Geography,1987,8(1):44—59.

[55] Plog,S. Why Destination Areas Rise and Fall in Popularity [J]. Cornell Hotel and Restaurant Administration Quarterly,1974,14(4):55—58.

[56] Debbage,K. G. Spatial behavior in a Bahamian resort [J]. Annals of Tourism Research,1991,18(2):251—268.

[57] Koo TT,Wu C-L and Dwyer L. Dispersal of visitors within destinations:descriptive measures and underlying drivers [J]. Tourism Management,2012,33(5):1209—1219.

[58] Kastenholz,E. ,Euse'bio,C. ,and Carneiro,MJ. Studying factors influencing repeat visitation of cultural tourists [J]. Journal of Vacation Marketing,2013,19(4):343—358.

[59] Caldeira,A. M. , & Kastenholz,E. Tourists' spatial behavior in

urban destinations: The effect of prior destination experience [J]. Journal of Vacation Marketing,2018,24(3):247—260.

[60] Tideswell,C. & Faulkner,B. Multidestination travel patterns of international visitors to Queensland [J]. Journal of Travel Research,1999, 37(4):364—374.

[61] Hernández, MG. Turismo Y Conjuntos Monumentales: Capacidad De Acogida Turística Y Gestión De Flujos De Visitantes[M]. Valencia:Tirant lo Blanch,2003.

[62] Li,X. ,Cheng,CK. ,Kim,H. ,et al. A systematic comparison of first-time and repeat visitors via a two-phase online survey [J]. Tourism Management,2008,29(2):278—293.

[63] McKercher,B. ,Shoval,N. ,Ng,E. ,et al. First and repeat visitor behaviour:GPS tracking and GIS analysis in Hong Kong [J]. Tourism Geographies,2012,14(1):147—161.

[64] Falk,M. Summer weather conditions and tourism flows in urban and rural destinations [J]. Climatic Change ,2015,130(2):201—222.

[65] Losada,N. ,Alén,E. ,Cotos-Yá? ez,T. R. Spatial heterogeneity in Spain for senior travel behavior [J]. Tourism Management,2019,70 (2):444—452.

[66] Bauder,M. ,and Freytag,T. Visitor mobility in the city and the effects of travel preparation [J]. Tourism Geographies,2015,17(5):682—700.

[67] Andereck, K. Territorial functioning in a tourism setting [J]. Annals of Tourism Research,1997,24(3):706—720.

[68] Edwards,D. ,and Griffin,T. Understanding tourists' spatial behaviour:GPS tracking as an aid to sustainable destination management [J]. Journal of Sustainable Tourism,2013,21(4):580—595.

[69] Lue,C. C. ,Crompton,J. L. ,and Fesenmaier,D. R. Conceptualization of Multi-Destination Pleasure Trip [J]. Annals of Tourism Research,1993,20(2):289—301.

[70] Stewart, S. I. , & Vogt, C. A. Multi-destination trip patterns [J]. Annals of Tourism Research,1997,24(2),458—461.

[71] Chancellor,C. H. Applying travel pattern data to destination development and marketing decisions [J]. Tourism Planning & Development, 2012,9(3),321—332.

[72] Popp,L. , & McCole,D. Understanding tourists' itineraries in e-

merging rural tourism regions: The application of paper-based itinerary mapping methodology to a wine tourism region in Michigan [J]. Current Issues in Tourism,2016,19(10),988—1004.

[73] Oppermann, M. A model of travel itineraries [J]. Journal of Travel Research,1995,33(4):57—61.

[74] Lew,A. A. ,and McKercher,B. Trip destinations,gateways and itineraries:The example of Hong Kong [J]. Tourism Management,2002, 23:609—621.

[75] Dredge, D. Destination place planning and design. Annals of Tourism Research. 1999,26(4):772—791.

[76] Mariot, P. Priestorové aspekty cestovnélio rechu a okázky gravitaného zázemia návstevnych miest. Geografick'y Casopis. 1969, 21 (4): 287 — 312. Cited in Matley, I. M. The geography of international tourism. Resource Report No. 76 — 1. Assn. of American Geographers, Washington,1976.

[77] Campbell,C. K. An approach to research in recreational geography. In B. C. Occasional Papers No. 7,Dept of Geography, University of British Columbia,Vancouver,1967:85—90.

[78] Lundgren,J. O. J. Tourist impact/island entrepreneurship in the Caribbean,1973. Conference paper quoted in Mathieson,A. ,and Wall,G. Tourism:Economic,Physical,and Social Impacts,Longman,1982.

[79] Huang,X. T. ,& Wu,B. H. Intra-attraction Tourist Spatial-Temporal Behaviour Patterns [J]. Tourism Geographies,2012,14(4):625—645.

[80] Witt,S. F. ,and Witt,C. A. Forecasting tourism demand:a review of empirical research [J]. International Journal of Forecasting,1995, 11(3):447—475.

[81] Kim,J. H. ,and Moosa,I. A. Forecasting international tourist flows to Australia:A comparison between the direct and indirect methods [J]. Tourism Management,2005,26 (1):69—78.

[82] Jiao,E. XY. ,& Chen,J. L. Tourism forecasting:A review of methodological developments over the last decade [J]. Tourism Economics,2019,25:469—492.

[83] Song,H. ,and Li,G. Tourism demand modelling and forecasting:a review of recent research [J]. Tourism Management,2008,29(2): 203—220.

[84] Goh, C., and Law, R. The methodological progress of tourism demand forecasting: a review of related literature [J]. Journal of Travel and Tourism Marketing, 2011, 28(3): 296—317.

[85] Wu, DC., Song, H., and Shen, S. New developments in tourism and hotel demand modeling and forecasting [J]. International Journal of Contemporary Hospitality Management, 2017, 29(1): 507—529.

[86] Lin, C. J., Chen, H. F. and Lee, T. S. Forecasting tourism demand using time series, artificial neural networks and multivariate adaptive regression splines: evidence from Taiwan [J]. International Journal of Business Administration, 2011, 2(2): 14—24.

[87] Claveria, O., and Torra, S. Forecasting tourism demand to Catalonia: neural networks vs. time series models [J]. Economic Modelling, 2014, 36(1): 220—228.

[88] Jere, S., Banda, A., Kasense, B., et al. Forecasting Annual International Tourist Arrivals in Zambia Using Holt-Winters Exponential Smoothing [J]. Open Journal of Statistics, 2019, 9(2): 258—267.

[89] Chu, FL. Using a logistic growth regression model to forecast the demand for tourism in Las Vegas [J]. Tourism Management Perspectives, 2014, 12(8): 62—67.

[90] Huang, Y. -F., Chen, P. -J. and Nguyen, T. L. Forecasting with fourier residual modified ARIMA model-an empirical case of inbound tourism demand in New Zealand [J]. WSEAS Transactions on Mathematics, 2014, 13(1): 12—21.

[91] Saayman, A. and Botha, I. Non-linear models for tourism demand forecasting [J]. Tourism Economics, 2015, 23(3): 594—613.

[92] Chaitip, P., and Chaiboonsri, C. International tourists arrival to Thailand: forecasting by non-linear model [J]. Procedia Economics and Finance, 2014, 14(14): 100—109.

[93] Pan, B., and Yang, Y. Forecasting destination weekly hotel occupancy with big data [J]. Journal of Travel Research, 2017, 56(7): 957—970.

[94] Song. H., Li, G., & Witt, SF., et al. Forecasting tourist arrivals using time-varying parameter structural time series models [J]. International Journal of Forecasting, 2011, 27(3): 855—869.

[95] Gunter, U., and Önder, I. Forecasting city arrivals with Google analytics [J]. Annals of Tourism Research, 2016, 61: 199—212.

［96］Claveria,O. ,Monte,E. and Torra,S. Modelling cross-dependencies between Spain's regional tourism markets with an extension of the Gaussian process regression model［J］. SERIEs,2016,7(3):341—57.

［97］Ghalehkhondabi,I. ,Ardjmand,E. ,Young,W. A. ,et al. A review of demand forecasting models and methodological developments within tourism and passenger transportation industry［J］. Journal of Tourism Futures,2019,5(1):75—93.

［98］Liu,X. Tourism demand forecasting in Weifang based on artificial neural network［M］. International Conference on Control,Automation and Systems Engineering (CASE),IEEE,2011.

［99］Chen,C. F. ,Lai,M. C. and Yeh,C. C. Forecasting tourism demand based on empirical mode decomposition and neural network［J］. Knowledge-Based Systems,2012,26(1):281—287.

［100］Claveria,O. ,Monte,E. and Torra,S. Tourism demand forecasting with neural network models:different ways of treating information［J］. International Journal of Tourism Research,2015,17 (5):492—500.

［101］Li,Y. and Cao,H. Prediction for tourism flow based on LSTM neural network［J］. Procedia Computer Science,2018,129(1):277—283.

［102］álvarez-Díaz,M. ,González-Gómez,M. ,& Otero-Giráldez,M. S. Forecasting International Tourism Demand Using a Non-Linear Autoregressive Neural Network and Genetic Programming［J］. Forecasting,2018,1:90—106.

［103］Yang,X. ,Pan,B. ,Evans,JA. ,et al. Forecasting Chinese tourist volume with search engine data［J］. Tourism Management,2015,46 (2):386—397.

［104］Huang,X. K. ,Zhang,L. F. ,& Ding,Y. S. The Baidu Index:Uses in predicting tourism flows——A case study of the Forbidden City［J］. Tourism Management,2017,58(1):301—306.

［105］Li,X. ,Pan,B. ,Law,R. ,et al. Forecasting tourism demand with composite search index［J］. Tourism Management,2017,59(2):57—66.

［106］Li,S. ,Chen,T. ,Wang,L. ,et al. Effective tourist volume forecasting supported by PCA and improved BPNN using Baidu index［J］. Tourism Management,2018,68(10):116—126.

［107］Pearce,D. Tourism Today:A Geographical Analysis (2nd ed.)

[M]. Harlow:Longman,1995.

[108] McKercher,B. , & Lew,A. A. Tourist flows and the spatial distribution of tourists[M]. In A. A. Lew,C. M. Hall, & A. M. Williams (Eds.),A companion to tourism. Malden,MA:Blackwell,2004:36—48.

[109] Song,H. , & Li,G. Tourism demand modelling and forecasting. A Review of Recent Research [J]. Tourism Management,2008,29 (2):203—220.

[110] Marrocu,E. , & Paci,R. Different tourists to different destinations. Evidence from Spatial Interaction Models [J]. Tourism Management,2013,39(12):71—83.

[111] Zhang,Y. ,Li,X. , & Wu,T. The impacts of cultural values on bilateral international tourist flows:a panel data gravity model [J]. Current Issues in Tourism,2019,22(8):1—15.

[112] Archer,B. H. Forecasting demand:quantitative and intuitive techniques [J]. International Journal of Tourism Management,1980,1(1): 5—12.

[113] Lim,C. ,and McAleer,M. Analyzing the behavioral trends in tourist arrivals from Japan to Australia [J]. Journal of Travel Research, 2005,43(4):414—421.

[114] Munóz,T. and Amaral,T. An econometric model for international tourism flows to Spain [J]. Applied Economics Letters,2000,7:525—529.

[115] Croes,R. R. , & Vanegas,M. An econometric study of tourist arrivals in Aruba and its implications [J]. Tourism Management,2005,26 (6):879—890.

[116] Lim,C. ,and McAleer,M. Cointegration analysis of quarterly tourism demand by Hong Kong and Singapore for Australia [J]. Applied Economics,2001,33(12):1599—1619.

[117] Vita,G. D. The long-run impact of exchange rate regimes on international tourism flows [J]. Tourism Management,2014,45:226—233.

[118] Massidda,C. , & Etzo,I. The determinants of Italian domestic tourism:A panel data analysis [J]. Tourism Management,2012,33:603—610.

[119] Mwase,N. Tourism flows to Caribbean islands:an empirical note [J]. Applied Economics Letters,2013,20(10):957—965.

[120] Shafiullah,M. ,Okafor,L. E. ,Khalid,U. Determinants of international tourism demand:Evidence from Australian states and territo-

ries [J]. Tourism Economics,2018,25(2):274－296.

[121] Hall,C. M. Spatial analysis:A critical tool for tourism geographies[M]. Space place and tourism new perspectives in tourism geographies. London,2010.

[122] Pagliara,F.,Pietra,A.,Gomez,J.,et al. High Speed Rail and the tourism market:Evidence from the Madrid case study [J]. Transport Policy,2015,37:187－194.

[123] Pagliara,F.,Mauriello,F.,& Garofalo,A. Exploring the interdependences between High Speed Rail systems and tourism:Some evidence from Italy [J]. Transportation Research Part A:Policy and Practice,2017,106(12):300－308.

[124] Liu,Y.,& Shi,J. How inter-city high-speed rail influences tourism arrivals:evidence from social media check-in data [J]. Current Issues in Tourism,2019,22(9):1025－1042.

[125] Priego,F. J.,Rosselló,J.,Santana-Gallego,M. The impact of climate change on domestic tourism:a gravity model for Spain,regional environmental change [J]. Regional Environmental Change,2015,15(2):291－300.

[126] Li,H.,Goh,C.,Hung,K.,& Chen,J. L. Relative climate index and its effect on seasonal tourism demand [J]. Journal of Travel Research,2018,57(2),178－192.

[127] McKercher,B.,Shoval,N.,Park,E.,et al. The [limited] impact of weather on tourist behavior in an urban destination [J]. Journal of Travel Research,2014,54(4):442－455.

[128] Richardson,RB.,& Loomis,JB. Climate change and recreation benefits in an alpine national park [J]. Journal Leisure Research,2005,37(3):307－320.

[129] Scott,D.,Jones,B.,& Konopek,J. Implications of climate and environmental change for nature-based tourism in the Canadian Rocky Mountains:a case study of Waterton Lakes National Park [J]. Tourism Management,2007,28(2):570－579.

[130] Hollander,G. Determinants of demand for travel to and from Australia [M]. Bureau of Industry Economics,Canberra,Australia,1982:26.

[131] Seetaram,N. Immigration and international inbound tourism:Empirical evidence from Australia [J]. Tourism Management, 2012, 33

(6):1535－1543.

[132] Smith,AB. ,& Tom,JN. Factors affecting demand for international travel to and from Australia [M]. Canberra:Bureau of Transport and Communications Economics,1978:11.

[133] Fourie,J. ,Santana-Gallego,M. The impact of mega-events on tourist arrivals [M]. Stellenbosch,Stellenbosch University,2010.

[134] Yang,Y. ,& Wong,K. K. F. A Spatial Econometric Approach to Model Spillover Effects in Tourism Flows [J]. Journal of Travel Research,2012,51(6):768－778.

[135] Caldeira,A. M. ,& Kastenholz,M. Tourists' spatial behavior in urban destinations:The effect of prior destination experience [J]. Journal of Vacation Marketing,2018,24(3):247－260.

[136] Zeng,B. ,& He,Y. Factors influencing Chinese tourist flow in Japan-a grounded theory approach [J]. Asia Pacific Journal of Tourism Research,2018,24(1):56－69.

[137] 楚义芳,钱小芙.关于旅游地理的几个问题[J].经济地理,1987, 7(2):137－143.

[138] 陈传康.北京旅游发展战略和分区研究[J].旅游学刊,1987,2 (1):8－10.

[139] 董瑞杰,董治宝,曹晓仪.旅游资源空间结构与主体功能分区 [J].中国沙漠,2014,34(2):582－589.

[140] 周李,吴殿廷,李泽红,等.中蒙俄经济走廊自然旅游资源格局及影响因素研究[J].资源科学,2018,40(1):2168－2176.

[141] 潘竟虎,徐柏翠.中国国家级自然保护地的空间分布特征与可达性[J].长江流域资源与环境,2018,27(2):353－362.

[142] 张晓梅,程绍文,孙雅馨.长江经济带高级别旅游资源空间分布及影响因素[J].地域研究与开发,2018,37(5):95－99.

[143] 杨秀成,宋立中,钟姚越,等.福建省康养旅游资源空间分布特征及其影响因素研究[J].福建师范大学学报(自然科学版),2019,35 (5):106－116.

[144] 敬峰瑞,孙虎,袁超.成都市旅游资源吸引力空间结构特征[J].资源科学,2017,39(2):303－313.

[145] 刘柄麟,张振克,张超,等.区域旅游资源空间结构特征研究——以南京市为例[J].上海师范大学学报(自然科学版),2017,46(4):590－598.

[146] 徐仕强,杨建,刘雨婧.西部民族地区县域旅游资源特征及空间

分布格局——以江口县为例[J].经济地理,2019,39(8):224—230.

　[147] 马欢欢,谢引引,王香力.京津冀区域旅游资源空间格局研究[J].河北师范大学学报(自然科学版),2018,42(5):444—452.

　[148] 杨明举,白永平,张晓州,等.中国国家级风景名胜区旅游资源空间结构研究[J].地域研究与开发,2013,32(3):56—60.

　[149] 朱利涛,苏惠敏,张萍,李政委.青海省宗教场所旅游资源的空间格局及影响因素研究[J].浙江大学学报(理学版),2018,45(5):625—633.

　[150] 郝晶晶,齐晓明,张素丽,等.内蒙古冰雪旅游资源及其利用研究[J].干旱区资源与环境,2017,31(9):201—207.

　[151] 鲍克飞,王国梁.山西省红色旅游资源空间结构研究[J].山西师范大学学报(自然科学版),2013,27(1):98—103.

　[152] 康丹,刘敏,王萍.山西省非物质文化遗产旅游资源空间分布研究[J].山西师范大学学报(自然科学版),2018,32(4):112—118.

　[153] 陈宝珠,金淑丽.全域旅游背景下杭州体育旅游资源的开发研究[J].旅游论坛,2018,11(7):98—104.

　[154] 赵波,周楠锋,苟婷婷.四川省山区农业休闲旅游资源的开发与策略研究[J].西南师范大学学报(自然科学版),2018,43(1):150—153.

　[155] 徐冬冬,黄震方,孙黄平,等.南京市休闲旅游资源空间特征及其影响因素[J].南京师大学报(自然科学版),2017,40(1):127—133.

　[156] 吴清,李细归,吴黎,等.湖南省A级旅游景区分布格局及空间相关性分析[J].经济地理,2017,37(2):193—200

　[157] 张晓梅,程绍文,孙雅馨.长江经济带高级别旅游资源空间分布及影响因素[J].地域研究与开发,2018,37(5):95—99.

　[158] 潘竞虎,徐柏翠.中国国家级自然保护地的空间分布特征与可达性[J].长江流域资源与环境,2018,27(2):353—362.

　[159] 钟林生,曾瑜皙,肖练练,赵丹阳.呼伦贝尔农垦旅游资源空间特征及其发展模式[J].科学通报,2018,63(1):1740—1751.

　[160] 李玏,刘家明,王润,等.北京市高尔夫旅游资源空间分布特征及影响因素[J].地理研究,2013,32(10):1937—1947.

　[161] 杨友宝,王荣成,李秋雨.东北地区旅游资源赋存演化特征与旅游业空间重构[J].经济地理,2015,35(10):194—201.

　[162] 王洪桥,袁家冬,孟祥君.东北地区A级旅游景区空间分布特征及影响因素[J].地理科学,2017,37(6):895—903

　[163] 瓦哈甫·哈力克,辛龙,李振江,何琛.旅游资源诅咒时空分异及驱动力研究——基于省际面板数据的GWR模型分析[J].生态经济,2019,

35(2):160—167.

[164]冯亮,党红艳,金媛媛.晋中市红色文化旅游资源的评价与开发优化[J].经济问题,2018(7):92—98.

[165]李国兵,田亚平.珠三角区间旅游资源竞争力比较及其效度分析[J].经济地理,2019,39(12):1—14.

[166]陈赖嘉措,覃建雄,陈露.基于AHP模型的少数民族地区旅游资源开发评价研究——以云南省民族村为例[J].青海社会科学,2019(2):98—104

[167]李彬彬,陈冬冬,张莹,等.基于2-模网络分析的安徽省国内旅游市场格局研究[J].经济与管理,2018,32(1):66—72.

[168]许小红,甘永萍,覃爽姿.国内旅游客源市场空间格局变化及其稳定性研究——以南宁市为例[J].南宁师范大学学报(自然科学版),2019,36(3):99—107.

[169]马耀峰,梁旺斌.基于亲景度的美国旅华市场拓展研究——以我国六大旅游热点城市为例[J].旅游学刊,2005,20(1):35—40.

[170]王丽.洛阳市入境旅游客源市场亲景度研究[J].信阳师范学院学报:自然科学版,2015,28(3):350—354.

[171]李能斌,陈金华.新加坡入境旅游客源市场时序变化与特征研究——基于2005~2015年数据分析[J].南亚纵横,2016(3):66—71.

[172]王超,纪小美.入境旅游客源市场时空结构演变研究——以福建省为例[J].西北师范大学学报(自然科学版),2016,52(1):119—123.

[173]孙慧娟.西区黄河流域入境旅游客源市场结构变化研究——基于偏离—份额分析模型[J].商业经济,2017(8):71—73.

[174]李东和,吴润华.基于SSM分析的入境旅游市场结构演化——以安徽省为例[J].江南大学学报(人文社会科学版),2017,16(4):68—73.

[175]石斌,马耀峰."一带一路"背景下陕西入境旅游客源市场拓展——基于DSSM的客源市场结构演变视角[J].企业经济,2017(9):80—86.

[176]陈海鹰,王培家.三亚入境旅游客源市场结构及演化特征研究.资源开发与市场,2019,35(2):274—279.

[177]刘法建,徐金燕.长江三角洲与珠江三角洲入境旅游市场比较研究——基于市场亲景度和竞争态分析[J].江南大学学报(人文社会科学版),2019,18(1):100—107.

[178]陈玲玲,严伟.基于EEMD的我国入境旅游客源市场多尺度分析及预测[J].商业经济研究,2017(10):189—192.

[179]刘法建,陈冬冬,朱建华,等.中国省际入境旅游客源市场结构与

互动格局——基于 2-模网络分析[J].地理科学进展,2016,35(8):932—940.

[180] 万绪才,王厚廷,傅朝霞,等.中国城市入境旅游发展差异及其影响因素——以重点旅游城市为例[J].地理研究,2013,32(2):337—346.

[181] 穆学青,陈亚颦,郭向阳.云南省入境旅游客源市场特征与影响因素研究[J].资源开发与市场,2018,34(5):681—685.

[182] 巫丹,史春云,杨礼娟.中国大陆入境旅游客源市场结构的时空格局与特征分析[J].江苏师范大学学报(自然科学版),2015,33(3):83—86.

[183] 马丽君,胡汝佳.张家界国内旅游客源市场结构动态分析——基于网络关注度数据.云南地理环境研究,2018,30(5):49—56.

[184] 保继刚,郑海燕,戴光全.桂林国内客源市场的空间结构演变[J].地理学报,2002,57(1):96—106.

[185] 毛昕,明庆忠,贺珉.县域旅游市场空间结构及游客行为分析——以勐腊县为例[J].四川旅游学院学报,2015(5):67—70.

[186] 李宜聪,张捷,刘泽华.自然灾害型危机事件后国内旅游客源市场恢复研究——以九寨沟景区为例[J].旅游学刊,2016,31(6):104—112.

[187] 靳诚,陆玉麒,范黎丽.江苏国内旅游客源市场空间结构研究[J].经济地理,2010,30(12):2104—2108.

[188] 李涛,陶卓民.基于引力模型的城市旅游客源市场分析研究——以济南为例[J].南京师大学报(自然科学版),2014,37(30):137—141.

[189] 王公为,李国精,乌铁红.内蒙古国内旅游市场的空间结构研究——基于区域结构的视角[J].干旱区资源与环境,2017,31(5):197—202.

[190] 邹裔忠,江慧华.基于网络搜索数据的武夷山旅游客源人群画像研究[J].产业与科技论坛,2018,17(20):36—38.

[191] 徐菲菲,王旭,徐俐.基于手机信令数据的南京旅游客源市场空间划分研究[J].地理与地理信息科学,2019,35(4):70—75.

[192] 汪德根,陈田.中国旅游经济区域差异的空间分析[J].地理科学,2011(5):528—536.

[193] 王洪桥,袁家冬,孟祥君.东北三省旅游经济差异的时空特征分析[J].地理科学,2014(2):163—169.

[194] 赵磊.中国旅游经济发展时空差异演变:1999—2009[J].旅游论坛,2014,7(2):6—15.

[195] 何调霞,梁双波.长三角城市群旅游经济发展的空间差异[J].城市问题,2016(10):65—68.

[196] 马丽君,马曼曼.以城市为单位的中国旅游经济发展空间差异分析[J].资源开发与市场,2018,34(9):1310—1320.

[197]陆保一,明庆忠.云南省区域旅游经济发展差异的时空格局演变[J].陕西师范大学学报(自然科学版),2018,46(6):28—37.

[198]覃超英,甘永萍,许小红,等.广西西江经济带国内旅游发展的区域差异研究[J].广西师范学院学报(自然科学版),2017,34(4):107—114.

[199]郭晓东,杨施思.近10年来甘肃省入境旅游发展的时空差异与演变特征[J].北京第二外国语学院学报,2015,(11):6—11.

[200]陈勤昌,夏莉惠,王凯.长江经济带入境旅游经济发展水平省际差异研究[J].世界地理研究,2019,28(2):191—200.

[201]李涛,朱鹤,刘家明,等.江苏省乡村旅游产业发展水平及空间差异分析[J].地域研究与开发,2017,36(3):86—91.

[202]穆学青,郭向阳,陈亚颦.云南省智慧旅游发展水平测度及空间差异研究[J].地理与地理信息科学,2019,35(4):123—129.

[203]郭晓东,李莺飞.中国旅游经济与生态环境协调发展水平的空间差异与演变特征[J].中国人口·资源与环境,2014,24(5):356—359.

[204]周成,金川,赵彪,等.区域经济—生态—旅游耦合协调发展省际空间差异研究[J].干旱区资源与环境,2016,30(7):203—208.

[205]余兆旺,沈惊宏,毕昆.基于空间变差函数的区域旅游经济发展差异演变——以泛长江三角洲地区为例[J].黄冈师范学院学报,2016,36(1):1—5.

[206]丁洁,李冠英,张建新.基于GIS空间分析法的山东省旅游经济发展时空差异研究[J].商业经济,2015(8):64—67.

[207]肖金鑫,张永庆.基于探索性空间数据分析方法的铁路网对旅游产业空间发展差异的影响研究——以江苏省为例[J].交通运输研究,2018,4(6):24—30.

[208]敖荣军,韦燕生.中国区域旅游发展差异影响因素研究——来自1990—2003年的经验数据检验[J].财经研究,2006,32(3):32—43.

[209]陈锦龙,王良健,李晶晶.我国省际旅游业发展影响因素的空间计量研究[J].旅游论坛,2011,4(2):41—46.

[210]于伟,张鹏.我国省域旅游经济发展差异演变和解释:结构和影响因素的双重考察[J].干旱区资源与环境,2015,29(10):192—196.

[211]王坤,黄震方,曹芳东,等.泛长江三角洲城市旅游经济发展的空间效应[J].长江流域资源与环境,2016,25(7):1016—1023.

[212]吴玉鸣.旅游经济增长及其溢出效应的空间面板计量经济分析[J].旅游学刊,2014,29(2):16—24.

[213]周霓,熊爱华.基于面板数据的旅游经济效应空间分异及优化研

究——以山东省为例[J].地理科学,2016,36(2):289－295.

[214] 赵金金.中国区域旅游经济增长的影响因素及其空间溢出效应研究——基于空间杜宾面板模型[J].软科学,2016,30(10):53－57.

[215] 陈刚强,李映辉,胡湘菊.基于空间集聚的中国入境旅游区域经济效应分析[J].地理研究,2014,33(1):167－178.

[216] 章锦河,张捷,李娜,等.中国国内旅游流空间场效应分析[J].地理研究,2005,24(2):293－303.

[217] 谢彦君.基础旅游学[M].3 版.北京:中国旅游出版社,2011.

[218] 郭向阳,明庆忠,穆学青.中部 6 省入境旅游流流量与流质成长规律及时空演化分析[J].宁夏大学学报(自然科学版),2017,38(1):109－117.

[219] 石张宇,于丽艳,汪荣.中部六省入境旅游流流量与流质演化研究[J].旅游论坛,2017,10(3):95－106.

[220] 谢霞.新疆入境旅游流时空特征与演变研究[J].内蒙古师范大学学报(自然科学汉文版),2019,48(1):1－7.

[221] 戢晓峰,戈艺澄,陈方.基于公路交通流大数据的节假日旅游流时空分异特征——以云南省 2017 年 7 个节假日为例[J].旅游学刊,2019,34(6):37－47.

[222] 查晓莉,徐雨晨,陆林.上海迪士尼国内旅游流地理分布与流动特征[J].旅游学刊,2019,34(6):58－73.

[223] 章锦河,张捷,刘泽华.基于旅游场理论的区域旅游空间竞争研究[J].地理科学,2005,25(2):248－256.

[224] 董培海,岳洁,李庆雷,等.旅游流空间场效应的演变及其响应机制研究——以云南省保山市为例[J].山西师范大学学报(自然科学版),2018,32(3):108－116.

[225] 陆保一,明庆忠,刘安乐,等.边境地区旅游流空间场效应的时空动态及其影响因素——以云南省边境市州为例[J].云南师范大学学报(自然科学版),2019,39(2):66－73.

[226] 王录仓,严翠霞,李巍.基于新浪微博大数据的旅游流时空特征研究——以兰州市为例[J].旅游学刊,2017,32(5):94－104.

[227] 闫闪闪,梁留科,索志辉,等.基于大数据的洛阳市旅游流时空分布特征[J].经济地理,2017,37(8):216－224.

[228] 赵明成,周凤杰,鲁小波,等.基于小波分析的锦州市旅游流时空特征研究[J].地域研究与开发,2019,38(3):84－88.

[229] 秦静,李郎平,唐鸣镝.基于地理标记照片的北京市入境旅游流空间特征[J].地理学报,2018,73(8):1556－1670.

[230] Crampon,L. J. Gravitational model approach to travel market analysis [J]. Journal of Marketing,1966,30(2):27—31.

[231] 阮文奇,张舒宁,郑向敏.中国游客赴泰旅游流网络结构及其形成机理研究[J].世界地理研究,2018,27(4):34—44.

[232] 邓祖涛,周玉翠,梁滨.武汉城市圈旅游流集聚扩散特征及路径分析[J].经济地理,2014,34(3):170—175.

[233] 王辉,张曼玉,邓晓瑞.旅游流空间结构潜在核心节点研究——以辽宁省14市为例[J].辽宁师范大学学报(自然科学版),2018,41(4):523—530.

[234] 陈梅花,路军慧.基于SNA的河南省旅游流网络结构特征研究[J].西北师范大学学报(自然科学版),2017,53(2):129—134.

[235] 刘大均.长江中游城市群旅游流空间格局及发展模式[J].经济地理,2018,38(5):217—223.

[236] 徐敏,黄震方,曹芳东,等.基于在线预订数据分析的旅游流网络结构特征与影响因素——以长三角地区为例[J].经济地理,2018,38(6):193—202.

[237] 马丽君,肖洋.湖南居民省内旅游流网络结构特征分析[J].河南科学,2019,37(2):320—328.

[238] 穆小雨,吴小根,冯英杰,等.基于网络游记的成都自助旅游流网络结构研究[J].资源开发与市场,2019,35(4):572—577.

[239] 居玛·吐尼亚孜,瓦哈甫·哈力克,阿司古力·艾百.基于网络游记的新疆旅游流网络特征研究[J].价值工程,2019:18—22.

[240] 李亚娟,曾红春,李超然,等.山地民族地区旅游流网络结构及流动方式研究——以恩施州为例[J].长江流域资源与环境,2019,28(7):1612—1622.

[241] 姜鉴铎,张建新,吴国平,等.基于加权方法的旅游流网络结构特征分析以南京市为例[J].资源开发与市场,2019,35(5):706—711.

[242] 杨小莉,冯卫红.山西省旅游流空间网络结构特征研究——基于不同出游方式的比较[J].生产力研究,2017(3):111—115.

[243] 李磊,陆林,穆成林,等.高铁网络化时代典型旅游城市旅游流空间结构演化——以黄山市为例[J].经济地理,2019,39(5):207—225.

[244] 徐冬,黄震方,黄睿.基于空间面板计量模型的雾霾对中国城市旅游流影响的空间效应[J].地理学报,2019,74(4):814—830.

[245] Jang,S.,Bai,B.,Hu,C.,and Wu,C. M. E. Affect,travel motivation,and travel intention:A senior market [J]. Journal of Hospitality &

Tourism Research,2009,33(1),51—73.

[246] Al-Haj Mohammad,B. A. M. ,and Mat Som,A. P. An analysis of push and pull travel motivations of foreign tourists to Jordan [J]. International Journal of Business and Management,2010,5(12):41—50.

[247] 杨兴柱,顾朝林,王群.旅游流驱动力系统分析[J].地理研究, 2011,30(1):23—36.

[248] 高军,吴必虎,马耀峰.旅华英国游客 O→D 旅游客流动力机制 研究[J].旅游学刊,2011,26(2):35—40.

[249] 尹贻梅,陆玉麒,邓祖涛.国内旅游空间结构研究述评[J].旅游 科学,2004,18(4):49—55.

[250] 卞显红.城市旅游空间结构研究[J].地理与地理信息科学, 2003,19(1):105—108.

[251] 孙建伟,田野,崔家兴,等.湖北省旅游空间结构识别与可达性测 度[J].经济地理,2017,37(4):208—217.

[252] 李一曼,修春亮,孔翔.浙江陆路交通对区域旅游空间结构及发 展的影响研究[J].地理科学,2018,38(12):2066—2073.

[253] 刘春浩,张延,李世泰.高速公路发展对烟台市旅游空间结构影 响研究[J].鲁东大学学报,(自然科学版),2017,33(3):260—266.

[254] 崔保健,张辉,黄雪莹.高铁背景下城市群旅游空间结构转型研 究——以环渤海、长三角为例[J].华东经济管理,2014,28(11):68—72.

[255] 汪德根.武广高速铁路对湖北省区域旅游空间格局的影响[J]. 地理研究,2013,32(8):1555—1564.

[256] 汪德根,章鋆.高速铁路对长三角地区都市圈可达性影响[J].经 济地理,2015,35(2):54—61.

[257] 汪德根,钱佳,牛玉.高铁网络化下中国城市旅游场强空间格局 及演化[J].地理学报,2016,71(10):1784—1800.

[258] 穆成林,陆林.京福高铁对旅游目的地区域空间结构的影响—— 以黄山市为例[J].自然资源学报,2016,31(12):2122—2136.

[259] 陆相林,马凌波,孙中伟,等.基于能级提升的京津冀城市群旅游 空间结构优化[J].地域研究与开发,2018,37(4):98—103.

[260] 王新越,赵文丽.山东半岛城市群旅游空间结构分析[J].地域研 究与开发,2018,37(2):89—93.

[261] 郭向阳,明庆忠,吴建丽.云南省区域旅游空间结构演变研究 [J].山地学报,2017,35(1):78—84.

[262] 方荣辉.基于核心—边缘理论的入境旅游空间结构研究——以

黄河三角洲为例[J].企业导报,2013(13):171—173.

　　[263] 晋迪,宋保平,高楠.基于"点—轴"理论的山西旅游空间结构特征研究[J].干旱区资源与环境,2013,27(5):196—202.

　　[264] 沈惊宏,余兆旺,沈宏婷.区域旅游空间结构演化模式研究——以安徽省为例[J].经济地理,2015,35(1):180—186.

　　[265] 庞闻,马耀峰.关中天水经济区核心—边缘旅游空间结构解析[J].人文地理,2012(1):152—160.

　　[266] 汪德根,牛玉,陈田,等.高铁驱动下大尺度区域都市圈旅游空间结构优化——以京沪高铁为例[J].资源科学,2015,37(3):581—592.

　　[267] 吴英.河北省旅游空间结构优化研究——基于旅游休闲产业多元价值功能的视角[D].石家庄:河北经贸大学,2015.

　　[268] 沈红娣.基于旅游中心地的浙江省旅游空间结构研究[D].南京:南京师范大学,2012.

　　[269] 马国强,汪慧玲.共生理论视角下兰西城市群旅游产业的协同发展[J].城市问题,2018,(4):65—71.

　　[270] 杨怡,刘云.基于共生理论的武汉城市圈旅游一体化机理探析[J].湖北文理学院学报,2017,38(2):63—67.

　　[271] 王宜强,朱明博.山东省农业旅游空间结构发育特征、优化模式及其驱动机制[J].经济地理,2019,39(6):232—240.

　　[272] 吴媛媛,宋玉祥.中国旅游经济空间格局演变特征及其影响因素分析.地理科学,2018,39(9):1491—1498.

第三章 长江经济带旅游景区
空间结构演变研究

　　长江经济带横跨我国东部、中部和西部三大地区,是我国重要的经济发展轴,在国民经济社会发展格局中占据着重要的战略地位(张晓梅,2018)。2014年,国务院出台的《关于依托黄金水道推动长江经济带发展的指导意见》明确提出"打造旅游城市、精品线路、旅游景区、旅游度假休闲区和生态旅游目的地,大力发展特色旅游业,把长江沿线培育成为国际黄金旅游带"。2016年,《长江经济带发展规划纲要》的颁布更是明晰了长江经济带未来的发展方向和战略思路。长江经济带拥有独特丰富的自然旅游资源和特色鲜明的人文旅游资源,它既是中国重要的旅游目的地,也是主要的旅游客源地(吴春涛等,2018)。伴随旅游需求的变化和旅游资源开发的加快,长江经济带旅游景区空间结构已发生了较大变化。加强对长江经济带旅游景区空间格局的研究对于促进长江经济带旅游高质量发展,打造长江生态旅游走廊具有重要的意义(田野等,2019)。

　　旅游景区是旅游产业中的核心支撑要素,是旅游活动中不可或缺的重要载体(王洪桥等,2017)。2004年,国家旅游局修订了《旅游景区质量等级的划分与评定》标准,将旅游景区质量划分为五个等级,其中,4A和5A级旅游景区是质量等级评定中的高级别旅游资源,在旅游资源吸引力、旅游安全、旅游交通、景区卫生、经营管理、接待能力等各方面都达到了高水准(张晓梅,2018)。高级别旅游景区既是城市旅游的品牌和形象,也是城市旅游产业的核心竞争力。旅游资源的集聚程度往往是决定资源开发可行性的重要因素(刘俊,2016)。旅游景区空间格局及其组合规律的研究对区域旅游业发展布局具有重要的现实指导意义(程海峰,2014)。为此,本章重点讨论高级别旅游景区空间结构演变特征。

　　前已述及,国内外学者在旅游景区空间结构研究中取得了较为丰硕的成果,但既有研究缺乏系统性,尚未构建一个较完整的研究框架,在研究方法上,较少运用Ripley's K函数和热点探测方法,另外,对省域尺度和单个城市旅游景区空间结构的研究较多,而对跨省域城市群和城市带的研究相对较少,尤其是时空格局演变研究极少。为此,本章运用地理数学方法和空间分析方法,从空间分布类型、均衡性、方向性和关联性四个维度系统地探测长江经济带高级别旅游景区空间结构演变特征,并以定性和定量相结合的方法来分析长江经济带高级别景区空间格局形成的主要因素,以期为地方政府、旅游企业优先开发旅游景区、开展旅游合作和优化旅游景区空间结构提供智力支持。

第一节　研究方法与数据来源

一、研究方法

(一)最近邻指数

最近邻指数(NNI)是由生态学家 Clark 和 Evans(1954)最先提出的,是用来判别点空间格局的一种最常用方法,已有诸多学者利用该方法来进行空间格局研究(敬峰瑞等,2017;李鹏等,2018)。其基本思想是通过实际观察到的最近邻点对平均距离 d(NN)与随机分布模式中最近邻点对平均距离 d(ran)的比值来得到的,其公式:

$$NNI = \frac{d(NN)}{d(ran)} = \frac{\sum_{i=1}^{n} \frac{\min(d_{ij})}{n}}{0.5\sqrt{A/n}} \tag{3-1}$$

式中,n 为高级别旅游景区数;$\min(d_{ij})$ 为第 i 个高级别旅游景区到最邻近点的距离;A 为研究区域面积。当 NNI<1 时,表示高级别旅游景区空间分布为集聚型;当 NNI>1 时,表示高级别旅游景区空间分布为均匀型;当 NNI=1 时,表示高级别旅游景区空间分布为随机型。

(二)K 函数

Ripley's K 函数是关于点密度距离的函数,能分析任意尺度下点状物空间分布格局,避免传统分析方法只能分析单一尺度的点状物空间分布格局的缺陷(Wiegand 等,2004;Gatrell 等,1996),其计算公式:

$$K(d) = A \sum_{i=1}^{n} \sum_{j=1}^{n} \frac{\omega_{ij}(d)}{n^2} \tag{3-2}$$

式中,n 为高级别旅游景区数;$\omega_{ij}(d)$ 为在距离 d 范围内的高级别旅游景区 i 与 j 之间的距离;A 为研究区面积。为了更好地揭示高级别旅游景区的空间格局,常用 L 函数来代替 K 函数。其公式为:

$$L(d) = \sqrt{K(d)/\pi} - d \tag{3-3}$$

当 $L(d)>0$ 时,表示高级别旅游景区在对应尺度 d 上呈集聚分布,当

$L(d)$ 达到最大值时,景区的集聚强度最大,集聚规模(πd^2)也达到最大;当 $L(d)<0$ 时,则表明高级别旅游景区在对应尺度 d 上呈均匀分布;当 $L(d)=0$ 时,则表明高级别旅游景区在对应尺度 d 上为随机分布。为了判断高级别旅游景区的实际分布与随机分布是否有显著性差异,常用 Monte-Carlo 进行拟合检验,若 $L(d)$ 值大于随机模拟最大值 $L(d)\max$,则服从聚集分布;若 $L(d)$ 值在随机模拟最大值和最小值之间,则服从随机分布;若 $L(d)$ 值小于随机模拟最小值 $L(d)\min$,则服从均匀分布。

（三）热点探测

热点区是指点大量集聚的区域。一般采用最近邻层次空间聚类法来探测点在空间上分布的热点区域,即首先根据每个点的最邻近距离,定义"点集聚区"的极限距离或阈值,然后将这个阈值与任意点对间的距离比较,当某一点与其他点(至少一个)的距离小于阈值时,该点被计入集聚区,依次类推,可以得到不同层次的热点区域(王劲峰等,2014)。本文设置随机最近邻距离为阈值,聚类的最少点数设定为 10 个,置信度 0.95。运用 CrimeStat 3.3 软件对长江经济带高级别旅游景区进行热点区探测,并调用 Monte-Carlo 法随机进行 100 次统计学全局集聚性检验,以获得各阶热点聚集区,同时利用 ArcGIS10.2 软件对得到的热点区进行可视化表达。

（四）标准差椭圆方法

标准差椭圆法(Standard deviational cllipse)最早是由 Lefever 在 1926 年提出,是一种用于测度经济空间分布特征的空间统计方法(Lauren 和 Mark,2010;Wong,1999)。目前,已在地理学、经济学、旅游学、社会学、生态学等领域得到了广泛的应用(来婷婷等,2014;刘华军等,2019;王兆峰等,2019;刘振振,2019)。标准差椭圆法可用于分析区域内旅游景区分布重心的空间变动态势和景区的离散程度(王通,2016),通常以中心、长轴、短轴、偏转角为基本参数来刻画旅游景区空间分布的中心性、展布性、方向性、空间形态等特征(赵璐等,2014)。其中,中心表示研究对象在二维空间上分布的相对位置,偏转角代表了旅游景区主导趋势的方向,长短轴代表旅游景区分布的主次方向与聚集离散程度(于深等,2019)。标准差椭圆法的计算公式为:

平均中心:

$$\bar{x}_w = \frac{\sum_{i=1}^{n} w_i x_i}{\sum_{i=1}^{n} w_i}; \bar{y}_w = \frac{\sum_{i=1}^{n} w_i y_i}{\sum_{i=1}^{n} w_i} \qquad (3-4)$$

偏转角：

$$\tan\theta = \frac{\left(\sum_{i=1}^{n} w_i^2 x_i'^2 - \sum_{i=1}^{n} w_i^2 y_i'^2\right) + \sqrt{\left(\sum_{i=1}^{n} w_i^2 x_i'^2 - \sum_{i=1}^{n} w_i^2 y_i'^2\right)^2 + 4\sum_{i=1}^{n} w_i^2 x_i'^2 y_i'^2}}{2\sum_{i=1}^{n} w_i^2 x_i' y_i'}$$

(3-5)

x 轴标准差：

$$\delta_x = \sqrt{\frac{\sum_{i=1}^{n} (w_i x_i' \cos\theta - w_i y_i' \sin\theta)^2}{\sum_{i=1}^{n} w_i^2}}$$

(3-6)

y 轴标准差：

$$\delta_y = \sqrt{\frac{\sum_{i=1}^{n} (w_i x_i' \sin\theta - w_i y_i' \cos\theta)^2}{\sum_{i=1}^{n} w_i^2}}$$

(3-7)

式中，(x_i, y_i) 表示旅游景区的空间区位；w_i 表示权重；$(\overline{x}_w, \overline{y}_w)$ 表示加权平均中心；θ 为椭圆偏转角，是用正北方向顺时针旋转到椭圆长轴所形成的夹角来测度；x_i'、y_i' 分别表示第 i 个旅游景区到平均中心的坐标偏差；δ_x、δ_y 分别表示沿 x 轴和 y 轴的标准差。上述计算可依托 ArcGIS 10.4 软件来实现(赵媛等,2012)。

（五）地理集中指数

地理集中指数是用来表征研究对象集中程度的重要指标(王新越等,2016)。在这里用以测度长江经济带高级别旅游景区的集中程度。其计算公式为：

$$C = 100 \times \sqrt{\sum_{i=1}^{n} (X_i/T)^2}$$

(3-8)

式中，C 为高级别旅游景区地理集中指数；X_i 为第 i 个城市高级别旅游景区数；T 为长江经济带高级别旅游景区总数；n 为研究对象的个数，$n=126$。C 取值范围是 $0\sim100$，C 值越大，表明旅游景区分布越集中；C 值越小，则表明旅游景区分布越分散。

（六）核密度估计

核密度估计是空间分析中运用最广泛的非参数估计方法(郝诗雨等,2018)。它是利用核函数计算估计点的核密度值，以此来判断区域内点的集聚程度和空间分布规律。估计点的核密度值为阈值范围内所有点的密度总和。其计算公式：

$$f(x) = \frac{1}{nh^d} \sum_{i=1}^{n} K\left(\frac{x-x_i}{h}\right) \tag{3-9}$$

式中,$f(x)$ 为高级别旅游景区核密度估计值,$K\left(\frac{x-x_i}{h}\right)$ 为核函数,n 为阈值范围内的高级别旅游景区个数,h 为带宽,$x-x_i$ 为估计点 x 到事件点 x_i 的距离,d 为数据的维数,这里取为 1。

（七）空间自相关

地理学第一定律认为,任何地理事物或现象之间都存在一定的空间相关性,距离越近,相关性越大。空间自相关是用来描述某种地理要素是否存在着某种特殊的空间形态(杨剑,2009)。当区域某一要素值和它周边同一要素值都高或低时,被称为正空间自相关(positive spatial autocorrelation);反之,当区域某一要素值高或低,而它周边同一要素值呈现低或高时,被称为负空间自相关(negative spatial autocorrelation)。如果要素属性高值和低值完全随机地分布,则不存在空间自相关(陈强,2014)。正空间自相关表征的是某种地理事物或现象的集聚分布,而负空间自相关表征的是离散分布(宋萍等,2008)。空间自相关包括全局空间自相关和局部空间自相关两种类型。

全局空间自相关性用于描述地理要素在整个区域的空间分布状况,以判断该要素在空间上是否存在集聚性(宋萍,2008),常用 Moran's I 指数来测度,其计算公式:

$$I = \sum_{i=1}^{n} \sum_{j=1}^{n} w_{ij}(x_i - \bar{x})(x_j - \bar{x}) / s^2 \sum_{i=1}^{n} \sum_{j=1}^{n} w_{ij} \tag{3-10}$$

式中,x_i 是指高级别旅游景区在区域单元 i 上的观察值;$\bar{x}$ 为研究区域内所有观察值的平均值;n 为区域单元的个数;w_{ij} 为空间权重矩阵,在这里选取地理邻接矩阵来表征,即当区域 i 和区域 j 相邻时,空间权重矩阵元素取 1,反之,当两个区域不相邻时,则取 0。$Moran's\ I$ 指数取值一般介于 -1 到 1 之间,当 $I > 0$,表示正相关,即高值和高值相邻、低值和低值相邻;当 $I < 0$,表示负相关,即高值和低值相邻(陈强,2014);当 $I = 0$,表示不相关。

Moran's I 指数检验统计量用 I^* 来表示,其公式为:

$$I^* = \frac{I - E(I)}{\sqrt{\mathrm{Var}(I)}} \tag{3-11}$$

式中,$E(I)$ 为莫兰指数 I 的期望值,其大小为 $E(I) = -1/n-1$,$\mathrm{Var}(I)$ 为莫兰指数 I 的方差。如果 $I^* > 1.96$,表示在 5% 水平上拒绝原假设,即高级别旅游景区存在空间正自相关,在空间上表现为集聚格局;如果 $I^* < -1.96$,

表示在 5％水平上拒绝原假设,即高级别旅游景区存在空间负相关,在空间上表现为离散格局;如果 $-1.96 < I^* < 1.96$,表示在 5％水平上接受原假设,即高级别旅游景区在空间上呈随机分布。

全局空间自相关虽然能从整体上反映属性值的自相关特征,但无法揭示局部区域的空间集聚性,为此,在这里引入局部空间自相关指数来探测不同区域要素属性的空间异质性(马斌斌等,2020;宋洁华等,2006),其计算公式:

$$I_i = \frac{(x_i - \bar{x})}{S^2} \sum_{j=1}^{n} w_{ij} (x_j - \bar{x}) \tag{3-12}$$

式中,x_i 和 x_j 分别为区域 i 和区域 j 的高级别旅游景区数;$\bar{x} = \frac{1}{n} \sum_{i=1}^{n} x_i$ 为高级别旅游景区数均值;$S^2 = \frac{1}{n} \sum_{i=1}^{n} (x_i - \bar{x})^2$ 是高级别旅游景区数的方差;w_{ij} 为空间权重矩阵。

根据局部 Moran's I 的含义,再结合 Moran 指数散点图,将长江经济带城市与其相邻城市之间的局部空间关联性划分为高－高(H-H)、低－低(L-L)、高－低(H-L)、低－高(L-H)四种类型(马斌斌等,2020;向延平,2012)。

（八）相关性分析方法

相关性关系是指两个变量或者若干变量之间存在着一种不完全确定的关系(马欢欢等,2018),其表达式为:

$$r = \frac{\sum (x - \bar{x})(y - \bar{y})}{\sqrt{\sum (x - \bar{x})^2 (y - \bar{y})^2}} \tag{3-13}$$

式中,$\bar{x}$ 和 $\bar{y}$ 分别为数据变量 x 和 y 的均值;r 表示两个变量之间的相关系数,r 的取值范围为 $[-1,1]$。如果 $r > 0$,表示两个变量呈正相关关系;如果 $r < 0$,则表示两个变量之间呈负相关关系;如果 $r = 0$,则表示两个变量之间没有相关关系。

二、数据来源

高级别旅游景区包括 4A 景区和 5A 景区(张晓梅等,2018)。长江经济带内的 4A 级景区数据主要来源于 11 个省市 126 个城市旅游局官方网站和政府网站,部分数据来源于国民经济和社会发展公报,5A 级景区数据来源于国家文化和旅游部网站,各城市 GDP、城镇化率来源于各城市国民经济和社会发展公报,土地面积来源于 2014 年中国区域经济统计年鉴。高级别旅游景区的经纬度是通过百度 API 查询所得。城市行政边界矢量数据来源于国家基础地理信息中心提供的 1∶400 万中国基础地理信息数据。

第二节　旅游景区空间分布类型与偏移

一、空间分布基本特征

2010—2018 年,长江经济带高级别旅游景区不断增多(图 3-1)。截至 2018 年,高级别旅游景区达到 1646 个,是 2010 年的 2.62 倍。2018 年高级别景区数排名前 5 名的城市分别是重庆、上海、成都、杭州、苏州,其总数分别为 78、60、45、44 和 42 个,排名后 5 名的城市则是鄂州、昭通、文山、临沧和怒江,其中鄂州和昭通高级别景区数为 1 个,临沧和怒江均没有。按景区密度排名前 5 名的城市分别是上海、铜陵、无锡、苏州、马鞍山,其密度值分别为 94.62 个/万 km²、71.88 个/万 km²、64.84 个/万 km²、49.48 个/万 km²、41.52 个/万 km²,排名后 5 名的城市分别是甘孜、文山、昭通、临沧和怒江。

从省域尺度来看,2018 年高级别景区总数排名前 5 位的省市分别是四川、浙江、江苏、安徽和江西,其总数分别是 234、230、229、201 和 154 个。景区密度由高到低的省市依次是上海、江苏、浙江、安徽、重庆、江西、湖北、贵州、湖南、四川、云南。从地区尺度来看,东部地区景区密度最大,为 24.32 个/万 km²,中部地区其次,为 9.06 个/万 km²,西部地区最小,为 4.42 个/万 km²。

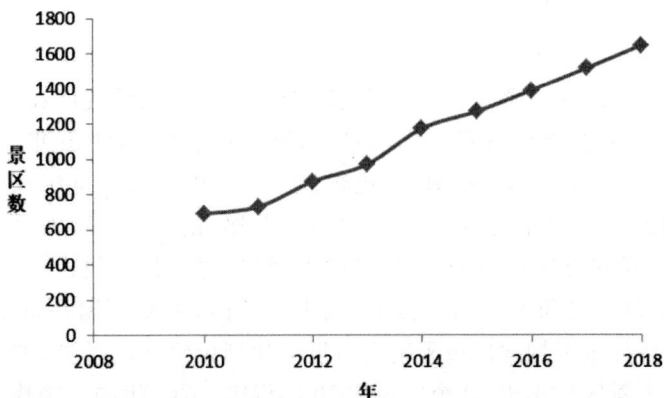

图 3-1　长江经济带高级别旅游景区数分布

二、空间分布类型

(一)最近邻指数分析

利用 ArcGIS 10.2 软件计算 2010 和 2018 年最近邻指数分别为 0.558、0.589,其值都小于 1,表明长江经济带高级旅游景区空间分布类型为集聚型格局。一方面,集聚型分布有利于城市内和城市之间旅游资源整合,有利于旅游者以较少的时间游览更多的旅游景点,另一方面,会拉大城市旅游业发展差距。长江经济带高级别旅游景区的集聚性呈现减弱的态势,表征了各城市在近些年加大了旅游景区建设力度,城市群内的中低等级旅游景区逐步向高级别旅游景区转化,旅游景区建设范围不断拓宽。

(二)K 函数分析

由图 3-2 可以看出,2 条 $L(d)$ 曲线都位于上包络线上方,表明 2010 和 2018 年长江经济带高级别旅游景区空间格局都是集聚型分布,这与通过最近邻指数计算得出的结论相同。从 $L(d)$ 曲线变化来看,都呈现出先上升后下降的趋势,表征了长江经济带高级别旅游景区的集聚强度先增加后减少的态势。$L(d)$ 曲线变得越来越平滑,说明景区的集聚特征随距离的波动性逐渐降低。两个时段下的集聚峰值分别为 180.44、152.33,呈现下降态势,而最大集聚尺度却呈上升趋势,其值分别为 332.36km、359.91km。这进一步证实了近年来长江经济带加快了旅游景区建设步伐,高级别景区数量不断增加,且向更大空间范围扩展。

(三)热点探测分析

由图 3-3 可知,长江经济带高级别旅游景区的一阶热点区不断增多,由2010 年的 10 处增加到 16 处,表明高级别旅游景点集聚程度在减弱,呈分散化态势,二阶热点区没有变化,仍为 1 处。具体而言,2010 年,一阶热点区分布在上海、苏州、无锡、南京、杭州、宁波、黄山、武汉、重庆、成都,二阶热点区覆盖了长三角地区的上海、苏州、无锡、南京、杭州、宁波 6 城市。2018 年,一阶热点区在 2010 年的基础上增加了扬州、徐州、合肥、南昌、长沙、贵阳以及无锡和湖州的交接处,减少了黄山,主要原因是黄山在 2018年长江经济带重新构建的极限距离内没有达到聚集区的条件,即在极限距离内高级别景区数小于 10 个。与 2010 年相比,2018 年的二阶热点区向北移动,主要包含上海、苏州、无锡、南京和扬州五个一阶热点区。

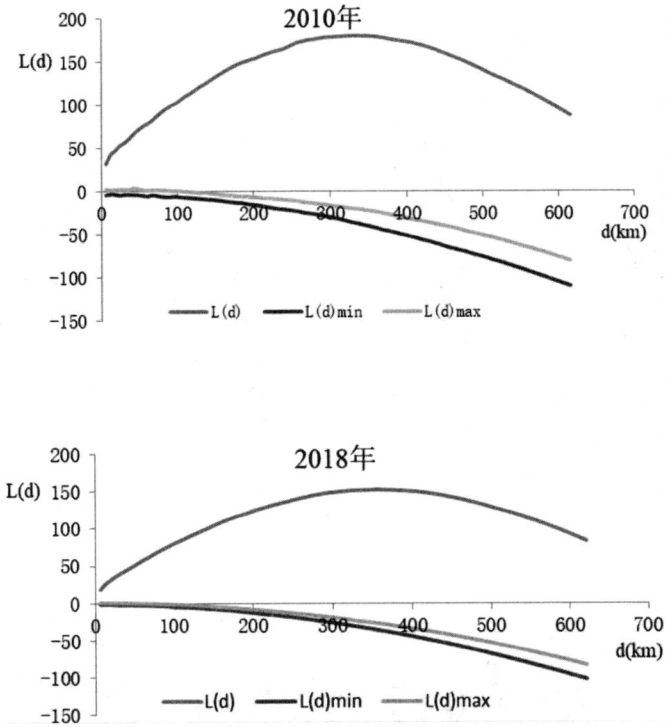

图 3-2　长江经济带高级别旅游景区 $L(d)$ 函数

从一阶热点区的城市分布来看,主要集中在直辖市、省会城市和旅游资源丰富的城市。重庆和上海高级别景区数位居前两位,其中,重庆在2010 和 2018 年分别为 37 个和 78 个,上海分别为 31 个和 60 个。杭州、成都等省会城市高级别景区数也位居前列。苏州、无锡、黄山等城市虽然不是省会城市,但旅游资源十分丰富。2010 年,三城市高级别景区总数排名分别为第 3、第 6、第 6,2018 年,为第 5、第 8 和第 9。从地区分布来看,一阶热点区主要分布在东部地区,中西部地区较少。2010 年,东、中和西部地区分别为 6 个、2 个和 2 个,2018 年则分别为 9 个、4 个和 3 个。可能的原因是,东部地区经济发达,交通网络密集,这为旅游资源的集中开发提供了良好的支撑和保障,而中西部地区,旅游资源开发受经济、自然和交通等条件的制约,旅游资源开发呈分散态势,加之,旅游人力资源质量不高,服务意识不够,影响了旅游景区升级提档。不过,从高级别旅游景区总数和分布演变来看,长江经济带各城市都加快了旅游景区的建设速度和力度,高级别旅游景区空间分布呈离散态势。

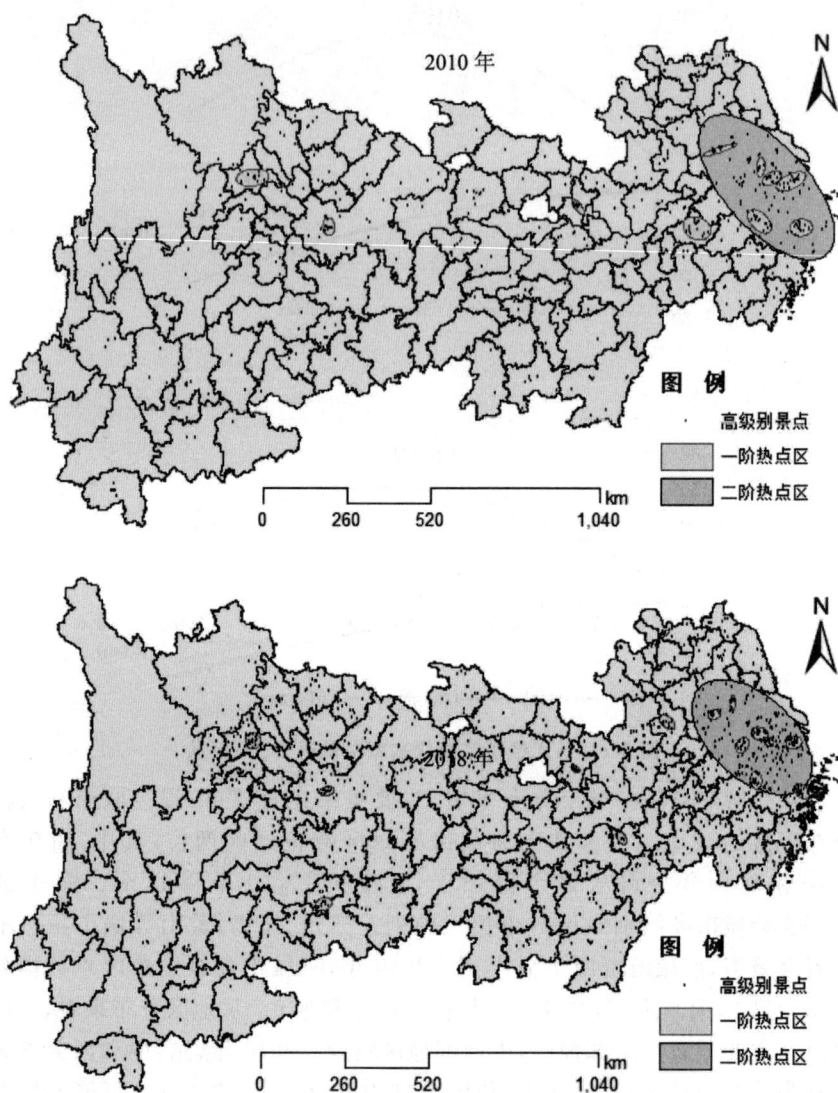

图 3-3 2010—2018 年长江经济带热点探测图

三、旅游景区空间偏移和离散程度分析

对 2010 和 2018 年长江经济带高级别旅游景区标准差椭圆参数比较发现:旅游景区的椭圆长轴半径在减小,而短轴半径在增加,平均中心向西南方向移动(图 3-4、表 3-1)。具体而言,标准差椭圆的中心由(29° 54′ 6″E, 114° 12′ 31″N)移动到(29° 49′ 55″E,113° 34′ 16″N),即,长江经济带高级别

旅游景区分布的平均中心由湖北的咸宁市境内转移到荆州市境内。短轴半径增加 12.47km,长轴半径缩小 34.98km,表明高级别旅游景区沿西北—东南方向扩散,沿东北—西南方向极化,标准差椭圆偏转了 1.47°。

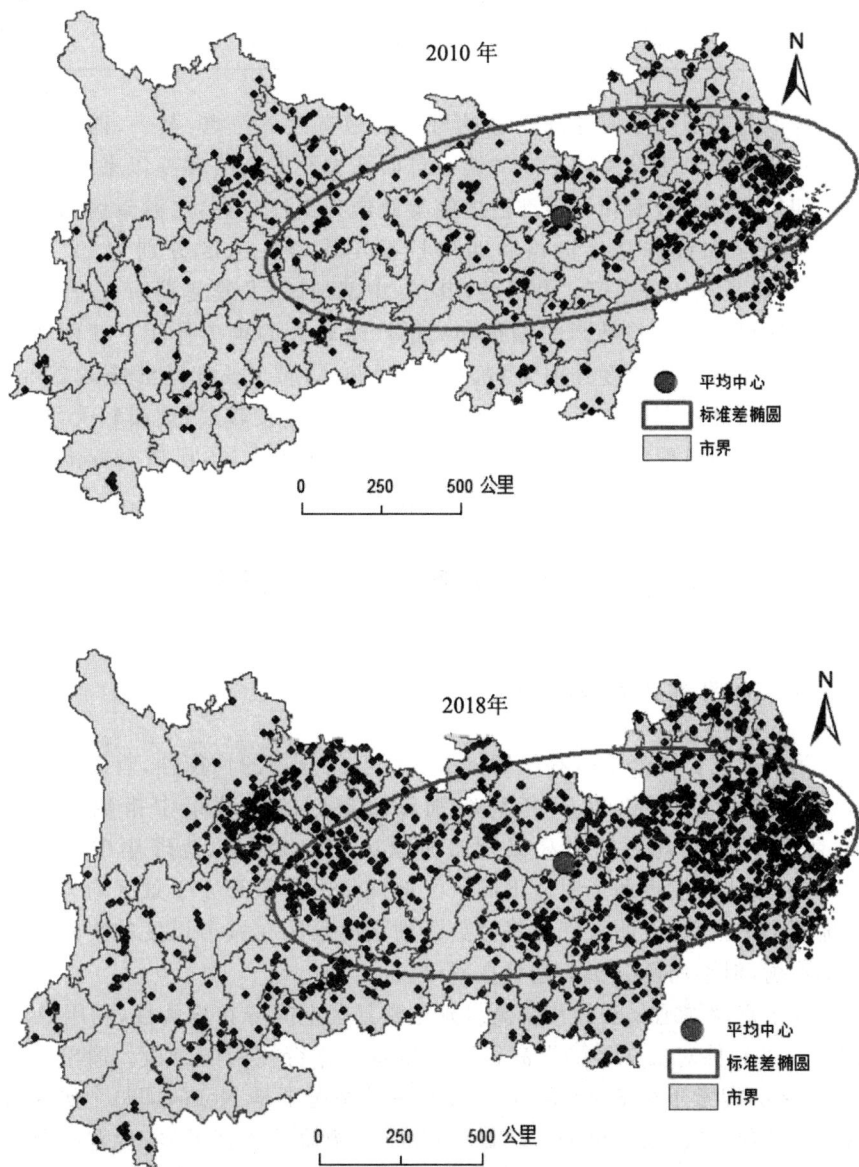

图 3-4　长江经济带高级别旅游景区标准差椭圆分布

表 3-1   长江经济带高级别旅游景区标准差椭圆参数

年份	中心经度	中心维度	长轴/km	短轴/km	偏转角/degree
2010	114°12′31″N	29°54′6″E	938.51	306.04	80.36
2018	113°34′16″N	29°49′55″E	903.53	318.51	81.83

　　标准差椭圆发生偏移和离散的可能原因有以下三点:其一,西部地区高级别旅游景区建设速度不断加快。自西部大开发战略实施以来,西部地区的四川、重庆、云南和贵州都已把旅游业作为支柱产业,旅游景区的建设步伐呈明显加快态势。贵州和四川景区年均增长速度分别为 22.7%、16.9%,居长江经济带第 1 和 3 位;其二,中部地区,尤其是湖南、江西快速的景区建设对标准差椭圆的偏移和离散产生较大的推力作用。江西和湖南的景区年均增长速度分别为 18.4%、14.96%,居于长江经济带第 2 和 4位;其三,东部地区的江苏、浙江和上海旅游景区建设较早,规模较大,目前的建设速度明显放缓,高级别景区年均增长率居于末尾,所以对标准差椭圆的控制力要小于西南地区的影响(吴春涛等,2018)。

第三节　旅游景区空间分布均衡性

一、地理集中指数分析

　　为了探究长江经济带高级别旅游景区空间分布的均衡性,首先应用公式(3-4)测得 2010 和 2018 年高级别旅游景区的地理集中指数分别为13.62、11.84,接着再算出高级别旅游景区均匀分布的地理集中指数为8.91,通过比较发现两个时段下的景区地理集中指数都大于景区均匀分布的地理集中指数,表明长江经济带高级别旅游景区在城市尺度的空间分布上不均衡,但不均衡分布的趋势在减弱。

　　为了直观展示长江经济带高级别旅游景区空间分布均衡性,利用 Arc-GIS 10.2 软件对长江经济带高级别旅游景区进行核密度分析。输出栅格大小 6km,搜索半径 80km,人口字段在默认情况下是 None,即每个研究对象都被计数 1 次,在这里为了凸显 4A 和 5A 级旅游景区差异,设置权重字段,将 4A 和 5A 级景区分别赋值 1 和 2,即每个 4A 级景区计数 1 次,每个5A 级景区计数 2 次,得到 2010 和 2018 年长江经济带高级别旅游景区核密度分布图(图 3-4)。其中 2010 年高、较高、中等、低和较低等级对应的核密度值分别为 0～2.31、2.31～7.13、7.13～15.22、15.22～29.87、29.87～

49.14,2018 年五个等级对应的值分别是 0—5.01、5.01~14.04、14.04~27.41、27.41~52.82、52.82~86.24。与 2010 年相比,2018 年每个等级对应的核密度值都得到了提升。

二、核密度分析

由图 3-5 可知,两个时段下的高等级景区核密度空间分布没有发生变化,都集中在上海、苏州和无锡,但其他等级却发生了较大变化。较高等级景区核密度范围快速扩大。2010 年,较高等级核密度集中在南京、扬州、镇江、杭州、宁波、嘉兴、黄山、池州、宣城、武汉、重庆、成都。2018 年,除了2010 年的上述城市外,还增加了湖州、绍兴、合肥、六安、南昌、九江、上饶、长沙。中等级核密度分布范围也相应向周围地区扩大,但主要集中在东部地区以及成都周边地区、贵阳周边地区。而张家界、西双版纳则由 2010 年中等等级降为较低等级。低等级和较低等级核密度主要集中在中西部地区,主要包括云南省、贵州东部、四川西部、湖南的西南部等地。可能原因是中西部地区高级别旅游景区建设在空间上较为分散,景区密度较低。

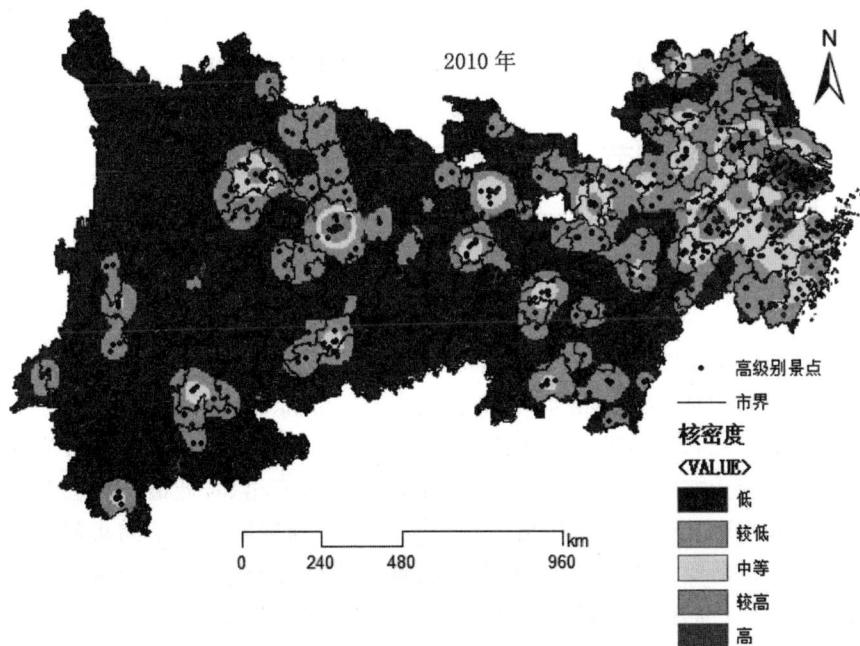

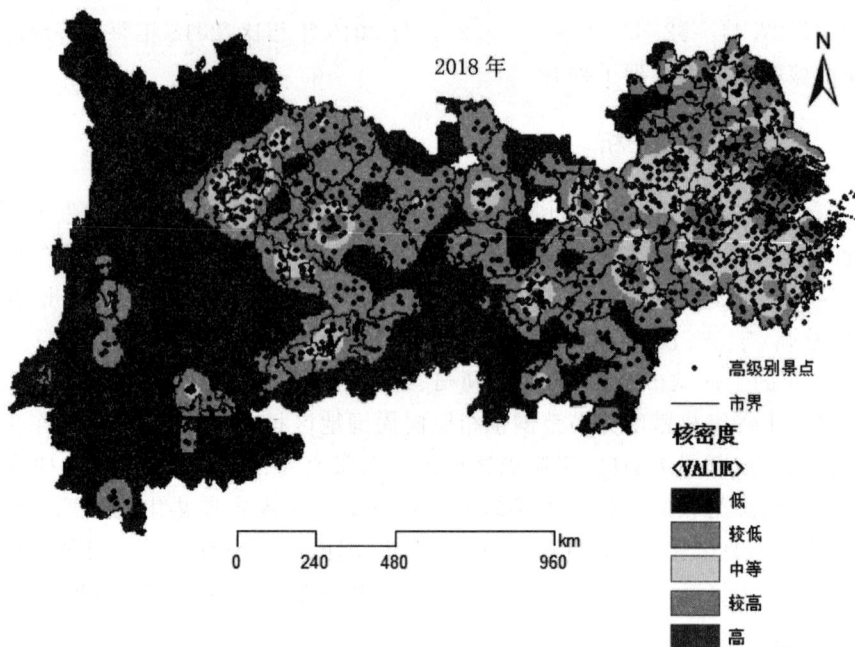

图 3-5 长江经济带高级别旅游景区核密度分布

第四节 旅游景区空间分布关联性

一、全局自相关分析

利用 Geoda 1.14 软件计算出两个时段下的长江经济带高级别旅游景区空间分布的全局 Moran's I 指数分别为 0.132 和 0.176,Z 统计量分别为 2.537 和 2.924,均通过了显著性检验(表 3-2),表明长江经济带高级别旅游景区之间为空间正相关关系,即存在高值与高值相邻,低值与低值相邻现象,同时,也从整体上反映出长江经济带高级别旅游景区空间集聚特征不断加强。需要说明的是,区域空间表现为集聚分布,局部空间可能表现为集聚格局,也有可能表现为离散格局。为了真实地反映长江经济带高级别旅游景区空间关联特征,还需进行局部空间自相关分析。

表 3-2　长江经济带高级别旅游景区 Moran's I 指数

	Moran's I	Z	P
2010 年	0.132	2.537	0.02
2018 年	0.176	2.924	0.02

二、局部自相关分析

应用 Geoda 软件对长江经济带高级别旅游景区的空间分布进行局部自相关分析,得到聚集类型图(图 3-6)和显著性图(图 3-7)。由图 3-6 可知,高级别旅游景区分布被划分为 H-H、L-L、H-L、L-L 四种类型。H-H 型表示长江经济带某一城市高级别旅游景区数与其相邻城市高级别旅游景区数都较多,是高值集聚区,在空间关联中表现为扩散效应,即通过自身景区建设和发展辐射带动周围地区景区建设。2010 年,H-H 型主要分布在长三角地区,包括上海、苏州、无锡、嘉兴、绍兴、台州和宣城,2018 年,包含的城市数量增多,且向西、北扩展,中西部地区有恩施、十堰、遵义和昆明,东部长三角地区已连成一片,除了先前的城市外,还有湖州、黄山、衢州,此外,还包含江苏中北部的扬州和连云港;H-L 型表示某一城市高级别旅游景区数较多,但其相邻城市景区数较少,在空间关联中表现为极化效应,即通过自身旅游景区的发展来吸引相邻地区的人员、技术、资金等要素,从而对周围地区旅游景区发展产生虹吸效应。2010 年,H-L 型分布在重庆、长沙和西双版纳,2018 年,仅分布在长沙;L-H 型表示自身高级别旅游景区数较少,而相邻城市景区数较多。2010 年,分布在江苏的泰州和南通、浙江的湖州和衢州、湖北的恩施和十堰、四川的广安和达州,2018 年数量减少,除了还有南通、广安、达州外,新增了湘西、铜仁和资阳;L-L 型表征自身高级别旅游景区数和相邻城市旅游景区数都较少,是低值集聚区。2010 年,分布在怀化、曲靖和大理,2018 年,数量上猛增,分布在安徽的亳州和蚌埠、湖南的衡阳、云南大多数城市。

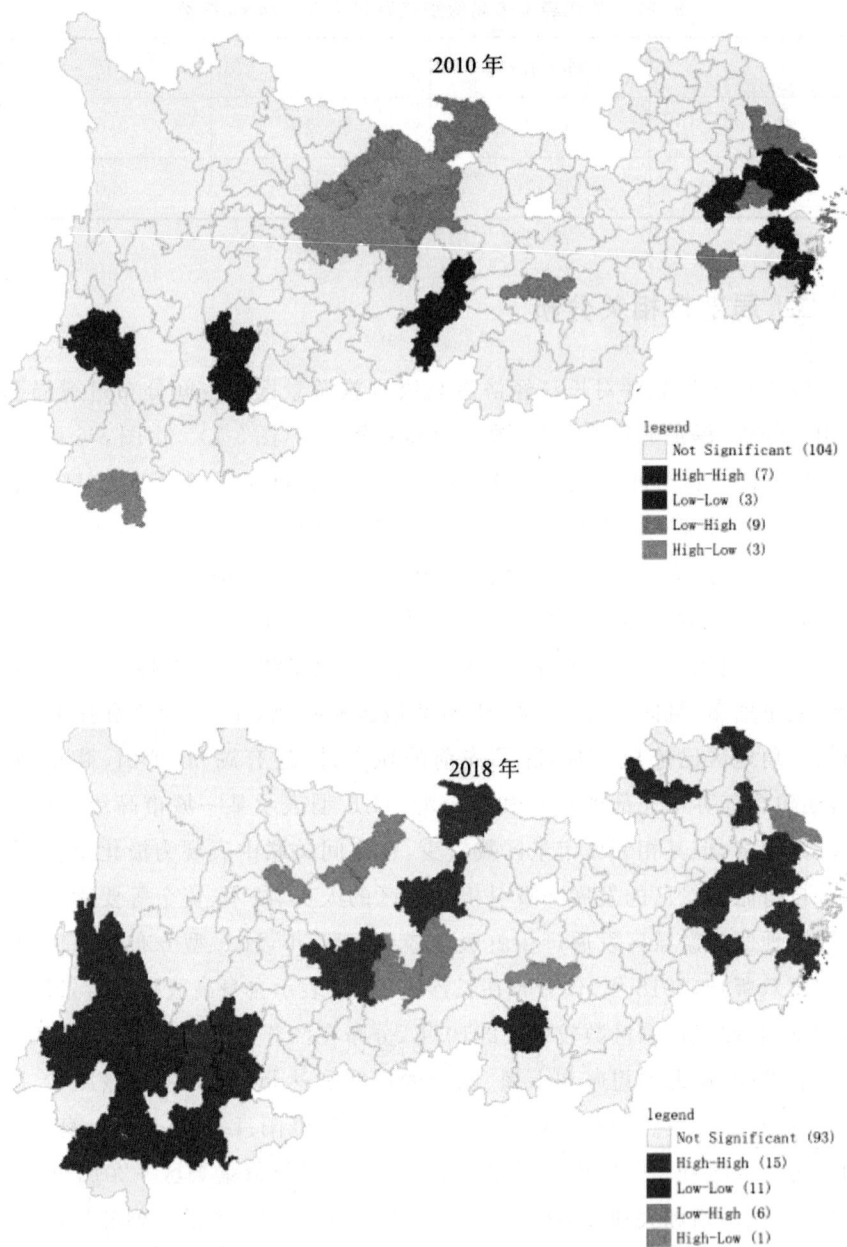

图 3-6 长江经济带高级别旅游景区局部自相关聚集图

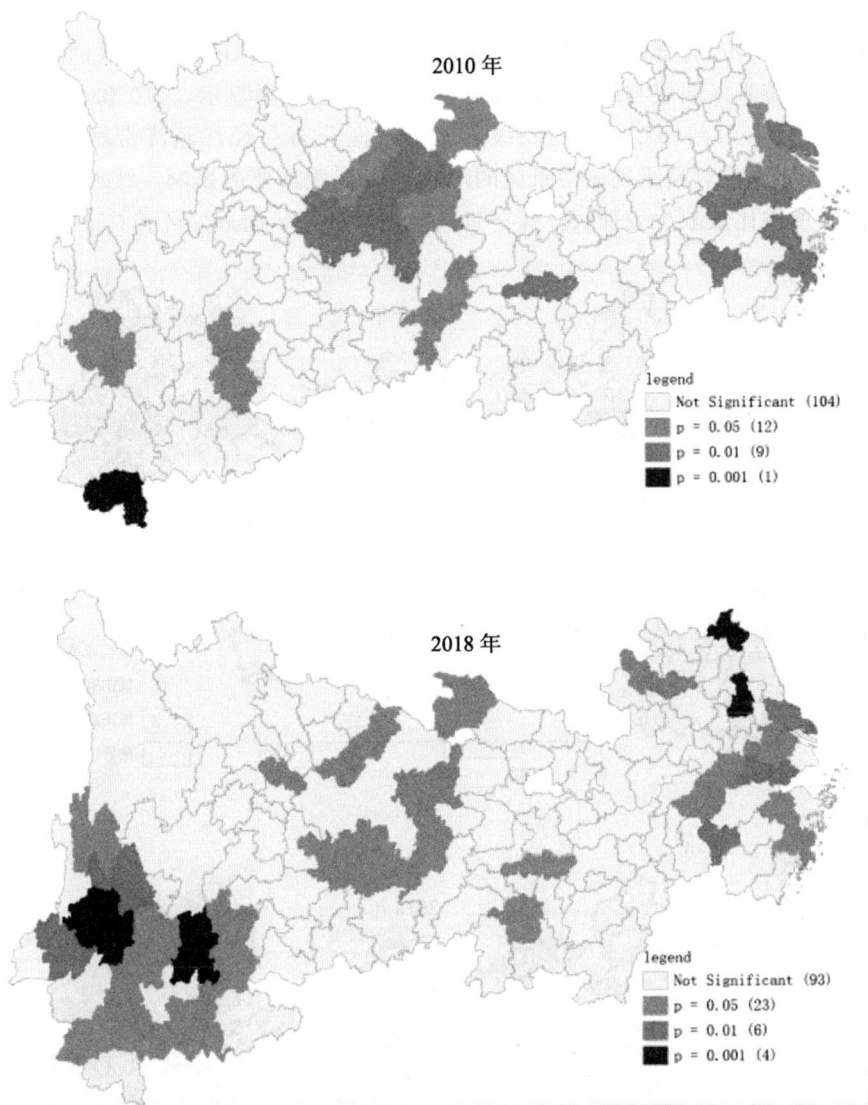

图 3-7 长江经济带高级别旅游景区局部自相关显著性图

第五节 旅游景区空间分布影响因素

一、区位因素

一般而言,距离城市中心较近的景区能获得更多更好的发展机会,也就是说,更容易晋升为更高级别。利用 ArcGIS 10.2 软件,以 126 个城市(包含直辖市、省会、城市或州)为中心,设立半径为 50km 的缓冲区,并将高级别旅游景区图层与之进行叠加分析(图 3-8)。结果显示,2010 和 2018 年分别有 72.02%、67.09% 的高级别旅游景区分布在长江经济带城市缓冲区,表明区位对高级别旅游景区的形成确实有着重要的影响。缓冲区内的景点所占比重减少表征长江经济带高级别景区逐步向远郊区和县市扩展。

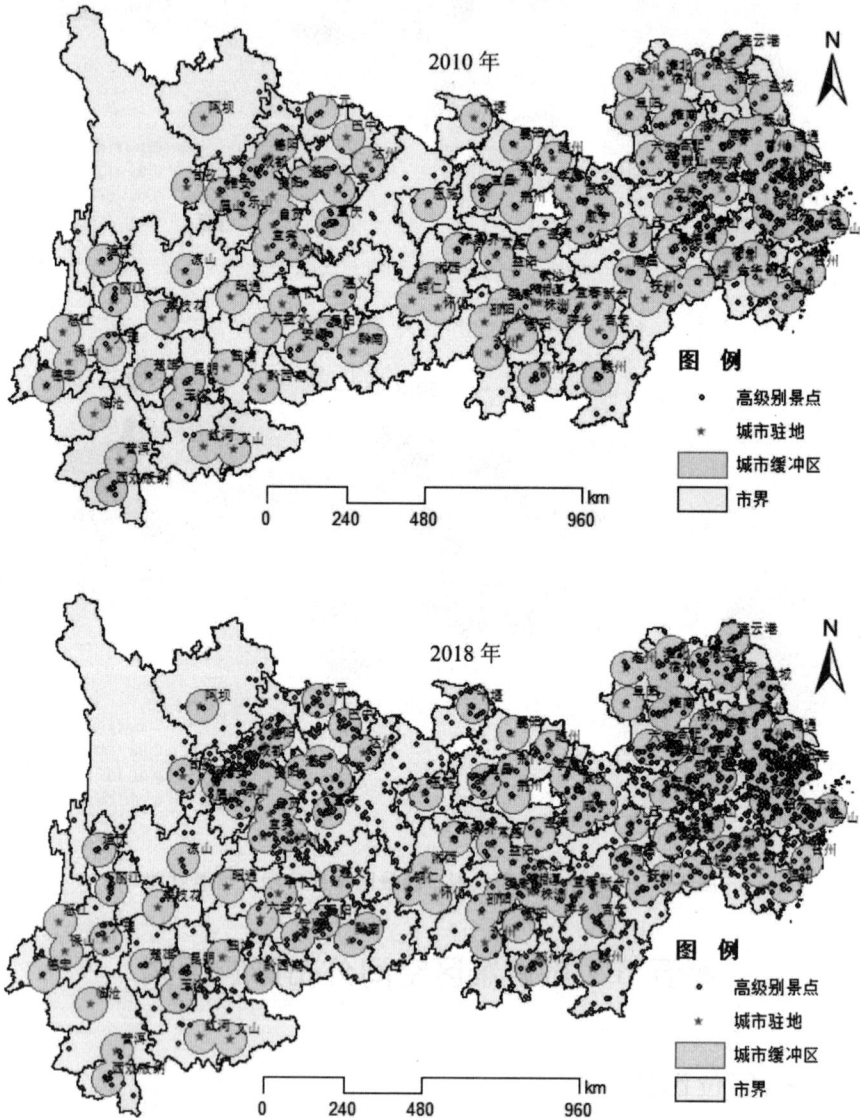

图 3-8　长江经济带城市缓冲区

二、交通因素

旅游交通是影响旅游者出游动机和旅游行为的重要因素,主要原因在于良好的交通条件能帮助旅游者减少"旅"时间,增加"游"时间。高级别旅游景区大多分布在主要的交通干道旁,也就是说,旅游景区的形成与便利交通密不可分。在这里仅对长江经济带内的高速公路进行半径为 20km 的缓冲区分析,并将所得的高速公路缓冲区图层与高级别旅游景区图层相叠加(图 3-9),结果发现,2010 和 2018 年分别有 77.3% 和 86% 的高级别旅游景区分布在高速公路缓冲区范围内,这证实了便利的交通条件确实对长江经济带高级别旅游景区的空间分布有着重要影响。

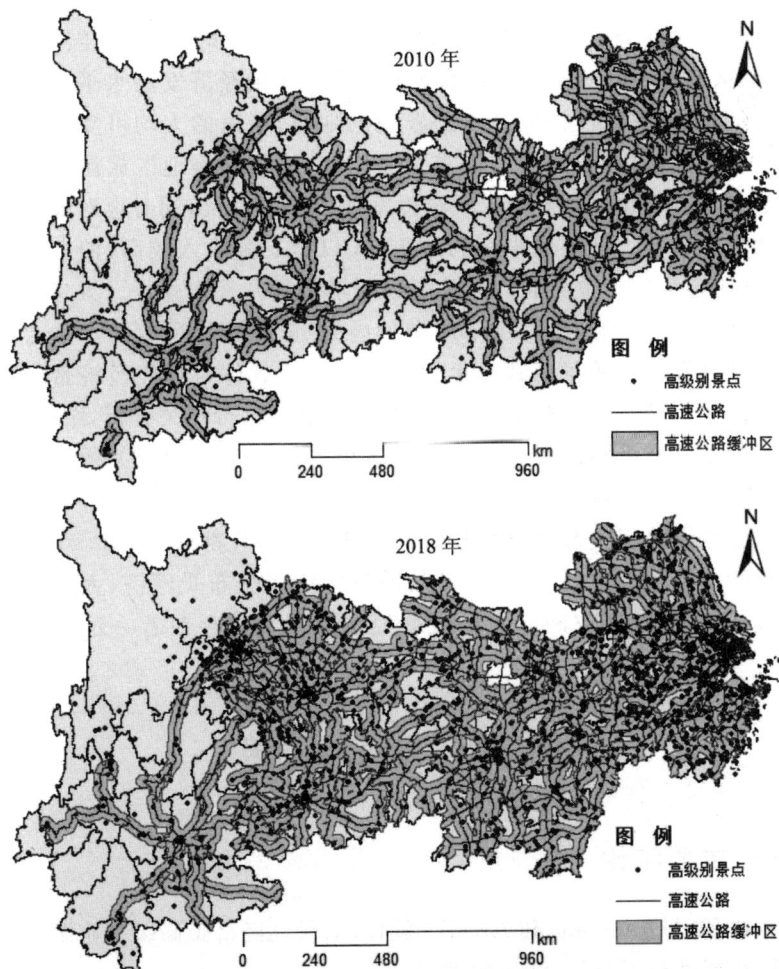

图 3-9 长江经济带高速公路缓冲区

三、自然环境

区域旅游景区的空间分布与自然环境有密切的关系。地形、地貌、水系、植被等组建的自然环境会直接决定所在景区的优劣或等级高低。重庆、上饶、黄山等城市自然地理要素组合独特,旅游资源开发条件优良,自然型旅游景区所占比重较大。2018年,重庆、上饶、黄山分别拥有78、33和26处高级别旅游景区,排名第1、7和9,其中主要依托自然环境的旅游景区有43、18和20处,分别占总景区比重55.2%、54.5%和76.9%。

四、人文环境

旅游景区的分布不仅受到自然环境的影响,同时也受到经济发展水平、常住人口数、城镇化等人文环境的影响。区域经济发展水平是旅游景区开发的重要支撑,经济发展水平较高的地区,居民的人均可支配收入也会相应地增加,对旅游景区的需求也会增加,进而影响地区旅游景区的开发和建设。城镇化率是衡量区域经济发展的重要标尺,同时也对旅游业发展产生较大影响。城镇化率高的地方,人口可支配收入较高,消费能力会增强,在一定程度上也会促动地区高级别景区的开发和建设。人口条件是旅游景区开发的客源保证,由于旅游的内聚型,本地居民数的多少会直接影响到拟开发的旅游景区数。运用SPSS 19.0软件对长江经济带各城市旅游景区数与其GDP、城镇化率和常住人口之间进行相关分析,结果表明,两个时段下的高级别旅游景区数与地区生产总值之间的相关系数分别为0.811和0.777,与城镇化率之间的相关系数分别为0.526和0.542,与常住人口数之间的相关系数分别为0.736和0.773,且都通过了0.01显著性水平检验。由此可见,长江经济带旅游景区空间分布受经济、人口因素的影响较强,旅游景区空间分布与社会经济发展水平存在着一定的空间耦合性。

第六节 结论与对策

一、主要结论

本章利用CrimeStat和ArcGIS软件,对长江经济带高级别旅游景区空间结构特征进行了分析,结论如下:

(1)高级别旅游景区数量不断增多,2018年是2010年的2.62倍。市域之间、省域之间和地区之间高级别景区总数及其密度存在着较大差异。2018 年,高级别景区总数位居前五的城市是重庆、上海、成都、杭州、苏州,位居前五位的省是四川、浙江、江苏、安徽和江西。从高级别景区密度来看,东部地区最高,中部地区其次,西部地区最低。

（2）高级别旅游景区空间分布重心向西南方向迁移。沿东北—西南方向的椭圆长轴半径缩小,发生极化效应,而沿西北—东南方向的短轴半径增加,发生扩散效应。

（3）最近邻指数结果表明两个时段下的高级别旅游景区在空间上呈显著集聚分布特征,但集聚性呈减弱态势;Ripley'K 函数曲线表明两个时段下的高级别旅游景区都呈现出随距离增加集聚强度先增加后逐渐减少的规律,K 函数下的峰值呈现降低趋势,但最大集聚尺度表现为提高态势;高级别旅游景区的一阶热点区不断增多,且都位于上海、重庆、部分省会城市以及旅游资源丰富的城市。从地区分布来看,一阶热点区主要分布在东部地区,中西部地区较少。与 2010 年,2018 年一阶热点区范围扩大,城市增多。二阶热点区的范围呈缩小态势,且向北移动。

（4）地理集中指数测算结果显示,长江经济带高级别旅游景区在城市尺度下的空间分布不均衡,但不均衡分布的趋势在减弱。

（5）高等级核密度空间分布没有发生变化,较高等级空间范围迅速扩大,中等级空间范围向周边地区扩散,较低和低等级主要集中在云南、贵州东部、四川西部、湖南的西南部等中西部地区。

（6）长江经济带高级别旅游景区之间为空间正相关关系。高级别旅游景区分布被划分为 H-H、L-L、H-L、L-L 四种类型。2010 年,H-H 型主要分布在长三角地区,2018 年,向西、北扩展,属于该类型的城市数量增多;2010 年,H-L 型分布在重庆、长沙和西双版纳,2018 年,仅分布在长沙;与2010 年 L-H 型相比,2018 年城市数量减少,主要集中在中西部地区;2010年,L-L 型分布在怀化、曲靖和大理,2018 年,数量上猛增,但主要分布在云南省。

（7）区位因素、交通条件、自然环境和人文环境对长江经济带高级别旅游景区的空间分布产生较大的影响。

二、对策与建议

（一）优化空间格局,推动高级别旅游景区建设

目前,长江经济带高级别景区集聚格局较为明显,东部地区的上海、苏

州、无锡、南京、杭州、宁波等城市的高级别旅游景区数多且较为集中,中西部地区,尤其是云南、贵州等省较少且较为分散。未来对东部地区,一方面要继续巩固东部地区城市高级别旅游景区高集聚的优势,进一步挖掘和提升特色突出、文化内涵丰富的旅游资源,以满足旅游者日益增长的精神需要,另一方面,要充分利用上海、苏南和浙北的辐射效应,推动江苏北部地区和浙江南部地区的高级别景区建设;对中西部地区,要以省会城市和旅游资源丰富的城市为核心,以现有的交通主干网络为发展轴,加快中西部地区建设的速度,促进中心周边、沿线附近内的中低级别的旅游景区向高级别旅游景区转化,努力提升旅游景区建设的数量和质量。

（二）加快城市产业结构转型和供给侧改革,促进经济可持续发展

前已述及,经济因素在区域旅游业发展中起着十分重要的作用,城市经济发展水平的高低直接决定了城市在旅游产业的投入力度,进而影响旅游景区建设的数量和质量,所以,要想改变长江经济带高级别旅游景区分布的不均衡性和中西部地区高级别景区建设落后现状,未来应加快中西部地区城市产业结构转型,有效提升其经济发展水平,加大景区投入,合理有序地进行高级别景区的建设,逐步缩小与东部地区之间的差距。

（三）加强交通设施建设,提高城市之间、景区之间的交通可达性

交通因素是阻碍中西部地区高级别旅游景区提档升级的重要因素。统计资料表明,2018 年,长江经济带等级公路密度排名后十位的城市都集中在四川省和云南省。未来应积极抓住长江经济带发展的重大机遇,加快其高级别公路建设和高铁建设,积极构建快速城际交通网络,提高旅游景区的可进入性,缩短游客"旅"上的时间花费。

（四）加快城镇化发展,提高城镇化率

人口因素是长江经济带高级别景区格局的外部推动力。与乡村人口相比,城镇人口的人均可支配收入和旅游需求较高,消费能力较强,所以,加快城镇化发展在较大程度上会促进高级别景区的开发和建设。

此外,要重视自然生态环境的保护。自然生态环境是长江经济带,尤其是中西部地区高级别景区格局形成的主要影响因素,未来应通过育林保护工程,改善自然生态环境,促进高级别景区发展（朱永凤等,2017）。

总之,要重视长江经济带高级别旅游景区空间格局差异问题。因地制宜,科学布局,出台有效的高级别景区旅游规划、生态环境保护、基础设施建设、产业和城镇化发展等政策,实现差异性管理和协同发展,逐步改善长

江经济带高级别旅游景区不均衡的分布现状,提升长江经济带旅游产业竞争力。

参考文献

[1] 张晓梅,程绍文,李照红.长江经济带入境旅游经济的时空差异分析[J].华中师范大学学报(自然科学版),2016,50(5):783—790.

[2] 国务院关于依托黄金水道推动长江经济带发展的指导意见(国发[2014]39号)[EB/OL].2014—09—25,http://www.gov.cn/zhengce/content/2014-09/25/content_9092.htm.

[3] 吴春涛,李隆杰,何小禾,等.长江经济带旅游景区空间格局及演变[J].资源科学,2018,40(6):1196—1208.

[4] 田野,罗静,崔家兴.长江经济带旅游资源空间结构及其交通可进入性评价[J].经济地理,2019,39(11):203—213.

[5] 王洪桥,袁家冬,孟祥君.东北地区 A 级旅游景区空间分布特征及影响因素[J].地理科学.2017,37(6):895—903.

[6] 刘俊,李云云,林楚,等.长江旅游带旅游资源空间格局研究[J].长江流域资源与环境,2016,25(7):1009—1015.

[7] 程海峰,胡文海.池州市 A 级旅游景区空间结构[J].地理科学,2014,34(10):1275—1280.

[8] Miah SJ,Vu HQ,Gammack J,et al. A big data analytics method for tourist behavior analysis[J]. Information & Management,2017,54(6):771—785.

[9] Liu P,Zhang HL,Zhang J,et al. Spatial-temporal response patterns of tourist flow under impulse pre-trip information search:From online to arrival [J]. Tourism Management,2019,73(8):105—114.

[10] Huang XK,Zhang LF,Ding YS. The Baidu Index:Uses in predicting tourism flows—A case study of the Forbidden City [J]. Tourism Management,2017,58(2):301—306.

[11] 敬峰瑞,孙虎,袁超.成都市旅游资源吸引力空间结构特征[J].资源科学,2017,39(2):303—313.

[12] 李文正.陕南 A 级旅游景区空间格局演变特征及内在机理研究[J].水土保持研究,2014,21(5):138—143.

[13] Wiegand T,Moloney K A. Rings,circles and null-models for point pattern analysis in ecology [J]. Oikos,2004,104(2):209—229.

[14] Gatrell A C,Bailey T C,Diggle P J. Spatial point pattern analysis and its application in geographical epidemiology [J]. Transactions of the Institute of British Geographers,1996,21(1).

[15] 王劲峰,廖一兰,刘鑫. 空间数据分析教程[M]. 北京:科学出版社,2014.

[16] 王新越,候娟娟. 山东省乡村休闲旅游地的空间分布特征及影响因素[J]. 地理科学,2016,36(11):1706－1714.

[17] 郝诗雨,赵媛,李可. 厦门市民宿的空间分布特征与影响因素研究[J]. 华中师范大学学报(自然科学版),2018,52(6):916－924.

[18] 张晓梅,程绍文,孙雅馨. 长江经济带高级别旅游资源空间分布及影响因素[J]. 地域研究与开发,2018,37(5):95－99.

[19] Lauren M S,Mark V J. Spatial statistics in ArcGIS[C]//Fischer M M,Getis A. Handbook of Applied Spatial Analysis:Software Tools,Methods and Applications[M]. Berlin:Springer,2010.

[20] Wong D W S. Several fundamentals in implementing spatial statistics in GIS:using centrographic measures as examples[J]. Geographic Information Sciences,1999(2):163－173.

[21] 来婷婷,王乃昂,高翔,等. 1990—2011 年沙坡头自然保护区景观变化[J]. 干旱区地理,2014,37(1):115－124.

[22] 刘华军,王耀辉,雷名雨. 中国战略性新兴产业的空间集聚及其演变[J]. 数量经济技术经济研究,2019(7):99－116.

[23] 王兆峰,刘庆芳. 长江经济带旅游生态效率时空演变及其与旅游经济互动响应[J]. 自然资源学报,2019,34(9):1945－1961.

[24] 刘振振,胡传东. 重庆市 A 级旅游景区空间分布及其影响因素研究[J]. 重庆工商大学学报(自然科学版),2019,36(3):101－110.

[25] 王通. 河北省 A 级旅游景区空间格局演化及优化研究[D]. 石家庄:河北师范大学,2016.

[26] 赵璐,赵作权. 基于特征椭圆的中国经济空间分异研究[J]. 地理科学,2014,34(8):979－986.

[27] 于琛,胡德勇,曹诗颂,等. 近 30 年北京市 ISP-LST 空间特征及其变化[J]. 地理研究,2019,38(9):2346－2356.

[28] 赵媛,杨足膺,郝丽莎,等. 中国石油资源流动源—汇系统空间格局特征[J]. 地理学报,2012,67(4):455－466.

[29] 杨剑,蒲英霞,秦贤宏. 浙江省人口分布的空间格局及其时空演变分析[C]. 中国测绘学会第九次全国会员代表大会暨学会成立 50 周年纪念

大会论文集,2009:352—359.

　　[30] 陈强.高级计量经济学及 stata 应用[M].2 版.北京:高等教育出版社,2014.

　　[31] 宋萍,卞羽,洪伟,等.武夷山风景名胜区游客区域分布的空间自相关分析[J].热带地理,2008,28(3):283—287.

　　[32] 马斌斌,陈兴鹏,陈芳婷,等.中华老字号企业空间分异及影响因素研究[J].地理研究,2020,39(10):1—18.

　　[33] 宋洁华,李建松.空间自相关在区域经济统计分析中的应用[J].测绘信息与工程,2006,12(6):24—34.

　　[34] 向延平.旅游发展与经济增长空间自相关分析——基于武陵山区的经验数据[J].经济地理,2012,32(8):172—175.

　　[35] 马欢欢,谢引引,王香力.京津冀区域旅游资源空间格局研究[J].河北师范大学学报(自然科学版),2018,42(5):444—452.

　　[36] 朱永凤,瓦哈甫·哈力克,卢龙辉.基于 GWR 模型的中国 5A 级旅游景区空间异质性分析[J].华中师范大学学报(自然科学版),2017,51(3):416—422.

第四章 长江经济带旅游市场竞争态及其转移模式研究

旅游市场,从狭义角度上,通常指旅游客源市场或旅游需求市场,但在研究特定旅游经济问题时,也指旅游目的地市场或旅游供给市场(李天元,2011)。从广义角度上,旅游市场是旅游需求市场和旅游供给市场的总和,反映国家、地方、旅游经营者和旅游者之间复杂的经济关系。

旅游市场是旅游学研究的重要内容,旅游市场的规模和发展潜力决定着区域或城市旅游业发展战略和发展方向。旅游市场规模一般用市场占有率来表征,旅游市场发展潜力则是用市场增长率来测度。旅游市场规模和发展潜力不仅随时间发生变化,在空间上也存在着区域差异。了解城市在区域旅游市场空间组合状态和类型有利于确定其旅游市场定位,全面分析和科学制定城市旅游发展战略(李彬彬,2018)。

长江经济带是中国经济发展战略格局重要的发展轴,拥有着丰富的旅游资源和庞大的旅游市场。近年来,旅游业发展迅速,在国民经济中地位越来越重要。2010年,长江经济带城市旅游总收入2.11万亿元,占GDP的11.92%,2018年,旅游总收入9.96万亿元,占GDP的24.7%,年均增长率分别为21.4%。尽管长江经济带城市旅游业取得了可喜的成就,但同时也面临着日益激励的旅游市场竞争。如何避免旅游市场竞争,加强旅游协同发展成为长江经济带亟待解决的重大现实问题,而要解决这个问题,廓清城市旅游市场类型,了解旅游市场定位显得尤为重要。目前,既有文献大多从旅游客源市场展开研究,较少关注旅游目的地市场研究,对旅游市场研究也都主要集中于某一时间截面的市场划分,较少关注市场动态转移模式。鉴于此,本文从国内旅游目的地市场和入境旅游目的地市场两个维度着眼,应用旅游市场竞争态模型来划分长江经济带旅游市场类型,并通过市场转移模式来判别旅游市场结构演变类型,同时提出相应的旅游发展战略,为区域旅游市场可持续发展提供决策参考。

第一节　研究方法与数据来源

一、波士顿矩阵(BCG Matrix)理论

1970 年,美国波士顿咨询公司创始人亨德森提出了著名的波士顿矩阵模型。它主要用于战略管理、投资组合管理、品牌营销和产品管理,该矩阵有助于确定现金流需求、投资和营销决策(Philip 等,2012;Rudnicki 和 Vagner,2014),有助于制定适合企业现状的战略,同时还能为制定战略资源分配标准提供建议。

波士顿矩阵引入了两个重要的变量,即销售增长率和市场份额。销售增长率在纵轴上,代表了产品对市场的吸引力,市场份额在水平轴上,代表产品的竞争能力和竞争优势(Armstrong 和 Brodie,1994;Mutandwa 等,2009 年)。每个轴都有"高"和"低"两个类别(Lu 和 Zhao,2006)。销售增长率＝(当年销售额－去年销售额)/去年销售额,市场份额＝当年相对市场份额/当年领先和最大竞争对手相对市场份额。

BCG 矩阵以这两个维度将产品分为四个象限,分别为问题、明星、金牛和瘦狗四种产品。问题产品是高增长率、低市场份额产品,需要大量的现金投资。明星产品是高市场份额、高增长率产品,它们是领先产品和主导产品。金牛产品是高市场份额和低增长率产品,是企业重要的现金来源。瘦狗产品是低市场份额和低增长率产品,通常被称为"现金陷阱"。因为它们不会为企业带来大量现金(Khairat 和 Alromeedy,2016)。

BCG 矩阵是以产品生命周期理论为基础的,拥有"起步－发展－成熟－衰退"生命周期曲线(图 4-1)。产品通常从问题开始(初创期);接下来,如果企业成功运作,它们就会成为明星(发展阶段);当市场增量减慢时,它们逐渐成长为金牛(成熟阶段);最后,由于没有及时更新或升级产品,就会沦为瘦狗产品(衰退阶段),然后退出市场(Mohajan,2015;Duica 等,2014)。BCG 矩阵有助于确定企业在每个阶段应优先考虑的事项,并确保长期价值创造。

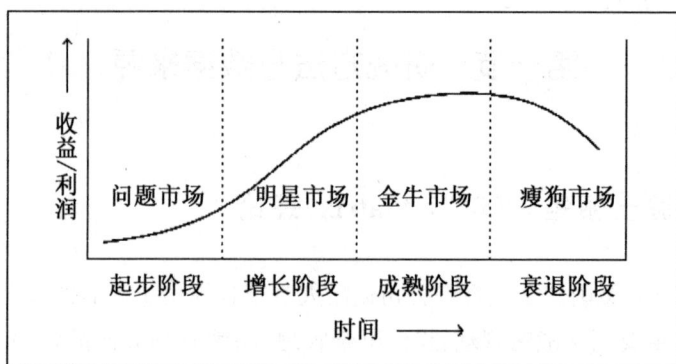

图 4-1　BCG 矩阵和生命周期曲线(来源于 Khairat and Alromeedy,2016)

二、旅游地市场竞争态及其转移模式

(一)旅游地市场竞争态测度和特征

2002 年,李景宜、孙根年将波士顿矩阵模型应用于旅游市场分析,提出了旅游市场竞争态模型。所谓旅游市场竞争态是指旅游目的地市场占有率 α_i 和市场增长率 β_i 共同作用下所表现出来的特征,记为 $\mu_i(\alpha_i,\beta_i)$,其模型为:

$$\alpha_i = \frac{x_i}{\sum_{i=1}^{n} x_i} \tag{4-1}$$

$$\beta_i = \frac{x_i - x_{i-1}}{x_{i-1}} \tag{4-2}$$

式中,x_i 表示某旅游市场当年的量,用旅游收入或旅游人数表征;x_{i-1} 表示某旅游市场上一年的量。市场占有率 α_i 是用来表征旅游目的地市场地位,市场增长率 β_i 则是用来表征市场的竞争能力。

在这里,引入象空间理论,以 $\alpha=m,\beta=n$ 为分界线,将旅游目的地市场竞争态划分为四个象限,并根据市场占有率和市场增长率的组合将其分为瘦狗市场、幼童市场、明星市场和金牛市场(图 4-2),各个市场的特征及战略管理如表 4-1 所示。

对于 m、n 值的选择,有三种方法:①平均值法。以市场占有率和增长率的平均值来确定;②坐标散点法。通过市场占有率和增长率在坐标系中的自然分异来判别;③综合法。先计算市场占有率和增长率平均值,然后结合竞争态中市场分布实际情况,对 m 和 n 值进行修正,以保证划分科学合理(李景宜,2002)。

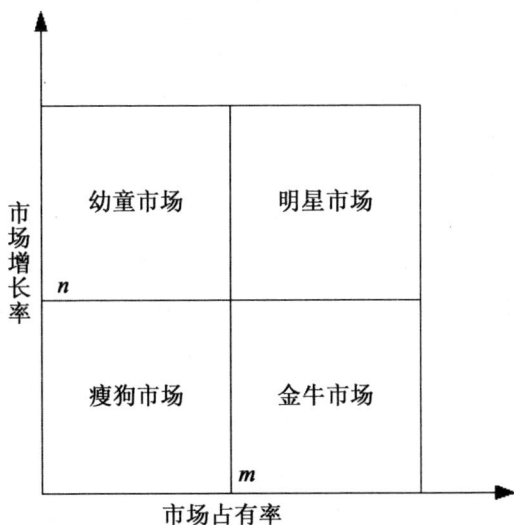

图 4-2　旅游市场竞争态分类

表 4-1　旅游市场竞争态类型特征及战略管理

市场类型	划分依据	市场特征	战略管理
瘦狗市场	$\alpha < m$ $\beta < n$	占有率和增长率都低,市场处于衰退期,投资回报和盈利能力相对较差	采取差异化发展战略和特色化战略,提高市场增长率,避免进一步衰退
幼童市场	$\alpha < m$ $\beta \geq n$	占有率低,增长率高,市场新生力量,未来发展不确定	采取市场开发战略,提高市场份额,提高市场占有率,使之转变成明星市场
明星市场	$\alpha \geq m$ $\beta \geq n$	占有率和增长率均高,需加大投资力度维系发展	采取市场拓展战略,进一步提高市场占有率和市场增长率,巩固其领导地位
金牛市场	$\alpha \geq m$ $\beta < n$	占有率高,增长率低,市场处于成熟阶段和饱和阶段,销售量大,利润高	采取产品升级或更新战略,提高市场增长率,避免衰退

来源:对张锦(2017)的整理和修改。

(二)旅游市场竞争态转移模式

竞争态的动态演变是旅游市场研究中十分重要的组成部分。在不受外部环境变化的影响下,旅游市场竞争态会遵循"瘦狗市场→幼童市场→明星市场→金牛市场"自然转移模式(李景宜,2002)。不过,旅游市场不可能不受外部影响。和其他市场一样,旅游市场是在内部环境和外部环境的共同作用下形成的。这种影响有正向影响和负向影响。在正向影响下,旅游市场竞争态会出现增长序列,即"瘦狗市场→幼童市场→明星市场→金牛市场",在负向影响下,则会出现衰退序列,即"明星市场→幼童市场→瘦狗市场""金牛市场→瘦狗市场"。如图 4-3 所示,瘦狗市场如果寻找了增长点,开辟了新的客源市场,市场增长率就会不断提高,并会通过复苏进入幼童市场;如果复苏后的幼童市场能继续保持高增长率,势必会提高市场占有率,在达到明星市场临界值时,就完成了由幼童市场向明星市场的转移,当然,如果幼童市场得不到持续增加的投资,或者没有采取有效的市场战略管理,则会衰退为瘦狗市场;明星市场发展到一定阶段(成熟阶段),市场增长率会减缓,而市场占有率如果仍维持在较高水平,便进入金牛市场。如果市场占有率逐渐降低,则有可能以衰退模式进入幼童市场;由于金牛市场的增长率较小,最终导致市场占有率下降,就会以衰退模式进入瘦狗市场。当然,如果金牛市场及时开发新的增长点,有可能通过复兴方式进入幼童市场或明星市场(刘昌雪,2008)。

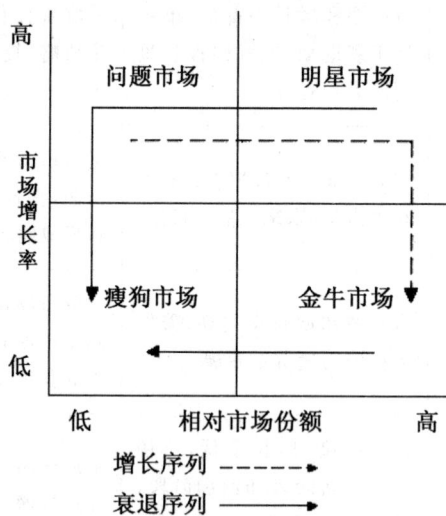

图 4-3 旅游市场竞争态转移模式示意图

三、数据来源

本节研究数据来源于《中国旅游统计年鉴》(2011—2018 年)、长江经济带 11 省市和 126 个城市统计年鉴(2011—2019 年)以及对应的国民经济和社会发展公报(2010—2018 年)。ArcGIS 绘图数据来源国家基础地理信息系统 1∶400 万地市级矢量地图。

第二节　国内旅游目的地市场竞争态及其转移分析

一、省域国内旅游市场竞争态及转移模式分析

首先应用公式(4-1)和公式(4-2)计算 2010—2018 年长江经济带省域国内旅游市场占有率和增长率(表 4-2),然后再计算出市场占有率平均值和增长率平均值,结合省域国内旅游市场分布的实际情况,选取 $m=9.09$, $n=26$ 为分界线,并运用 matlab 软件绘制省域国内旅游市场竞争态象限图(图 4-4)。

由表 4-2 可知,省域国内旅游市场竞争态呈现波动向好的发展态势,瘦狗市场初期较少,仅有江西和云南。中期明显增加,上海和重庆两个直辖市由于市场份额减少,增长速度减慢,双双跌入瘦狗市场,此外,还有安徽、湖南、湖北和贵州。后期有所下降,仅上海、安徽、湖北为瘦狗市场;幼童市场呈现下降态势,2010 年,占比 45.5%,2014 和 2018 年,占比 18.2%;明星市场所占比重较小,但较稳定;金牛市场初期和中期都是江苏和浙江,后期增加了湖南和四川,所占比重呈上升态势。

表 4-2　长江经济带省域国内旅游市场竞争态分布

年份	瘦狗市场	幼童市场	明星市场	金牛市场
2010	江西(4.14,21.25)、云南(4.77,25.48)	安徽(5.7,26.74)、湖北(7.33,45.36)、湖南(7.1,29.61)、重庆(4.52,30.32)、贵州(5.48,31.96)	上海(13.13,31.83)、四川(9.69,28.17)	江苏(22.31,24.3)、浙江(15.85,25.69)
2014	上海(7.11,−0.6)、安徽(7.97,14)、湖北(8.85,17.44)、湖南(7.23,14.09)、重庆(4.62,13.43)、贵州(6.94,22.25)	江西(6.3,40.33)、云南(6.06,28.31)	四川(11.65,26.33)	江苏(18.94,3.31)、浙江(14.32,14.32)

续表

年份	瘦狗市场	幼童市场	明星市场	金牛市场
2018	上海(5.02,11.23)、安徽(7.88,17.12)、湖北(7.11,18.08)	江西(9.07,26.64)、重庆(4.71,32.2)	贵州(10.59,33.14)、云南(9.75,30.18)	江苏(14.4,13.65)、浙江(11.02,12.21)、湖南(9.25,16.51)、四川(11.22,13.45)

从市场竞争态转移模式来看,长江经济带11省市主要包括以下几种类型:(1)稳定型。是指市场占有率和增长率相对稳定,在竞争群体中的位置保持不变。研究期,江苏和浙江两省一直处于金牛市场。市场占有率较高和增长率较低是其重要特征。未来江苏和浙江必须采取有效措施,提升旅游吸引力,增大旅游需求,防止市场占有率和市场增长率进一步下降,以期稳住金牛市场的地位;(2)增长型。初期,江西和云南两省均处于瘦狗市场,市场占有率和增长率表现为"双低",中期,江西和云南开发了新的增长点,表现出强劲的增长态势,双双晋升为幼童市场,后期,江西省仍处于幼童市场,但市场占有率已接近明星市场临界值,而云南已成功转变为明星市场。(3)衰退型。上海、安徽、湖北属于此种类型。初期,上海为明星市场,但在中期因市场增长率大幅度下降而跌入瘦狗市场,后期,尽管市场增长率有较大提升,但仍没有突破幼童市场临界值。安徽和湖北起初为幼童市场,之后,由于没有及时推陈出新,捕捉新的市场需求,致使增长率下降,沦为瘦狗市场。(4)波动型。初期,重庆为幼童市场,中期由于市场增长率下降,退为瘦狗市场,后期及时挖掘出新的增长点,成功晋升为幼童市场。(5)回落型。专指明星→金牛转移模式。2010和2014年,四川为明星市场,市场占有率和增长率表现为"双高",由于市场趋于成熟,市场增长率难以继续提高,所以在2018年稳定回落为金牛市场。(6)复合型。表现为两种以上模式的综合。2010年,湖南和贵州都为幼童市场,2014年,均衰退为瘦狗市场,2018年,两省均表现为极强的成长性,由于贵州国内旅游市场占有率和增长率得到提升,使之一跃成为明星市场,而湖南因市场占有率的提升,市场份额的增加,也一跃成为金牛市场。

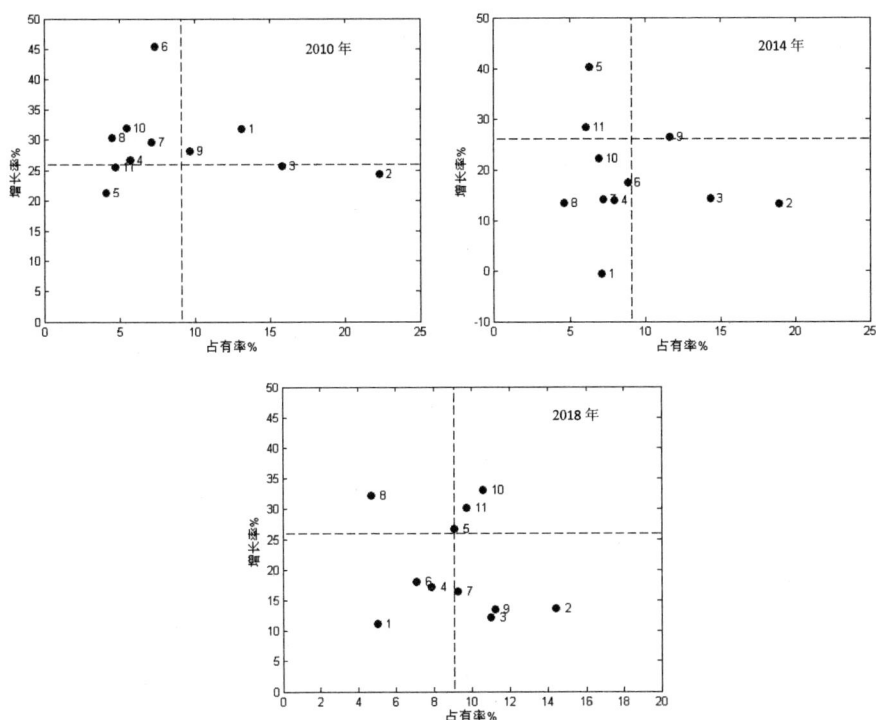

图 4-4　长江经济带省域国内旅游市场竞争态象限图

注:1—上海、2—江苏、3—浙江、4—安徽、5—江西、6—湖北、7—湖南、8—重庆、9—四川、10—贵州、11—云南

二、市域国内旅游市场竞争态及转移模式分析

首先应用公式(1)和(2)计算三个时段下长江经济带市域国内旅游市场占有率和增长率(表 4-3),然后再计算出市场占有率平均值和增长率平均值,结合市域国内旅游市场分布的实际情况,选取(1.5,20)为划分市域国内旅游市场类型的临界点坐标,绘制三个时段下的市域国内旅游市场竞争态象限图(图 4-5),并应用 ArcGIS 10.4 软件来进行地理空间的可视化表达(图 4-6)。

表 4-3　长江经济带国内旅游市场竞争态类型

年份	类型	目的地市场竞争态
2010	明星市场	上海(12.78,31.83)、常州(1.63,22.29)、杭州(4.62,28.5)、宁波(3.09,22.8)、绍兴(1.55,26.23)、温州(1.63,26.86)、武汉(3.66,48.38)、长沙(1.88,22.87)、重庆(4.4,30.32)、成都(2.96,20.5)、贵阳(2.15,45.23)

续表

年份	类型	目的地市场竞争态
2010	幼童市场	南通(1.02,24.72)、扬州(1.38,20.32)、镇江(1.45,21.89)、嘉兴(1.42,29.97)、湖州(1.04,29.28)、金华(1.31,27.16)、衢州(0.46,31.67)、舟山(0.67,22.39)、丽水(0.49,35.21)、合肥(1.2,43.23)、芜湖(0.38,24.38)、蚌埠(0.18,26.76)、马鞍山(0.19,42.55)、安庆(0.6,22.67)、滁州(0.2,25.38)、阜阳(0.14,28.05)、亳州(0.14,49.4)、池州(0.6,32.49)、宣城(0.22,25.15)、景德镇(0.32,25.54)、萍乡(0.24,26.58)、九江(0.9,23.8)、鹰潭(0.22,31.35)、吉安(0.45,21.53)、宜春(0.3,26.8)、抚州(0.22,22.86)、上饶(0.71,66)、黄石(0.2,51.42)、十堰(0.45,43.29)、宜昌(0.51,32.06)、襄阳(0.44,40.96)、鄂州(0.09,38.67)、荆门(0.21,36.97)、孝感(0.23,23.03)、荆州(0.26,48.98)、黄冈(0.23,29.55)、咸宁(0.3,74.34)、随州(0.19,39.04)、恩施(0.24,65.35)、株洲(0.36,20.16)、湘潭(0.45,43.3)、衡阳(0.42,25.78)、邵阳(0.21,68.16)、岳阳(0.51,25.58)、常德(0.41,42.81)、张家界(0.5,26.19)、益阳(0.35,20.08)、郴州(0.55,34.11)、永州(0.29,28.71)、怀化(0.37,55.72)、娄底(0.27,30.86)、湘西(0.36,26.9)、自贡(0.43,29.46)、攀枝花(0.21,20.86)、泸州(0.33,20.05)、德阳(0.21,34.15)、绵阳(0.33,37.12)、广元(0.16,37.75)、遂宁(0.38,34.21)、内江(0.27,34.91)、乐山(0.74,32.03)、南充(0.46,27.31)、眉山(0.33,38.22)、宜宾(0.55,29.5)、广安(0.33,30)、雅安(0.26,26.73)、巴中(0.12,40.22)、资阳(0.35,30.31)、阿坝(0.36,84.5)、甘孜(0.12,32.53)、凉山(0.33,23.88)、遵义(0.71,27.8)、铜仁(0.31,27.52)、黔西南(0.15,26.2)、毕节(0.51,34.18)、黔南(0.68,27.75)、昆明(1.44,34.67)、保山(0.15,26.7)、昭通(0.1,34.32)、丽江(0.5,28.2)、普洱(0.08,27.05)、临沧(0.07,46.24)、楚雄(0.16,43.93)、西双版纳(0.38,25.55)、大理(0.54,24.3)、迪庆(0.17,29.62)
	瘦狗市场	徐州(1.09,17.32)、连云港(0.78,19.69)、淮安(0.6,19.16)、盐城(0.5,19.33)、泰州(0.57,19.43)、宿迁(0.17,18.66)、台州(1.37,18.86)、淮南(0.13,19.45)、淮北(0.08,14.02)、铜陵(0.11,14.66)、黄山(0.92,18.66)、宿州(0.13,11.85)、六安(0.19,18.77)、南昌(0.5,17.1)、新余(0.13,12.06)、赣州(0.48,17.94)、达州(0.21,17.25)、六盘水(0.05,5.21)、安顺(0.56,12.37)、黔东南(0.55,9.42)、曲靖(0.22,12.69)、玉溪(0.21,19.4)、红河(0.31,10.34)、文山(0.17,11.96)、德宏(0.2,7.49)、怒江(0.04,19.15)
	金牛市场	南京(4.32,18.35)、无锡(3.57,18.28)、苏州(4.65,18.76)

年份	类型	目的地市场竞争态
2014	明星市场	成都(3.75,25.8)、贵阳(2.02,20.04)、合肥(1.79,52.12)
	幼童市场	湖州(1.13,28.38)、金华(1.37,27.77)、衢州(0.55,22.28)、丽水(0.68,29.18)、淮北(0.08,23.25)、六安(0.37,40.5)、池州(0.92,33.91)、南昌(0.88,40.08)、景德镇(0.48,31.59)、萍乡(0.36,50.12)、九江(0.89,46.48)、新余(0.21,27.77)、鹰潭(0.32,45.65)、赣州(0.62,31.93)、吉安(0.69,42.22)、宜春(0.41,44.93)、抚州(0.31,32.83)、上饶(0.89,42.77)、十堰(0.55,20.44)、宜昌(0.77,29.48)、襄阳(0.51,22.45)、鄂州(0.12,21.47)、孝感(0.27,29.19)、荆州(0.31,20.94)、黄冈(0.23,28.3)、咸宁(0.4,31.9)、恩施(0.45,54.48)、自贡(0.46,25.07)、攀枝花(0.35,46.82)、泸州(0.43,28.54)、德阳(0.28,30.39)、绵阳(0.64,35.18)、广元(0.37,41)、遂宁(0.47,20.49)、内江(0.32,24.2)、乐山(0.89,20.57)、南充(0.59,20.8)、眉山(0.42,24.5)、宜宾(0.59,22.7)、广安(0.45,43.85)、达州(0.21,20.18)、雅安(0.25,54.09)、巴中(0.21,35.26)、资阳(0.42,25.8)、阿坝(0.56,23.94)、甘孜(0.18,26.53)、凉山(0.44,36.15)、六盘水(0.13,27.2)、遵义(1.03,24.01)、安顺(0.71,23.93)、铜仁(0.45,23.62)、黔西南(0.26,25.85)、毕节(0.59,22.65)、黔东南(0.72,23.42)、黔南(0.81,24.84)、昆明(1.37,20.26)、曲靖(0.21,22.84)、玉溪(0.25,26.73)、保山(0.21,46.16)、昭通(0.2,46.39)、丽江(0.82,37.95)、普洱(0.21,26.7)、临沧(0.09,42.84)、楚雄(0.19,26.92)、红河(0.35,32.4)、文山(0.19,25.05)、西双版纳(0.51,37.05)、大理(0.7,30.05)、德宏(0.29,32.37)、怒江(0.05,25.98)
	瘦狗市场	徐州(0.98,17.47)、常州(1.48,14.82)、南通(0.93,15.06)、连云港(0.69,15.62)、淮安(0.54,15.75)、盐城(0.45,17.53)、扬州(1.22,15.58)、镇江(1.26,14.62)、泰州(0.5,14.74)、宿迁(0.27,19.62)、嘉兴(1.28,17.13)、绍兴(1.48,11.85)、舟山(0.76,13.2)、台州(1.35,18.3)、芜湖(0.7,16.98)、蚌埠(0.3,13.92)、淮南(0.17,12.73)、马鞍山(0.32,15.42)、铜陵(0.14,13.93)、安庆(0.78,14.13)、黄山(0.74,−24.34)、滁州(0.26,14.1)、阜阳(0.18,1.57)、宿州(0.18,15.68)、亳州(0.2,15.57)、宣城(0.31,14.87)、黄石(0.17,16.09)、荆门(0.25,18.89)、随州(0.22,14.48)、株洲(0.46,17.6)、湘潭(0.44,17.92)、衡阳(0.49,13.05)、邵阳(0.23,19.9)、岳阳(0.63,17.57)、常德(0.44,13.26)、张家界(0.47,17.24)、益阳(0.3,4.31)、郴州(0.57,14.96)、永州(0.29,6.98)、怀化(0.41,18.28)、娄底(0.32,19.76)、湘西(0.35,15.85)、迪庆(0.24,14.99)

续表

年份	类型	目的地市场竞争态
2014	金牛市场	上海(6.84,一0.6)、南京(3.41,11.58)、无锡(2.85,11.76)、苏州(3.65,10.97)、杭州(4.04,18.64)、宁波(2.37,12.84)、温州(1.51,17.08)、武汉(4.39,15.84)、长沙(1.57,10.52)、重庆(4.45,13.43)
2018	明星市场	湖州(1.54,39.52)、重庆(4.32,32.2)、成都(3.72,22.76)、贵阳(2.51,31.19)、遵义(1.6,37.05)、昆明(2.2,35.74)
	幼童市场	南昌(1.09,20.49)、景德镇(0.63,25.36)、萍乡(0.61,26.21)、九江(1.04,22.67)、新余(0.45,58.21)、鹰潭(0.49,34.65)、赣州(0.91,34.35)、吉安(0.83,23.5)、宜春(0.77,23.1)、抚州(0.47,26.51)、上饶(1.04,23.12)、十堰(0.6,35.51)、宜昌(0.88,21.82)、襄阳(0.42,22.02)、荆州(0.33,22.09)、黄冈(0.26,26.74)、恩施(0.45,24.17)、邵阳(0.45,31.65)、岳阳(0.57,33.38)、常德(0.45,22.29)、郴州(0.66,23.46)、娄底(0.34,31.55)、湘西(0.45,25.69)、攀枝花(0.35,20.84)、德阳(0.4,35.19)、绵阳(0.67,21.43)、广元(0.43,25.4)、遂宁(0.48,21.29)、南充(0.6,26.36)、宜宾(0.71,27.58)、达州(0.21,22.08)、雅安(0.33,25.63)、甘孜(0.23,34.38)、凉山(0.45,20.93)、六盘水(0.31,50.23)、安顺(1.02,30)、铜仁(0.74,40)、黔西南(0.53,51.63)、毕节(0.94,42)、黔东南(0.96,21.22)、黔南(1.15,30)、曲靖(0.45,56.51)、玉溪(0.38,30.06)、保山(0.34,28)、昭通(0.32,32.9)、丽江(0.98,20.91)、普洱(0.36,31.02)、临沧(0.26,44.93)、楚雄(0.46,35.85)、红河(0.69,35.93)、文山(0.32,32.96)、西双版纳(0.66,33.34)、大理(0.77,22.73)、德宏(0.46,23.21)
	瘦狗市场	徐州(0.79,16.26)、常州(1.1,14.25)、南通(0.71,15.28)、连云港(0.54,15.87)、淮安(0.42,15.71)、盐城(0.38,17.37)、扬州(0.93,15.21)、镇江(0.95,13.64)、泰州(0.38,15.51)、宿迁(0.23,17.02)、温州(1.35,19.15)、嘉兴(1.25,19.92)、绍兴(1.21,17.13)、金华(1.36,19.02)、衢州(0.55,18.43)、舟山(0.96,17.42)、台州(1.34,16.94)、丽水(0.69,16.58)、芜湖(0.73,19.98)、蚌埠(0.3,19.38)、淮南(0.19,14.41)、马鞍山(0.31,17.82)、淮北(0.11,14.3)、铜陵(0.19,15.73)、安庆(0.71,15.91)、黄山(0.74,14.59)、滁州(0.24,16.84)、阜阳(0.21,18.24)、宿州(0.18,18.73)、六安(0.29,一17.41)、亳州(0.21,19.82)、池州(0.71,14.91)、宣城(0.32,19.57)、黄石(0.17,19.83)、鄂州(0.06,7.64)、荆门(0.19,14.34)、孝感(0.17,12.6)、咸宁(0.35,16.94)、随州(0.16,9.77)、株洲(0.62,11.72)、湘潭(0.62,7.95)、衡阳(0.66,13.06)、张家界(0.58,10.9)、益阳(0.29,9.6)、永州(0.5,19.22)、怀化(0.48,18.54)、自贡(0.4,14.9)、泸州(0.53,16.05)、内江(0.32,18.1)、乐山(0.92,16.16)、眉山(0.42,13.35)、广安(0.41,14.94)、巴中(0.26,18.42)、资阳(0.2,17.31)、阿坝(0.17,一29.43)、怒江(0.05,16.88)、迪庆(0.25,一9.48)

年份	类型	目的地市场竞争态
2018	金牛市场	上海(4.61,11.23)、南京(2.35,12.82)、无锡(1.96,11.94)、苏州(2.49,11.81)、杭州(3.43,19.04)、宁波(2.04,19.94)、武汉(3.13,12.56)、合肥(1.77,17.25)、长沙(1.82,8.74)

由表 4-3 可知,明星市场和金牛市场所占比重较小,三个时段两者合占 11.1%、10.3% 和 11.9%,而幼童市场和瘦狗市场所占比重较大。整体而言,长江经济带市域国内旅游市场竞争态格局发生了较大变化。明星市场和幼童市场呈下降态势,而瘦狗市场和金牛市场呈上升趋势。幼童市场下降幅度较大,由 2010 年的 68.3% 下降到 2018 年的 42.9%,瘦狗市场上升幅度也较大,由 2010 年的 20.6% 提升到 2018 年的 45.2%。

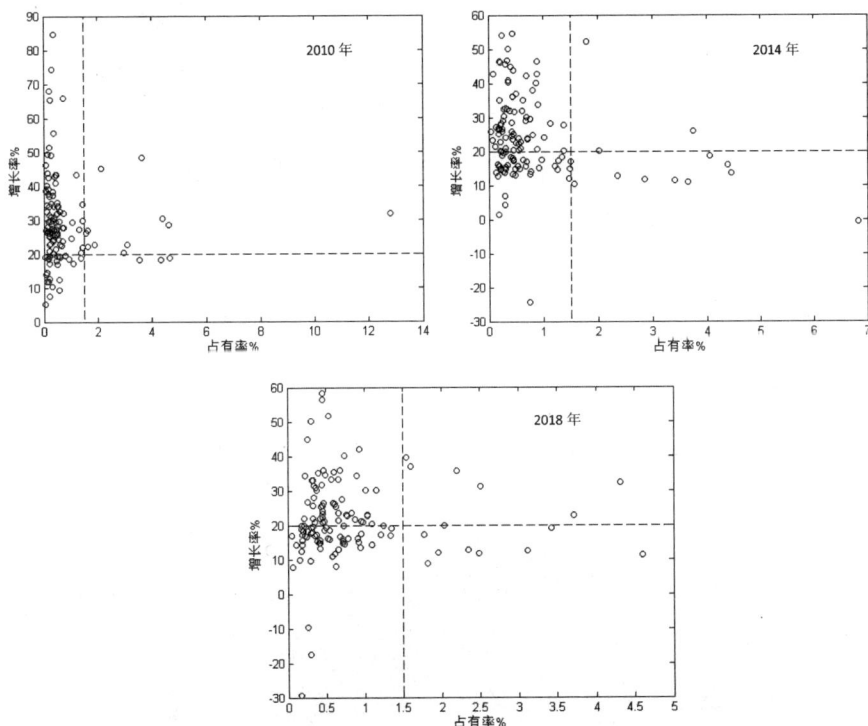

图 4-5　长江经济带市域国内旅游市场竞争态象限图

从空间分布来看,明星市场和金牛市场以东部地区为主,2010 年,占总比 64.3%,2018 年,虽有所下降,但仍占总比 46.7%,中部地区和西部地区占比较低,其中,2010 年,中部占比 14.3%,西部地区占比 21.4%,2018 年有所上升,中部和西部分别占比 20％和 33.3％。需要指出的是,西部地区的遵义和昆明通过积极培育核心产品,提升了市场占有率,由 2014 年的幼童市场发展为 2018 年的明星市场;瘦狗市场的省际分布变化较大,尤其是中西部省份。2010 年,瘦狗市场集中在江苏北部、云南东南部等地,2014年,集中在江苏、湖南和湖北南部等地,2018 年,则主要集中在江苏、浙江和安徽。江西、贵州在后期已经没有瘦狗市场,云南也仅有怒江和迪庆为瘦狗市场;初期,幼童市场分散在长江经济带各省份,中期,主要集中在四川、云南和贵州、江西和湖北北部;后期,则集中在四川、云南、贵州、江西、湖北北部等地(图 4-6)。

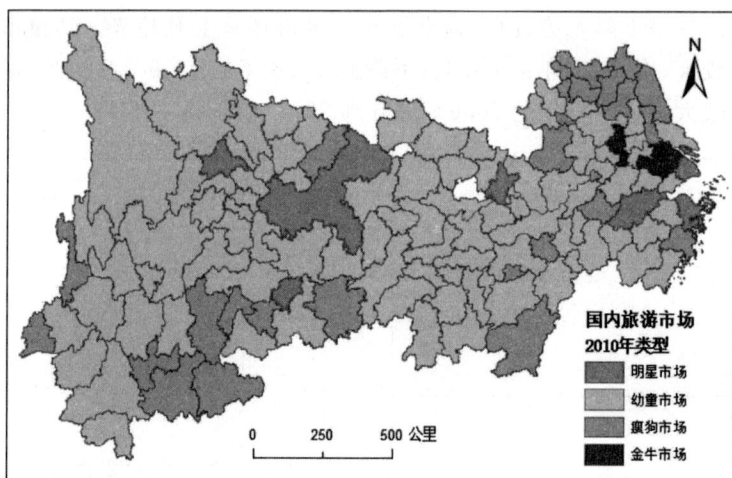

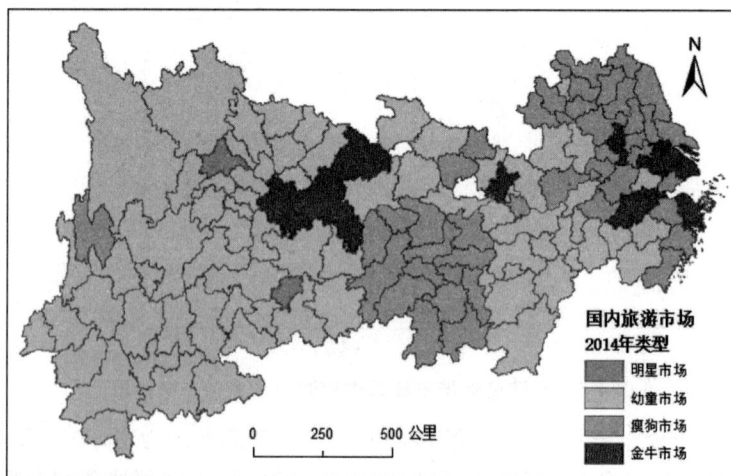

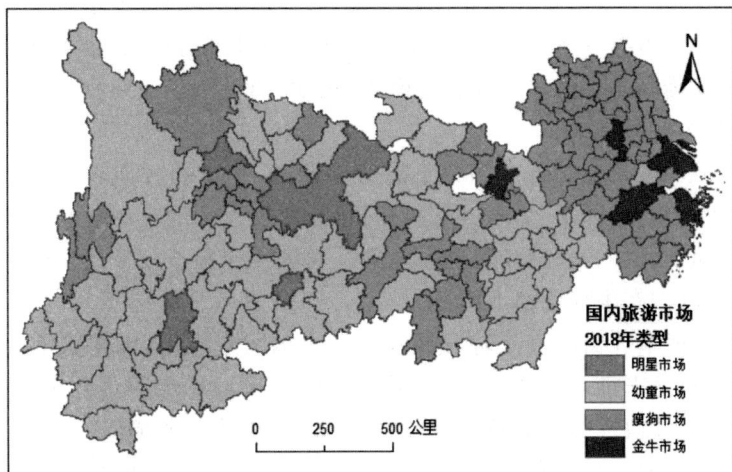

图 4-6　长江经济带市域国内旅游市场竞争态分布

　　为了更深入地分析市域旅游市场竞争态演变格局,预测其未来走向,本文根据既有文献研究成果将长江经济带市域国内旅游市场竞争态转移模式划分为以下几种类型。

　　(1)稳定型。研究期内,成都和贵阳一直都是明星市场;始终处于幼童市场的有 37 个城市,包括江西省的景德镇、萍乡、九江、鹰潭、赣州、吉安、宜春、抚州和上饶 9 个城市、湖北省的十堰、宜昌、襄阳、荆州、黄冈和恩施 6 个城市、四川省的攀枝花、德阳、绵阳、广元、遂宁、南充、宜宾、雅安、甘孜和凉山 10 个城市、贵州省的铜仁、黔西南、毕节和黔南 4 个城市、云南省的保山、昭通、丽江、普洱、临沧、楚雄、西双版纳、大理 8 个城市;一直属于瘦狗市场的有 11 个城市,包括江苏的徐州、连云港、淮安、盐城、泰州、宿迁 6 个城市、浙江的台州、安徽的淮南、铜陵、黄山、宿州 4 个城市。此外,江苏的南京、苏州和无锡 4 个城市始终为金牛市场。

　　(2)增长型。主要包括两种转移模式:一是纵向增长,即市场增长率上升,在竞争态中表现为瘦狗→幼童。南昌、黔东南、达州、六盘水、安顺、曲靖、玉溪、红河、文山、德宏属于此种转移模式。二是横向增长,即市场占有率增加,在竞争态中表现为幼童→明星。伴随市场增长率的逐步提升,旅游市场份额会持续扩大。湖州、遵义、昆明表现为此类模式。

　　(3)衰退型。包括纵向衰退和横向衰退。纵向衰退的市场占有率变化不大,但增长率迅速缩减,在竞争态中表现为幼童→瘦狗。南通、扬州、镇江、嘉兴、金华、衢州、舟山、丽水、芜湖、蚌埠、马鞍山、安庆、滁州、阜阳、亳州、池州、宣城、黄石、鄂州、荆门、孝感、咸宁、随州、株洲、湘潭、衡阳、张家界、益阳、永州、怀化、娄底、自贡、泸州、内江、乐山、眉山、广安、巴中、资阳、阿坝、迪庆41个城市表现为此种转移模式;横向衰退的市场增长率变化不明显,但市场占有率下降,在竞争态中表现为明星→幼童、金牛→瘦狗。此外,还表现为纵向和横向综合衰退模式,比如,明星市场→瘦狗市场,常州、绍兴表现为此种模式。

(4)波动型。主要指市场竞争态势不稳定,在不同时期表现为不同竞争态类型。新余、邵阳、岳阳、常德、郴州、湘西表现为幼童→瘦狗→幼童波动模式,而淮北、六安、怒江表现为瘦狗→幼童→瘦狗波动模式。这两种波动型的市场占有率变化都不明显。

(5)回落型。当城市旅游发展达到一个较大规模时,如果没有新的刺激因素和技术来推动旅游业发展,就会由明星市场稳定回落到金牛市场。属于这一转移模式的有上海、杭州、宁波、武汉、长沙5个城市。

(6)复合型。是多种模式的综合,合肥就是这种模式的典型代表。发展初期,合肥虽然拥有较高的增长率,但市场占有率较低,处于幼童市场,2014年,合肥正式成为长三角城市群的一员,长三角一体化为其迎来了新的发展机遇,加之,自身不断开发新的旅游增长点,旅游市场增长率和占有率得到了迅猛提升,由幼童市场进入明星市场,之后,由于较高的旅游收入规模,使之很难继续保持较高的市场增长率,于是由明星市场回落到金牛市场。

第三节 入境旅游目的地市场竞争态及其转移分析

一、省域入境旅游市场竞争态及其转移分析

运用公式(4-1)和(4-2)计算出三个时段下长江经济带入境旅游市场占有率和增长率(表4-4),然后测算出市场占有率平均值均为9.09%,市场增长率平均值分别为25.55%、7.92%和11.87%,结合不同时段下省域入境旅游市场分布,以$m=9.09,n=17$为界线,绘制省域入境旅游市场竞争态象限分布图(图4-7)。

从表5可以看出,入境旅游市场竞争态波动较大,2010年,瘦狗市场所占比重非常小,仅9.09%,2014年猛增到63.6%,2018年虽有所减缓,但仍有45.5%,反映长江经济带省域入境旅游发展的区域差异越来越明显,入境旅游的空间集中性不断加强;初期的幼童市场发育较好,占63.6%,但之后的幼童市场由于没有及时开发出新的市场需求和新的旅游产品,导致全部衰退,进入瘦狗市场,后期,江西和湖南由瘦狗市场晋升为幼童市场;明

星市场呈下降态势,而金牛市场呈上升态势,由初期的缺失增加为中后期的 3 个。

表 4-4　长江经济带省域入境旅游市场竞争态分布

年份	瘦狗市场	幼童市场	明星市场	金牛市场
2010	云南(6.48,12.94)	安徽(4.01,24.24)、江西(1.69,19.41)、湖北(3.68,47.29)、湖南(4.34,31.76)、重庆(3.44,31.76)、四川(1.73,22.1)、贵州(0.63,17.8)	上海(31.35,33.55)、江苏(23.41,18.99)、浙江(19.23,22.06)	
2014	安徽(8.2,13.31)、江西(2.33,6.07)、湖北(5.18,1.6)、湖南(3.35,—2.44)、重庆(5.67,6.78)、四川(3.59,12.85)、贵州(0.91,7.82)		江苏(12.69,27.43)	上海(23.87,6.9)、浙江(24.08,6.68)、云南(10.13,0.07)
2018	安徽(8.81,10.76)、湖北(6.57,13.08)、重庆(6.05,12.45)、四川(4.17,4.39)、贵州(0.88,12.37)	江西(2.07,19.07)、湖南(4.2,17.37)	云南(12.2,24.45)	上海(20.35,10.03)、江苏(12.84,10.85)、浙江(21.89,—4.2)

　　结合表 4-4 和图 4-7,长江经济带省域入境旅游市场竞争态转移模式可以划分为以下几种类型:(1)衰退型。2010 年,安徽、湖北、重庆、四川、贵州 5 省市均为幼童市场,但在 2014 和 2018 年均退为瘦狗市场。在国家大力发展入境旅游政策背景下,这些省市没有很好地分析入境客源市场结构及其需求变化,没有开发新的入境旅游市场增长点,导致市场增长率大幅度下降。(2)波动型。江西和湖南两省经历了幼童→瘦狗→幼童的波动转移模式。江西和湖南都拥有较为丰富的旅游资源,尤其是红色旅游资源,但对于入境游客而言,红色旅游资源的吸引力可能不大,所以需要开发新的旅游产品,来满足他们的旅游需求。(3)回落型。上海、江苏和浙江属于此种模式。2010 年,三省市均表现为"高占有率、高增长率"的明星市场,2014 年,上海和浙江稳定回落到金牛市场,而江苏仍旧表现强势,其市场增长率高

达 27.43％,不过,2018 年,逐步走向具有成熟特征的金牛市场。(4)复合型。云南地处西南边缘,民族旅游资源独特,但由于交通条件限制了入境旅游市场的快速发展,所以初期尚处于瘦狗市场,之后,伴随交通基础设施的不断完善,新的增长点相继开发,入境旅游市场获得了快速发展,经历了瘦狗→金牛→明星的模式转移。

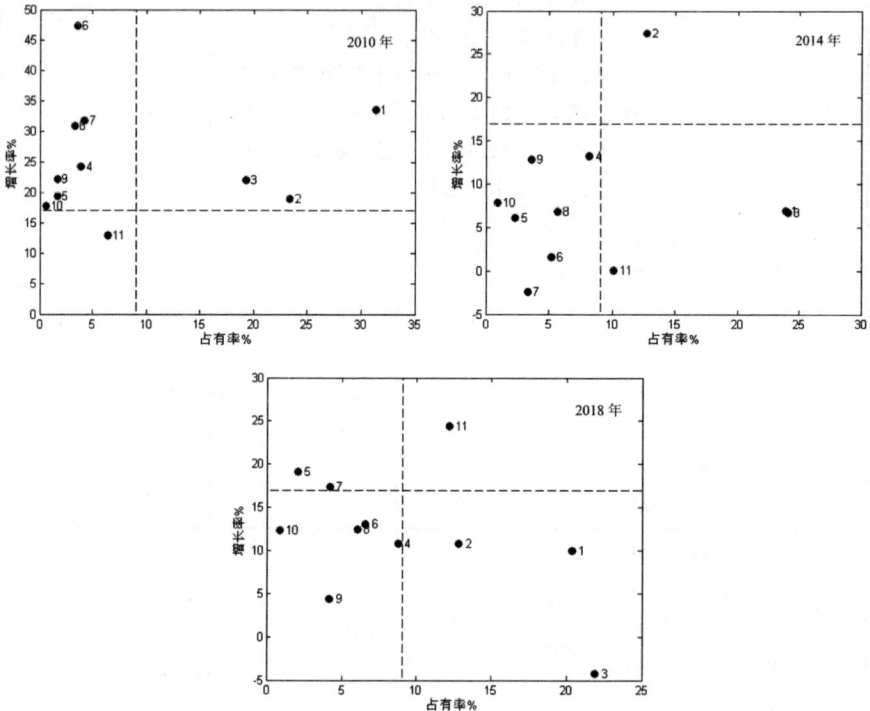

图 4-7　长江经济带省域入境旅游市场竞争态象限图

注:1－上海、2－江苏、3－浙江、4－安徽、5－江西、6－湖北、7－湖南、8－重庆、9－四川、10－贵州、11－云南

二、市域入境旅游市场竞争态及转移模式分析

由表 4-5 和图 4-8 可知,长江经济带市域入境旅游市场竞争态格局也发生了较大变化。明星市场和幼童市场呈下降趋势,而瘦狗市场和金牛市场表现为上升态势。幼童市场下降幅度较大,由 2010 年的 46.8％下降到 2018 年的 27％,而瘦狗市场上升幅度较大,由 2010 年的 41.2％上升到 2018 年的 60.3％。

从空间分布来看,明星市场由东部地区逐渐转移到西部地区(图 4-9)。2010 年,东部、中部和西部地区分别为 6 个、2 个和 2 个,2014 年,只有东部和西部有明星市场,分别为 2 个和 1 个,2018 年,仅有西部地区的昆明和丽江属于明星市场。金牛市场以东部为主,三个时段分别占有 83.3%、42.9% 和 50%。除江西、云南两省外,其他省份的瘦狗市场呈波动上升态势。也就是说,这些省份的入境旅游业增长速度减缓,保山、鄂州、邵阳、湘西、绵阳、南充、安顺、楚雄、文山等城市下降速度较大。从省级分布来看,2018 年瘦狗市场居前三位的省份是四川(15 个)、湖北(12 个)、安徽(11 个)。幼童市场省级分布变化较大。比如,2010 年江苏省无幼童市场,2014 年陡增 9 个,2018 年又快速下降为 1 个。2010 年湖南省拥有幼童市场 10 个,2014 年仅为 1 个,2018 年又快速升为 7 个。2018 年幼童市场居于前列的省份是云南(9 个)、湖南(7 个)、江西(5 个)和四川(5 个)。

表 4-5　长江经济带入境旅游市场竞争态类型

年份	类型	目的地市场竞争态
2010	明星市场	上海(31.74,33.55)、无锡(2.39,38)、苏州(6.2,25.4)、杭州(8.38,22.47)、宁波(2.93,21.41)、金华(1.87,23.82)、武汉(2.36,44.61)、长沙(2.19,20.89)、重庆(3.48,30.95)
	幼童市场	湖州(0.62,22.35)、绍兴(0.92,24.7)、衢州(0.25,21.08)、丽水(1.42,24.32)、合肥(0.74,39.43)、芜湖(0.14,54.9)、蚌埠(0.04,32.56)、淮南(0.04,23.67)、安庆(0.14,84.51)、黄山(1.49,23.36)、阜阳(0.02,22.39)、六安(0.04,84.77)、池州(0.52,53.03)、宣城(0.04,27.73)、景德镇(0.32,22.99)、新余(0.01,26.72)、吉安(0.17,69.64)、上饶(0.19,42.42)、宜昌(0.27,48.86)、襄阳(0.13,68.12)、荆州(0.04,37.69)、咸宁(0.03,58.39)、随州(0.09,272.45)、恩施(0.16,23.01)、株洲(0.11,45.86)、湘潭(0.14,30.66)、衡阳(0.11,36.73)、邵阳(0.001,137.29)、常德(0.11,28.56)、张家界(0.99,74.19)、郴州(0.28,20.36)、怀化(0.01,100.15)、娄底(0.05,249.43)、湘西(0.09,38.78)、成都(1.37,25.63)、自贡(0.003,39.02)、泸州(0.002,123.31)、广元(0.001,27.07)、内江(0.0004,24.19)、乐山(0.08,43.1)、南充(0.004,63.48)、宜宾(0.008,98.82)、雅安(0.006,56.21)、甘孜(0.03,37.79)、六盘水(0.001,34.82)、遵义(0.02,39.21)、安顺(0.15,36.17)、毕节(0.009,42.34)、黔东南(0.13,22.02)、黔南(0.03,23.64)、曲靖(0.02,53.56)、玉溪(0.003,123.4)、保山(0.11,50.84)、楚雄(0.02,30.14)、红河(0.64,175.42)、文山(0.07,107.54)、西双版纳(0.43,94.76)、大理(0.64,29.36)、怒江(0.05,51.72)

续表

年份	类型	目的地市场竞争态
2010	瘦狗市场	徐州(0.76,15.86)、连云港(0.53,17.16)、淮安(0.12,18.42)、盐城(0.22,16.19)、泰州(0.39,15.41)、宿迁(0.12,11.5)、温州(0.84,—4.34)、嘉兴(1.12,18.04)、舟山(0.65,15.08)、台州(0.28,13.4)、马鞍山(0.25,4.78)、淮北(0.02,14.75)、铜陵(0.02,4.12)、滁州(0.07,9.35)、亳州(0.02,16.15)、宿州(0.02,11.72)、南昌(0.15,—3.09)、萍乡(0.06,17.34)、九江(0.45,16.57)、鹰潭(0.05,5.43)、赣州(0.15,0.79)、宜春(0.08,10.48)、抚州(0.08,19.36)、黄石(0.02,8.07)、十堰(0.16,7.12)、鄂州(0.01,—55.82)、孝感(0.04,19.71)、荆门(0.03,—16.34)、黄冈(0.005,—66.97)、岳阳(0.19,11.43)、益阳(0.09,6.36)、永州(0.04,—3.3)、攀枝花(0.0005,—15.84)、德阳(0.02,—7.78)、绵阳(0.03,—15.72)、遂宁(0.008,—33.63)、眉山(0.002,—1.0)、广安(0.003,19.05)、达州(0.0002,—80.9)、巴中(0.00004,—23.08)、资阳(0.03,4.79)、阿坝(0.17,16.37)、凉山(0.0002,—60.75)、贵阳(0.12,—38.48)、铜仁(0.04,17.78)、黔西南(0.06,12.06)、昆明(1.2,11.46)、昭通(0.001,—113.41)、丽江(1.0,18.24)、普洱(0.03,8.73)、德宏(0.13,16.04)、临沧(0.07,—6.42)
	金牛市场	南京(4.86,17.12)、扬州(2.28,14.59)、镇江(2.33,3.37)、常州(1.72,18.06)、南通(1.79,16.59)、迪庆(1.99,16.66)
2014	明星市场	南京(2.35,38.02)、苏州(7.25,25.63)、大理(1.59,26.97)
	幼童市场	无锡(1.4,22.27)、徐州(0.13,35.66)、常州(0.43,33.86)、淮安(0.06,47.86)、盐城(0.19,78.09)、扬州(0.21,32.55)、镇江(0.2,48.24)、泰州(0.12,40.25)、宿迁(0.02,53.8)、芜湖(0.68,21.55)、蚌埠(0.12,38.44)、铜陵(0.05,26.38)、安庆(0.72,92.96)、六安(0.31,76.84)、亳州(0.07,42.54)、宣城(0.16,45.1)、黄石(0.03,261.9)、襄阳(0.16,23.44)、荆门(0.03,53.14)、孝感(0.03,32.58)、黄冈(0.02,34.97)、咸宁(0.03,23.95)、恩施(0.49,55.66)、怀化(0.06,31.64)、攀枝花(0.001,143.19)、泸州(0.002,27.96)、内江(0.001,55.8)、乐山(0.2,114.36)、眉山(0.0007,53.84)、达州(0.004,99.19)、雅安(0.004,83.55)、资阳(0.05,54.78)、甘孜(0.08,41.49)、凉山(0.002,108.61)、玉溪(0.01,21.99)、临沧(0.12,23.07)、德宏(0.29,23.79)

年份	类型	目的地市场竞争态
2014	瘦狗市场	南通(0.46,-3.61)、连云港(0.08,12.47)、嘉兴(0.97,-6.81)、湖州(0.96,12.43)、绍兴(1.06,2.4)、衢州(0.24,-0.49)、舟山(0.69,0.89)、台州(0.21,15.11)、合肥(1.2,11.98)、淮南(0.09,5.92)、马鞍山(0.32,9.99)、淮北(0.03,17.28)、滁州(0.11,-33.86)、阜阳(0.04,13.02)、宿州(0.06,11.69)、南昌(0.29,6.46)、景德镇(0.38,5.25)、萍乡(0.11,0.93)、九江(0.48,6.63)、新余(0.03,7.34)、鹰潭(0.08,5.26)、赣州(0.22,2.26)、吉安(0.27,4.63)、宜春(0.11,4.13)、抚州(0.11,2.38)、上饶(0.3,14.52)、十堰(0.25,1.29)、宜昌(0.41,17.96)、鄂州(0.003,-71.36)、荆州(0.02,-70.82)、随州(0.1,9.02)、长沙(0.79,-8.49)、株洲(0.23,10.35)、湘潭(0.06,-13.96)、衡阳(0.06,-48.1)、邵阳(0.03,-49.53)、岳阳(0.39,-5.6)、常德(0.23,3.76)、张家界(0.94,16.67)、益阳(0.02,-69.28)、郴州(0.44,-1.76)、永州(0.02,-23.98)、娄底(0.1,-4.13)、湘西(0.03,-49.95)、自贡(0.002,-11.87)、德阳(0.01,-17.96)、绵阳(0.01,-32.62)、广元(0.002,-2.31)、遂宁(0.01,-1.57)、南充(0.003,-45.18)、宜宾(0.003,-26.04)、广安(0.005,-7.35)、巴中(0.0001,-21.91)、阿坝(0.12,-0.29)、贵阳(0.24,3.01)、六盘水(0.001,3.75)、遵义(0.02,19.49)、安顺(0.09,-31.69)、铜仁(0.09,15)、黔西南(0.07,-22.68)、毕节(0.06,15)、黔东南(0.22,15)、黔南(0.06,15.0)、曲靖(0.04,6.89)、保山(0.002,-99.04)、昭通(0.002,-17.3)、普洱(0.08,-6.7)、楚雄(0.03,-31.64)、红河(0.42,10.48)、文山(0.11,-33.16)、西双版纳(0.67,-21.09)、怒江(0.05,-29.41)
	金牛市场	上海(24.25,6.9)、杭州(9.85,7.3)、宁波(3.31,-2.29)、温州(2.05,14.43)、金华(2.04,5.63)、丽水(3.08,18.51)、黄山(2.31,0.57)、池州(1.84,13.97)、武汉(3.97,2.15)、重庆(5.76,6.78)、成都(3.15,8.82)、昆明(1.69,-1.51)、丽江(1.72,13.45)、迪庆(1.91,-27.93)

续表

年份	类型	目的地市场竞争态
	明星市场	昆明(1.84,28.53)、丽江(1.85,37.53)
	幼童市场	宿迁(0.04,33.05)、嘉兴(0.78,28.5)、芜湖(0.82,27.24)、滁州(0.12,23.41)、亳州(0.06,27.9)、南昌(0.34,27.19)、新余(0.04,28.03)、鹰潭(0.08,209.83)、宜春(0.14,23.99)、抚州(0.08,48.96)、湘潭(0.12,24.48)、衡阳(0.07,69.07)、邵阳(0.09,30.46)、郴州(0.56,24.2)、永州(0.04,51.57)、娄底(0.03,42.44)、湘西(0.15,55.57)、绵阳(0.01,211.96)、眉山(0.0007,119.41)、宜宾(0.0008,48.58)、达州(0.0001,34.23)、凉山(0.0005,227.17)、贵阳(0.63,25.86)、遵义(0.06,43.07)、安顺(0.15,30.04)、曲靖(0.06,25.62)、玉溪(0.01,28.29)、昭通(0.002,26.07)、普洱(0.19,45.43)、临沧(0.35,41.55)、楚雄(0.06,57.79)、红河(1.29,40.38)、德宏(1.35,24.02)、怒江(0.09,21.71)
2018	瘦狗市场	无锡(1.33,16.55)、徐州(0.15,9.43)、常州(0.48,14.59)、南通(0.37,9.24)、连云港(0.08,8.65)、淮安(0.06,10.92)、盐城(0.24,7.43)、扬州(0.22,11.12)、镇江(0.25,10.36)、泰州(0.13,11.94)、湖州(1.14,−3.57)、绍兴(0.98,13.99)、金华(1.35,−15.97)、衢州(0.02,6.34)、舟山(0.44,−7.24)、台州(0.17,−5.85)、合肥(0.84,−5.72)、蚌埠(0.15,7.93)、淮南(0.11,8.91)、马鞍山(0.38,18.33)、淮北(0.03,16.86)、铜陵(0.03,5.72)、安庆(0.48,4.32)、阜阳(0.03,8.2)、宿州(0.06,13.67)、六安(0.27,15.79)、宣城(0.32,9.09)、景德镇(0.26,0.02)、萍乡(0.07,3.95)、九江(0.37,16.59)、赣州(0.18,8.07)、吉安(0.18,7.95)、上饶(0.27,18.8)、黄石(0.02,11.13)、十堰(0.18,4.88)、宜昌(0.53,16.67)、襄阳(0.09,6.28)、鄂州(0.0004,3.75)、荆门(0.02,−12.13)、孝感(0.02,11.2)、荆州(0.01,3.24)、黄冈(0.005,5.36)、咸宁(0.03,10.53)、随州(0.09,9)、恩施(0.62,19.98)、株洲(0.07,13.32)、岳阳(0.4,5.64)、常德(0.15,−22.91)、张家界(0.66,14.82)、益阳(0.03,17.61)、怀化(0.06,−9.56)、自贡(0.001,−16.97)、攀枝花(0.0009,−44.34)、泸州(0.002,−9.4)、德阳(0.01,−12.43)、广元(0.0007,−5)、遂宁(0.0001,−53.21)、内江(0.0002,9.52)、乐山(0.13,−2.99)、南充(0.0004,−66.82)、广安(0.005,−15.42)、雅安(0.002,−44.37)、巴中(0.00005,−97.63)、资阳(0.01,−33.89)、阿坝(0.001,−95.3)、甘孜(0.01,−58.69)、六盘水(0.01,−11.05)、铜仁(0.1,16.85)、黔西南(0.09,18.19)、毕节(0.08,16.68)、黔东南(0.24,11.16)、黔南(0.07,17.03)、保山(0.22,17.52)、文山(0.29,−3.91)、西双版纳(1.37,15.79)、迪庆(1.19,9.11)

续表

年份	类型	目的地市场竞争态
2018	金牛市场	上海(19.86,10.03)、南京(2.38,11.43)、苏州(6.79,9.44)、杭州(10.32,8.1)、宁波(3.17,19)、温州(2.2,18.4)、丽水(3.2,11.7)、黄山(2.27,12.27)、池州(1.78,－5.71)、武汉(5.07,11.24)、长沙(1.67,19.99)、重庆(5.9,12.45)、成都(3.9,5.98)、大理(1.76,17.22)

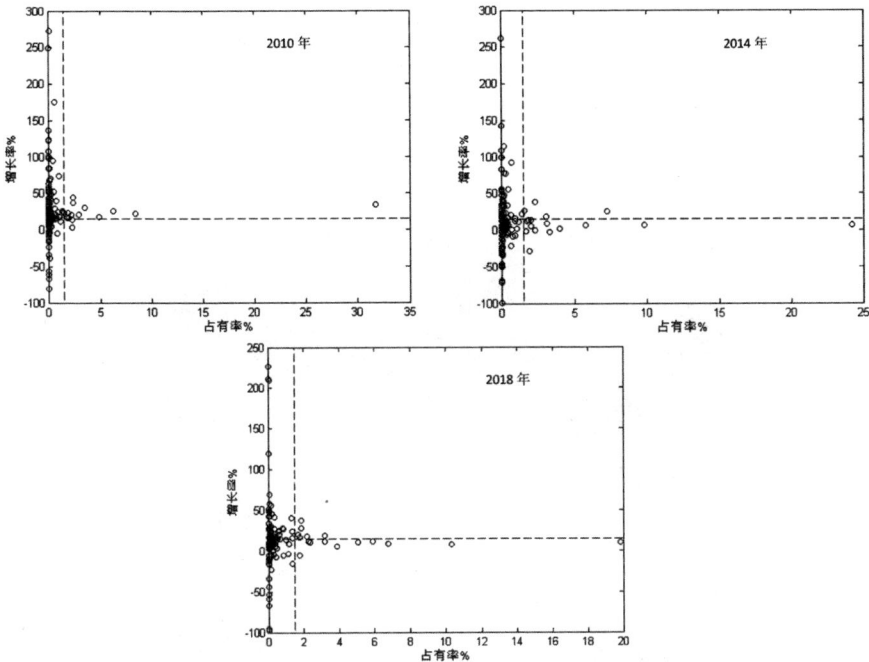

图 4-8　长江经济带入境旅游市场竞争态象限图

从表 4-5 可以看出,长江经济带市域入境旅游市场竞争态转移模式可分为以下六种类型。

(1)稳定型。三个时段一直处于瘦狗市场有 19 个城市,包括连云港、台州、马鞍山、淮北、宿州、萍乡、九江、赣州、十堰、鄂州、岳阳、益阳、德阳、遂宁、广安、巴中、阿坝、铜仁、黔西南;始终处于幼童市场的城市有芜湖和玉溪。

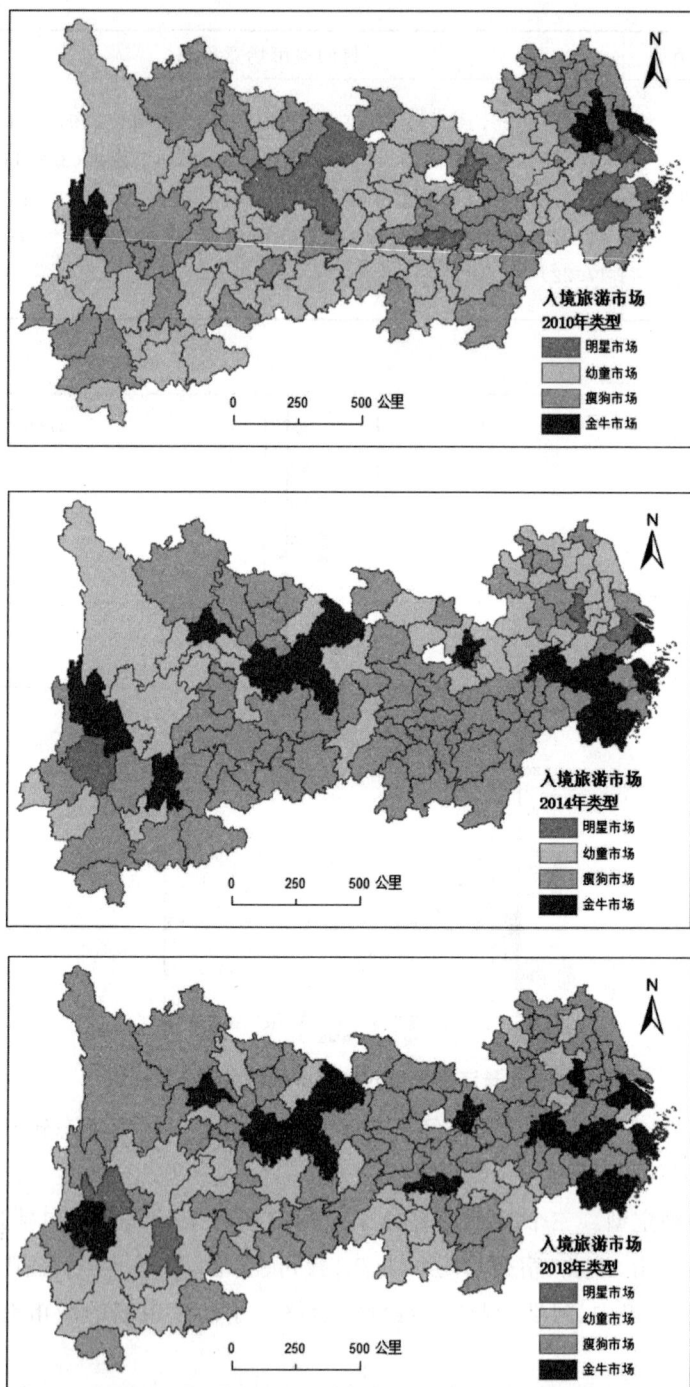

图 4-9　长江经济带入境旅游市场竞争态分布

（2）增长型。宿迁、嘉兴、滁州、亳州、南昌、鹰潭、宜春、抚州、永州、绵阳、眉山、达州、凉山、贵阳、昭通、普洱、临沧、德宏 18 个城市早期入境旅游发展水平较低,处于瘦狗市场,但后期凭借较好的旅游资源条件和区位条件,树立了良好的旅游形象和旅游品牌,竞争力和增长率迅速提升,进入幼童市场。此外,一些城市旅游市场表现为跳跃增长模式,比如,温州经历了瘦狗→金牛;丽水、黄山、池州、成都经历了幼童→金牛;昆明、丽江经历了瘦狗→明星。

（3）衰退型。湖州、绍兴、衢州、合肥、蚌埠、淮南、安庆、阜阳、六安、宣城、景德镇、吉安、上饶、宜昌、襄阳、荆州、咸宁、随州、恩施、株洲、常德、张家界、怀化、自贡、泸州、广元、内江、乐山、南充、雅安、甘孜、六盘水、毕节、黔东南、黔南、保山、文山、西双版纳 38 个城市表现为幼童→瘦狗纵向衰退模式;南通、迪庆表现为金牛→瘦狗横向衰退模式。此外,无锡入境旅游市场先横向衰退,后纵向衰退,即表现为明星→幼童→瘦狗综合衰退转移模式。

（4）波动型。与国内旅游市场相比,市域入境旅游市场竞争态波动的类型更多,属于该类型的城市也更多。南京经历了金牛→明星→金牛的起伏;徐州、淮安、盐城、泰州、铜陵、黄石、荆门、孝感、黄冈、攀枝花、资阳 11 个城市经历了瘦狗→幼童→瘦狗的波动;新余、湘潭、衡阳、邵阳、郴州、娄底、湘西、宜宾、遵义、安顺、曲靖、楚雄、红河、怒江 14 个城市经历了幼童→瘦狗→幼童模式的转移。

（5）回落型。与衰退型不同,它主要指旅游市场占有量已经较大,在没有新技术突破、新业态出现时,仍然以一个较高的增长率继续运行。上海、苏州、杭州、宁波、武汉、重庆属于此种模式。

（6）复合型。指上述转移模式的综合。大理表现为幼童→明星→金牛转移模式,即先横向增长,后表现回落模式。金华经历了明星→金牛→瘦狗转移模式,即先回落,后横向衰退。

第四节　结论与对策

一、国内旅游目的地市场

（一）结论

（1）省域层面:国内旅游市场竞争态变化差异较大。瘦狗市场先增加后下降,而幼童市场一直表现为下降态势,明星市场所占比重较小,而金牛市场所占比重呈上升态势;国内市场竞争态转移模式包括稳定型、增长型、衰退型、波动型、回落型、复合型六种类型。江苏和浙江为稳定型,江西和云南为增长型,上海、安徽和湖北为衰退型,重庆为波动型,四川为回落型,湖南和贵州为复合型。

(2)市域层面:明星市场和幼童市场所占比重不断下降,而瘦狗市场和金牛市场却逐渐上升。明星市场和金牛市场所占比重较小,而瘦狗市场和幼童市场所占比重较大;从地区空间分布来看,明星市场和金牛市场集中在东部省份,中西部省份较少。瘦狗市场初期集中在江苏北部、云南东南部等地,后期则主要分布在江苏、浙江和安徽。幼童市场由初期的分散分布到后期主要集中在四川、云南、贵州、江西和湖北北部等地。与省域旅游市场一样,市域国内旅游市场竞争态转移模式也分为稳定型、增长型、波动型、衰退型、回落型、复合型六种模式。

(二)对策与建议

根据以上研究结论,本章提出以下建议:

(1)就省域国内旅游目的地市场而言,江苏和浙江两省应充分依托丰富的旅游资源和良好的服务设施条件,积极开拓市场,挖掘新的增长点,创新旅游产品,提升旅游吸引力,同时通过长三角一体化来强化自身的影响力和辐射力,以期稳住金牛市场的地位或飞跃成为明星市场;江西和云南应加强投资力度,积极培育核心产品,打造品牌,努力扩大市场份额,使其朝着明星市场方向发展;上海、安徽和湖北旅游资源也较丰富,未来应采取差异化战略和特色化战略,推陈出新,满足市场需要,提升核心竞争力,尽快晋升为幼童市场或明星市场;重庆应加强交通等基础设施的投资力度,开发新的增长点,使其市场增长率不断提高;四川省应采取产品更新战略,加强旅游资源整合,提升旅游吸引力,避免旅游市场增长率进一步衰退;湖南和贵州市场竞争态波动较大,未来应努力培育主导产品,同时要加强和邻近省市的合作,强化区域旅游引力场,联合营销旅游产品,提升旅游竞争力。

(2)就市域国内旅游目的地市场而言,处于金牛市场的上海、南京、无锡、苏州、杭州、宁波、武汉、合肥和长沙,未来应充分利用城市旅游地位和互联网等信息技术,适时开发会展旅游、商务旅游、都市旅游等新的旅游产品形态,避免出现旅游产业衰退,旅游产品老化;处于明星市场的重庆、成都、贵阳、昆明等城市应加大投资力度,加强交通基础设施建设,进一步提高市场占有率,同时,要充分发挥区域旅游资源禀赋优势,提高旅游服务质量,增强旅游吸引力和竞争力;针对末期瘦狗市场主要集中在江苏、浙江和安徽,未来应科学地分析国内旅游市场需求,细分旅游市场,确立旅游市场定位,努力开发有特色的旅游产品和新的旅游业态,尽快走出旅游市场低增长率陷阱,早日实现旅游业复苏。同时,要加强和长三角上海、杭州、南京、苏州等旅游发达城市的合作,促进长三角旅游一体化,不断推进区域旅游业高质量发展;针对末期幼童市场主要集中在中西部地区,未来应认真分析市场增长率高的原因,努力创造有利条件,维系区域旅游业可持续增长,同时,积极开拓新的旅游业态,科学引导旅游市场发展方向,不断提高旅游市场占有率。

二、入境旅游目的地市场

（一）主要结论

（1）省域层面:瘦狗市场初期所占比重较小,但中后期所占比重较大,分别为63.6％和45.5％,反映了长江经济带入境旅游市场竞争态有待进一步发展。幼童市场波动较大,初期所占比重较大,中期缺失,后期占18.2％。明星市场所占比重较小,中后期仅占9.09％,金牛市场呈上升态势;市场竞争态转移模式表现为衰退型、波动型、回落型、复合型四种类型。其中,安徽、湖北、重庆、四川、贵州属于由幼童→瘦狗衰退模式,江西和湖南表现为幼童→瘦狗→幼童的波动转移模式,上海、江苏和浙江属于明星→金牛回落模式,云南经历了瘦狗→金牛→明星的竞争态模式转移。

（2）市域层面:明星市场和金牛市场所占比重较小,而瘦狗市场和幼童市场所占比重相对较大。幼童市场下降幅度较大,而瘦狗市场上升幅度较大;从地区分布来看,明星市场由东部地区向云南省转移,金牛市场集中在东部地区,瘦狗市场呈现由南向北推进趋势,2018年位居前三位的是四川、湖北和安徽,幼童市场省级分布变化较大,后期居于前列的有云南、湖南、江西和四川;入境旅游市场竞争态转移模式包括稳定型、增长型、波动型、衰退型、回落型、复合型六种模式。

（二）对策与建议

根据以上研究结论,本文为长江经济带入境旅游目的地市场可持续发展提出以下对策:

（1）就省域入境旅游目的地市场而言,安徽、湖北、重庆、四川和贵州应认真分析入境旅游需求结构,找出需求变化的主要原因,同时,开拓新的市场增长点,使市场增长率继续提升的同时,扩大市场份额,避免进入衰退模式;江西和湖南应加大对交通基础设施和接待服务设施的投资力度,针对入境旅游客源市场的需求,及时地开发新的旅游产品,确保市场增长率持续增长;上海、江苏和浙江地区经济发展水平较高,旅游资源也很丰富,未来也应充分挖掘资源的文化内涵,提升入境旅游质量,满足入境游客多元化需要;云南要充分利用浓郁的民族特色资源和独特的自然旅游资源,开发新的旅游产品,维系一定的市场份额和较大的市场增长率,使之稳定地处于金牛市场或明星市场。

(2)就市域入境旅游目的地市场而言,处于金牛市场的上海、杭州、武汉、成都、重庆、昆明等省会城市和直辖市以及旅游资源丰富的温州、黄山、池州、大理等中小城市,应努力拓展入境旅游客源市场,延展旅游产业链条,提高旅游吸引力,延迟或避免入境旅游市场衰退;处于明星市场的昆明和丽江,应加大投资力度,挖掘人文旅游资源文化内涵,打造民族风情等旅游品牌,加强宣传,扩大园艺博览展会知名度和影响力,同时,加强交通设施建设,提高入境旅游的可进入性;处于瘦狗市场的城市较多,且分布广泛,未来应认真分析自身入境旅游市场的发展方向,针对其主要客源市场,开发新的旅游项目和产品,提高入境旅游市场增长率,有效地推动瘦狗市场向幼童市场转移;处于幼童市场的城市有较丰富的旅游资源,但大多处于边缘城市,旅游交通可达性较差,未来应加快交通基础设施建设,增强和省会城市、长江经济带中心城市之间的旅游联系,在确保入境旅游市场可持续增长的情况下,开拓多元化国际旅游市场,提高其市场份额。

参考文献

[1] 李天元.旅游学[M].3 版.北京:高等教育出版社,2011.

[2] 李彬彬,陈冬冬,张莹,等.基于 2-模网络分析的安徽省国内旅游市场格局研究[J].经济与管理,2018,32(1):66—72.

[3] Philip T U,William E E,and Rajunor B A. Portfolio Analysis Models:a Review[J]. European Journal of Business and Management,2012,4(18):101—120.

[4] Rudnicki W and Vagner I. Methods of Strategic Analysis and Proposal Method of Measuring Productivity of a Company[J]. The Central European Journal of Social Sciences and Humanities,2014,25 (2):175—184.

[5] Armstrong J S,and Brodie R J. Effects of Portfolio Planning Methods on Decision Making:Experimental Results[J]. International Journal of Research in Marketing,1994,11(1):73—84.

[6] Mutandwa E,Kanuma N T,Rusatira E,et al. Analysis of Coffee Export Marketing in Rwanda:Application of the Boston consulting group matrix[J]. African Journal of Business Management,2009,2(4):210−219.

[7] Lu H and Zhao L. Integrating GIS and BCG Model for Marketing Strategic Planning[C]. Proceedings of the 11th Annual Conference of Asia Pacific Decision Sciences Institute,Hong Kong,2006:718−725.

[8] Gite P,Roy C K. Export Markets' Segmentation,Performance and Marketing of Indian Carpet Industry:A BCG Matrix Approach[J]. Pacific Business Review International,2014,11(6):28−33.

[9] Mohajan H K. Present and Future of Nestlé Bangladesh Limited [J]. American Journal of Food and Nutrition,2015,3(2):34−43.

[10] Duica A,Croitoru G,Duic M C,et al. The Rise and Fall of B. C. G. Model[C]. Proceedings of the 8th International Management Conference "Management Challenges for Sustainable Development",Bucharest, Romania,2014.

[11] Khairat G M and Alromeedy B S. Applying the BCG Matrix to Analyze Egypt's Tourism Competitiveness Position[J]. Minia Journal of Tourism and Hospitality Research,2016,1(2):1−21.

[12] 李景宜,孙根年.旅游市场竞争态模型及其应用研究[J].资源科学,2002,24(6):91−96.

[13] 张锦.基于竞争态的河南省入境旅游市场研究[J].河南工程学院学报(社会科学版),2017,32(1):15−19.

[14] 刘昌雪,汪德根.长江三角洲国际旅游市场一体化发展研究——基于市场亲景度和竞争态分析[J].经济问题探索,2008(4):104−115.

第五章　长江经济带旅游流网络结构演变研究

改革开放以来,伴随国民经济的稳步发展和人民生活水平不断提高,居民出游需求日益增强,旅游业得到了快速的发展(马丽君,2019)。2018年,全国旅游人数55.39亿人次,比上一年增长10.8%,旅游收入5.13万亿元,比上一年增长12.3%。旅游活动已成为全民生活中重要组成部分,都市观光游、乡村生态游、休闲度假游、森林康养游、研学旅行、体育休闲等多种旅游业态不断涌现。在交通网络逐渐完善、互联网信息技术不断发展以及社交网络影响越来越大的背景下(徐雨利,2019),客源地和目的地之间的游客流动日益频繁,形成了复杂的旅游流网络结构,对区域旅游业可持续发展产生重大的影响。

旅游流是游客在空间内的迁移现象(章锦河,2005),本质在于流动性(钟士恩,2009),流量和流向是旅游流两个最基本的属性(谢彦君,2011)。旅游流研究始于20世纪60年代,作为旅游学与地理学的交叉领域,一直以来都是旅游地理学研究的核心内容(徐冬,2019)。旅游流有广义和狭义之分,从广义上讲,它包含旅游客流、资金流、信息流等方面,从狭义上讲,仅指旅游客流(唐顺铁等,1998;梁玥琳等,2018),本章仅从狭义上,即旅游客流进行研究(张佑印,2013)。从类型上,旅游流可分为现实旅游流和潜在(相对)旅游流。前者主要依靠抽样调查、网络游记、博客、在线预订等方式获取,后者主要通过引力模型测算(邓祖涛等,2020),前者强调特征描述,后者强调驱动机制(黄泰,2016)。鉴于传统引力模型测度的是无方向的相对旅游流与旅游经济联系。1977年,Dann将Tolman的推拉理论应用于旅游研究领域。众多文献表明,推拉理论能较好地解释旅游者的旅游动机和出游行为(Jang等,2009;Mohammad等,2010)。

近年来,不少学者采用社会网络分析法对区域旅游流的空间格局和演变进行了测度和评价(刘大均,2018;Asero等,2016)。但这些文献大多关注行动者的个体特征和整体网络特征,对网络中凝聚子群和行动者子集研究较少。鉴于此,本章首先基于推拉理论的引力模型来构建长江经济带旅游流空间关联网络,然后通过网络密度、网络关联度、网络等级度、网络效率和节点中心性来评价整体网络特征和个体网络结构特征,确定角色定位,最后基于凝聚子群来研究长江经济带凝聚子群之间的旅游联系,为地方政府在制定客源市场开发和区域旅游协同发展战略上提供科学的参考依据。

第一节 研究方法和数据来源

一、修正引力模型

网络分析的关键是确定关系。有学者通过网络游记、博客、百度指数、在线预订和实际调查等方式获得旅游流关系数据,并得到了一些有价值的结论(王娟等,2016;刘大均,2018)。尽管如此,考虑到此方式获取的数据相对于实际游客数偏少,只能表征少部分游客行为特征,且对游客的统计属性不易判断,所以本文尝试从旅游流驱动角度来测度潜在旅游流。实证研究表明,引力模型在描述空间相互作用的宏观模式最为成功。它在描述群体旅游需求行为比个体更为可靠(Sen 和 Smith,1995)。传统的引力模型由于选用的是两地的人口规模和经济规模变量,所以导致测度的旅游流是无向的旅游联系,而不是双边旅游流。为此,将推拉理论应用到引力模型中以获取有向旅游流。推拉理论强调客源地的推力和目的地的吸引力作用。也就是说,从客源地到目的地的旅游流是在客源地游客的旅游需求和目的地的旅游供给共同作用下完成的(杨兴柱等,2011)。旅游需求取决于客源地的社会经济发展水平、人口规模和人口属性特征,旅游供给则依赖于目的地的旅游资源质量、旅游服务水平和交通等基础设施水平。考虑数据获取的可得性,本文仅考虑客源地的经济发展水平、人口规模,目的地的旅游资源质量和城市内的旅游交通条件,不考虑旅游者的特征属性和其他变量。借用 Archer(1980)的引力模型来构建旅游流关联网络,其公式为:

$$TF_{ij} = P_i^\alpha A_j^\beta D_{ij}^{-\gamma} \qquad\qquad (5\text{-}1)$$

式中,TF_{ij} 为客源地 i 到目的地 j 的潜在旅游流;P_i 表示客源地 i 旅游流推力指数,A_j 表示目的地 j 的吸引力指数,D_{ij} 为阻力指数,用客源地 i 到目的地 j 的距离指数来表征,参数 α、β 的取值均为1,参数 γ 的取值为2。

(一)客源地推力指数的计算

首先,采用极差标准化对经济规模和人口规模进行无量纲化处理,其中经济规模选用人均 GDP,人口规模选用常住人口数。为避免0值出现,在无量纲化基础上加上1,分别得到人口规模指数 PSI_i 和经济规模指数 ESI_i,然后,对人口规模指数和经济规模指数进行加权求和。计算公式如式(5-2)—(5-4)所示,其中,式(5-2)中 PS_i 表示 i 城市的人口规模,PS_{min} 和 PS_{max} 分别表示城市中最少和最多的人口规模。式(5-3)中 ES_i 表示 i 城市的人均 GDP,ES_{min} 和 ES_{max} 分别表示最低和最高的人均 GDP。

$$PSI_i = \frac{PS_i - PS_{min}}{PS_{max} - PS_{min}} + 1 \tag{5-2}$$

$$ESI_i = \frac{ES_i - ES_{min}}{ES_{max} - ES_{min}} + 1 \tag{5-3}$$

$$P_i = 1/2(PSI_i + ESI_i) \tag{5-4}$$

（二）目的地吸引力指数的计算

首先,对目的地的旅游资源质量和城市内交通条件进行无量纲化处理,为避免 0 值出现,在无量纲化基础上加上 1。然后,对旅游资源指数 TRI_j 和旅游交通指数 TTI_j 进行加权求和。计算公式如式(5-5)—(5-7)所示。其中,式(5-5)中 TR_j 表示 j 城市的旅游资源质量,TR_{min} 和 TR_{max} 分别表示城市中最低和最高的旅游资源质量。式(5-6)中 TT_j 表示 j 城市内的交通密度,TT_{min} 和 TT_{max} 分别表示城市中最低和最高的交通密度。

对于跨城市的游客而言,高等级旅游资源对他们的吸引力是最大的,也是他们的首选(Mazanec,1997)。在这里,用国家旅游局颁布的 4A 和 5A 景区来表征高等级旅游资源。鉴于世界遗产、国家风景名胜区等类型和城市内的 4A 和 5A 级旅游景区重合,本文没有将其纳入,以避免重复计算。对 4A 和 5A 景区分别赋值 5 分和 10 分,然后通过城市内 4A 和 5A 景区数求得该城市的旅游资源质量。交通条件则用城市内高等级公路密度来表征。

$$TRI_j = \frac{TR_j - TR_{min}}{TR_{max} - TR_{min}} + 1 \tag{5-5}$$

$$TTI_j = \frac{TT_j - TT_{min}}{TT_{max} - TT_{min}} + 1 \tag{5-6}$$

$$A_j = 1/2(TRI_j + TTI_j) \tag{5-7}$$

$$D_{ij} = \frac{TD_{ij} - TD_{min}}{TD_{max} - TD_{min}} + 1 \tag{5-8}$$

（三）距离指数的计算

既有文献在计算旅游流时大多选用空间距离,但实际上,时间距离要比空间距离对现代大众的出游产生更大的影响。为此,本文选用时间距离来表征客源地和目的地之间的距离。对于时间距离,大多数文献采用的都是汽车花费时间。随着区域铁路交通的发展,尤其是动车和高铁的迅猛发展,人们的出行在中长距离越来越依赖动车和高铁。显然,单一地考虑汽车交通有悖于人们出行方式的选择,所以,本文比较了两城市之间公路花费时间和铁路花费时间,取最短时间距离来计算旅游流模型中的距离指数。当然,如果两城市之间没有直达的动车和高铁,则用公路花费时间来表征。距离指数的计算公式如式(5-8)所示,其中,TD_{ij} 为两城市之间的时间距离,TD_{min} 和 TD_{max} 分别为城市距离对中最短和最长的时间距离。

二、社会网络分析方法

社会网络分析(Social Network Analysis,SNA)是通过对网络中节点之间相互关系的分析,来揭示网络中节点结构位置以及网络结构整体特征和层次特征。本章应用社会网络的相关测度指标来分析长江经济带旅游流整体网络特征、个体网络特征和聚类特征(刘佳,2018)。

(一)网络关联分析

一般采用网络密度、网络关联度、网络等级度和网络效率来反映网络关联性特征。其中,网络密度是用来反映节点之间网络关系疏密的变量。网络密度等于网络节点间实际存在的关系数与理论上的最大关系数之比,其值介于 0 和 1 之间,网络密度越大,节点间网络关系越紧密,反之亦然。其计算公式:

$$D=L/n(n-1) \qquad (5-9)$$

式中,D 表示网络密度;L 表示实际的关系数;n 表示网络中节点的个数。

网络关联度是用以表征网络自身的稳健性和脆弱性。如果网络中任意一对节点之间均可达,表明网络具有非常好的关联性,即网络非常稳定,网络关联度取值为[0,1]。其计算公式:

$$C=1-\left[\frac{V}{n(n-1)/2}\right] \qquad (5-10)$$

式中,C 是关联度;V 是网络中不可达的点对数,其他变量同上。

网络等级度是用以表征网络中节点之间在多大程度上是非对称可达的,等级度越大,表明网络等级特征越明显,反之亦然。其计算公式:

$$GH=1-V/\max(V) \qquad (5-11)$$

式(5-11)中的 GH 表示等级度,V 表示网络中对称地可达的点对数目,$\max(V)$ 等于 i 可达 j 或者 j 可达 i 的点对数目(刘军,2014)。

网络效率是用以表征网络在多大程度上存在多余的线(刘军,2014),网络效率越低,表明网络中冗余线越多,空间关联关系越多,网络越稳定。

其计算公式：

$$NE = 1 - V/\max(V) \qquad (5-12)$$

式中，NE 表示网络效率；V 表示多余线的条数；$\max(V)$ 表示最大可能的多余线的条数。

(二)中心性分析

社会网络分析的一个主要应用是识别网络中的重要节点(Wasserman 和 Faust,1994)。最重要或最突出的节点通常占据网络中的战略位置。网络中的个体中心性是网络分析最早跟踪的一个概念(Scott,2000)。中心性是用来揭示各节点在整个网络中的权力和地位。弗里曼将个体中心性分为度数中心性、亲近中心性和中间中心性三种形式(Freeman,1979)。度数中心性分为绝对度数中心性和相对度数中心性。度数中心性是指一个网络节点(行动者)拥有的连接数，如果该节点者具有较高的度或更多的连接，那么该节点将处于更有利的位置或拥有更大的权力。一个节点强大的地位将影响其他节点中的自主性或独立性(Pfeffer 和 Salancik,1978)。绝对度数中心性分为点入度和点出度，前者是网络中其他节点和该节点所发生的关系数，后者则是该节点和网络中其他节点发生的关系数。相对度数中心性是指网络中节点的绝对度数中心性与最大可能的度数之比。其公式：

$$C_{RDi} = AD/(n-1) \qquad (5-13)$$

式(5-13)中，C_{RDi} 表示点 i 的相对度数中心性，AD 表示绝对度数中心性，n 为网络中节点数。

中间中心性是指一个节点在多大程度上位于网络中其他"点对"的"中间"。它测量的是节点对资源控制的程度。中间中心性越高，其对网络资源和信息的控制和操纵能力越强，获得中介利益越多。其计算公式：

$$C_{ABi} = \sum_{j=1}^{n} \sum_{l=1}^{n} m_{jl}(i) \qquad (5-14)$$

式中，C_{ABi} 表示绝对中间中心性，$m_{jl}(i)$ 表示点 i 处于 j 和 k 两者之间捷径上的概率。

$$C_{RBi} = \frac{C_{ABi}}{(n-1)(n-2)} \qquad (5-15)$$

式中，C_{RBi} 表示相对中间中心性，其他变量同上。

接近中心性是指该节点与网络中所有节点的捷径距离之和，它不仅考虑节点之间的直接联系，也考虑节点之间的间接联系。接近中心性值越小，表明该点越接近网络中心，也意味着该点在信息资源、权力、声望以及

影响方面越强。其计算公式:

$$C_{RCi}^{-1} = C_{ACi}^{-1} / (n-1) \qquad (5\text{-}16)$$

式中,C_{RCi}^{-1} 表示点 i 的相对接近中心性,C_{ACi}^{-1} 表示点 i 的绝对接近中心性,

$C_{ACi}^{-1} = \sum\limits_{j=1}^{n} d_{ij}$,$d_{ij}$ 表示点 i 和点 j 之间的捷径距离。

(三)凝聚子群分析

凝聚子群反映了社会网络中各行动者之间的关系,属于同一个凝聚子群的各行动者之间关系须满足相对较强、较频繁、直接、紧密(Wasserman 和 Faust,1994),所以,可以根据一定的标准将长江经济带市域或省域分为不同的凝聚子群,来揭示凝聚子群内部各城市或省域之间旅游联系以及凝聚子群之间的旅游联系,从而较全面地反映长江经济带旅游流网络结构特征。

三、数据来源

以长江经济带 11 个省市和 126 个城市为研究对象,从省域和市域两个维度分别探究长江经济带旅游流空间网络关联特征。旅游流测算所需要的数据来源如下:常住人口和人均国内生产总值来源于 2011、2015 和 2018 年的各省市和地市统计年鉴,4A 和 5A 级旅游景区数来源于国家文化和旅游部网站公布的数据、各省市和地市统计年鉴以及对应年份的国民经济和社会发展公报。省(直辖市)之间的时间选取各省会城市或直辖市之间的花费时间,地市之间的时间选取各地市行政中心之间的花费时间。公路时间来源于 2010、2014 和 2017 年的百度地图查询,铁路花费时间则是通过三个时段下的 12306 铁道部官网查询获得。

第二节 省域旅游网络结构特征分析

一、整体网络结构评价

本章基于多次测试,将网络切分值设定为 1.1,构建了 2010、2014 和 2017 年长江经济带省域旅游流关联网络。由网络矩阵可知,11 个省域之间最大可能关系数是 110,而实际存在的关系数在三个时段分别为 63、70 和 84,对应的网络密度不断增加,分别是 0.5727、0.6364 和 0.7636,表明长江经济带省域旅游流空间联系不断加强,不过,旅游流的区域不平衡性依

然存在。湖北、湖南和江苏与网络中其他省市联系较多,而贵州、云南与其他省市联系较少。三个时段下的关联度都为1,表明长江经济带省域旅游流网络的通达性强,任何两个省域之间都有旅游空间溢出。三个时段下的网络效率分别为0.400、0.3778、0.1556,表明省域旅游流网络稳定性不断增强,省域之间旅游流层叠现象越来越明显。2010年的网络等级度为0.1818,其他两个时段为0,表明长江经济带省域之间的旅游流溢出并不存在严格的等级空间结构。

二、节点中心性评价

应用Ucinet 6.0软件,分别计算2010、2014、2017年长江经济带省域旅游流网络节点的点出度、点入度、度数中心度、接近中心度和中间中心度(表5-1),以此来分析长江经济带11个省域的网络位置和权力。

表5-1显示,2010、2014和2017年11省市度数中心性均值分别为57.27%、63.64%和76.36%,表明长江经济带省域之间的旅游联系不断增强,其中,江苏、湖南、湖北和安徽在三个时段始终都高于均值,且处于前三位,表明它们在网络中的影响力一直较大,而浙江、上海、四川和江西在某些时段高于均值,表明它们在网络中的影响力不稳定,时而较强,时而较弱,贵州、重庆和云南在三个时段始终都低于均值,表明它们在网络中影响力较小,处于网络边缘地位。从点出度和点入度的比较来看,湖南在三个时段都是点出度大于点入度,表明它发出的旅游关系数要多于接受的旅游关系数,在网络中呈现较强的辐射效应,安徽在三个时段都是点入度大于点出度,表明它接受的旅游关系数要多于发出的旅游关系数,在网络中呈现较强的集聚效应,江苏和浙江在2010年表现为点出度小于点入度,而在2014和2017年表现为点出度等于点入度,表明它们在网络中的影响由原来的集聚效应向扩散效应转化,其他省市波动性较大,在某时段表现为向外发出旅游关系数大于接受旅游关系数,而在另外时段又表现为接受旅游关系数大于向外发出旅游关系数,或者接受旅游关系数等于向外发出旅游关系数,表明长江经济带省市旅游网络还处于发展当中。

2010、2014和2017年长江经济带省市旅游网络接近中心性均值分别为76.66%、78.36%、89.94%,其中,江苏、湖南、湖北、四川和安徽接近中心性始终都高于均值,表明它们在网络中更容易传递旅游流,而云南、重庆等接近中心性低于均值,表明它们在传递旅游流不通畅。

长江经济带省域中间中心性均值在三个时段分别为3.64%、3.43%和1.41%,其中,湖南、湖北和四川中间中心性始终都高于均值,表明它们在网络中控制能力较强,对周边省域的影响力较大,而重庆、云南等省的中间中心性在三个时段都低于均值,表明它们对其他省市的支配能力较弱,尤其江西在三个时段都为 0,表明它对其他省市没有任何支配和控制能力。

表 5-1　2010—2017 年长江经济带省域旅游流网络中心性

年份	省市	点出度	点入度	度数中心性/%	接近中心性/%	中间中心性/%
2010	江苏省	8	9	85	90.909	6.556
	湖南省	9	7	80	90.909	13.037
	湖北省	7	8	75	90.909	6.556
	浙江省	6	7	65	76.923	2.407
	安徽省	6	7	65	76.923	1.556
	上海市	6	6	60	71.429	0
	江西省	6	6	60	71.429	0
	四川省	7	4	55	76.923	4.815
	贵州省	6	1	35	71.429	4.333
	重庆市	2	5	35	66.667	0.37
	云南省	0	3	15	58.824	0.37
2014	湖北省	9	9	90	90.909	4.926
	江苏省	9	9	90	90.909	4.926
	湖南省	10	7	85	100	16.037
	四川省	7	7	70	83.333	8.111
	安徽省	6	8	70	83.333	2.444
	上海市	7	6	65	76.923	0.889
	浙江省	6	6	60	71.429	0
	江西省	6	6	60	71.429	0
	重庆市	5	5	50	71.429	0.444
	贵州省	4	5	45	66.667	0
	云南省	1	2	15	55.556	0

续表

年份	省市	点出度	点入度	度数中心性/%	接近中心性/%	中间中心性/%
2017	湖北省	9	10	95	100	3.079
	湖南省	10	8	90	100	3.079
	江苏省	9	9	90	90.909	0.635
	四川省	8	10	90	100	3.079
	浙江省	8	8	80	90.909	0.635
	安徽省	7	9	80	90.909	0.635
	江西省	7	8	75	83.333	0
	贵州省	7	8	75	100	3.079
	上海市	8	6	70	83.333	0
	重庆市	7	6	65	83.333	1.333
	云南省	4	2	30	66.667	0

三、核心边缘分析

由表 5-2 可知,2010—2017 年,上海市、江苏省、浙江省、安徽省、江西省、湖北省、湖南省 7 省市始终为核心旅游地,2014 年,重庆和四川加入核心旅游地,2017 年,贵州也加入核心旅游地,而云南省一直为边缘旅游地。三个时段下的核心旅游地的密度分别为 1、0.806 和 0.867,说明核心旅游地省域之间的旅游联系较紧密。2010 和 2014 年边缘旅游地的密度分别为 0.583 和 0,表明边缘旅游地省域之间旅游联系越来越松散。此外,核心旅游地和边缘旅游地之间的密度较小,说明核心旅游地的带动作用不强,因此,要使网络中各省市得到较好发展,必须在核心旅游地之间旅游联系不断加强的前提下,还需要强化核心旅游地对边缘旅游地的扩散效应,并且要不断加强边缘旅游地内部的旅游交通建设,优化长江经济带旅游流网络空间结构,以提升整体竞争力。

表 5-2　长江经济带省域核心边缘划分

年份	类型	省域
2010	核心旅游地	上海市、江苏省、浙江省、安徽省、江西省、湖北省、湖南省
	边缘旅游地	重庆市、四川省、贵州省、云南省
2014	核心旅游地	上海市、江苏省、浙江省、安徽省、江西省、湖北省、湖南省、重庆市、四川省
	边缘旅游地	贵州省、云南省
2017	核心旅游地	上海市、江苏省、浙江省、安徽省、江西省、湖北省、湖南省、重庆市、四川省、贵州省
	边缘旅游地	云南省

四、旅游流分级

省域间旅游流是指省市互为客源地和目的地所产生的旅游流总和,相对旅游流是指省域间旅游流占省域间最大旅游流的比重。省域间旅游流和相对旅游流的大小反映了省市之间的旅游联系强度,其值越大,旅游联系越紧密。本文根据长江经济带省域间相对旅游流大小,将其分为四个等级(表 5-3),即一级旅游流(0.8001～1.000)、二级旅游流(0.6001～0.8000)、三级旅游流(0.4001～0.6000)和四级旅游流( ),同时,应用 Arc-GIS 软件对主干旅游流网络(三级以上旅游流)进行直观展示(图 5-1)。

从图 5-1 和表 5-3 可以看出,三个时段下的三级以上旅游流路径数分别为 28、33 和 37 条,表明长江经济带省域间主干旅游流网络呈分散演变特征。三个时段下的一级旅游流路径都没有发生变化,均为上海一江苏、上海一浙江、江苏一浙江、江苏一安徽。从空间分布上看,主要集中在东部地区。需要说明的是,江苏和安徽之间也形成了一级旅游流,表明它们之间的旅游联系很密切,可能的原因有两点:一是两省域内的城市之间的距离相对较近,尤其是两省会城市间距离,游客进入所花费的时间、精力、金钱少,二是由于两省拥有较多高等级和知名度高的旅游资源,对游客产生较大的吸引力。不过,江苏一安徽之间双向旅游流是不对等的,江苏到安徽的旅游流要大于安徽到江苏的旅游流。

二级旅游流路径数在三个时段下发生变化,分别为 8、7 和 11 条。与2010 年相比,2014 年减少了浙江一江西,2017 年增加了江苏一江西、浙江一湖北、重庆一四川。从空间分布来看,主要是东部省市和中部省市之间发生的旅游联系。需要指出的是,重庆和四川之间旅游流在 2017 年得到了较大提升,进入到二级旅游流行列中。

三级旅游流路径数发生了较大变化,由 2010 年 16 条增加到 2014 和 2017 年的 22 条。从空间分布来看,2010 年,除了没有东部地区之间的省市外,东部和中部、西部之间、中部内部之间、中部和西部之间、西部内部之间都有三级旅游流。2014 和 2017 年,增加的三级旅游流路径主要发生在中部和西部省市之间。

四级旅游流路径数在不断减少,由 2010 年的 27 条减小到 2017 年的 18 条。从空间分布来看,主要发生在东部和西部地区省市之间以及中部和西部地区省市之间。需要指出的是,除了 2017 年云南和贵州之间的旅游流路径属于三级旅游流外,云南和长江经济带其他省市之间的旅游流都属于四级旅游流。主要的原因可能是交通距离较长,阻碍了游客的出游行为。

表 5-3　长江经济带省域旅游流等级分布

	2010 年	2014 年	2017 年
一级旅游流	上海－江苏、上海－浙江、江苏－浙江、江苏－安徽	上海－江苏、上海－浙江、江苏－浙江、江苏－安徽	上海－江苏、上海－浙江、江苏－浙江、江苏－安徽
二级旅游流	上海－安徽、江苏－湖北、江苏－湖南、浙江－安徽、浙江－江西、浙江－湖南、安徽－湖北、湖北－湖南	上海－安徽、江苏－湖北、江苏－湖南、浙江－安徽、浙江－湖南、安徽－湖北、湖北－湖南	上海－安徽、江苏－江西、江苏－湖北、江苏－湖南、浙江－安徽、浙江－江西、浙江－湖北、浙江－湖南、安徽－湖北、湖北－湖南、重庆－四川
三级旅游流	上海－江西、上海－湖北、上海－湖南、江苏－江西、江苏－重庆、江苏－四川、浙江－湖北、安徽－江西、安徽－湖南、江西－湖北、江西－湖南、湖北－四川、湖南－四川、重庆－四川、四川－贵州、四川－云南	上海－江西、上海－湖北、上海－湖南、江苏－江西、江苏－重庆、江苏－四川、江苏－贵州、浙江－江西、浙江－湖北、安徽－江西、安徽－湖南、安徽－四川、江西－湖北、江西－湖南、湖北－重庆、湖北－四川、湖南－重庆、湖南－四川、重庆－四川、重庆－贵州、四川－贵州、四川－云南	上海－江西、上海－湖北、上海－湖南、江苏－重庆、江苏－四川、江苏－贵州、浙江－贵州、安徽－江西、安徽－湖南、安徽－四川、江西－湖北、江西－湖南、湖北－重庆、湖北－四川、湖北－贵州、湖南－重庆、湖南－四川、湖南－贵州、重庆－贵州、四川－贵州、四川－云南、贵州－云南

续表

2010 年	2014 年	2017 年
四级旅游流 上海－重庆、上海－四川、上海－贵州、上海－云南、江苏－贵州、江苏－云南、浙江－重庆、浙江－四川、浙江－贵州、浙江－云南、安徽－重庆、安徽－四川、安徽－贵州、安徽－云南、江西－重庆、江西－四川、江西－贵州、江西－云南、湖北－重庆、湖北－贵州、湖北－云南、湖南－重庆、湖南－贵州、湖南－云南、重庆－贵州、重庆－云南、贵州－云南	上海－重庆、上海－四川、上海－贵州、上海－云南、江苏－云南、浙江－重庆、浙江－四川、浙江－贵州、浙江－云南、安徽－重庆、安徽－贵州、安徽－云南、江西－重庆、江西－四川、江西－贵州、江西－云南、湖北－贵州、湖北－云南、湖南－贵州、湖南－云南、重庆－云南、贵州－云南	上海－重庆、上海－四川、上海－贵州、上海－云南、江苏－云南、浙江－重庆、浙江－四川、浙江－云南、安徽－重庆、安徽－贵州、安徽－云南、江西－重庆、江西－四川、江西－贵州、江西－云南、湖北－云南、湖南－云南、重庆－云南

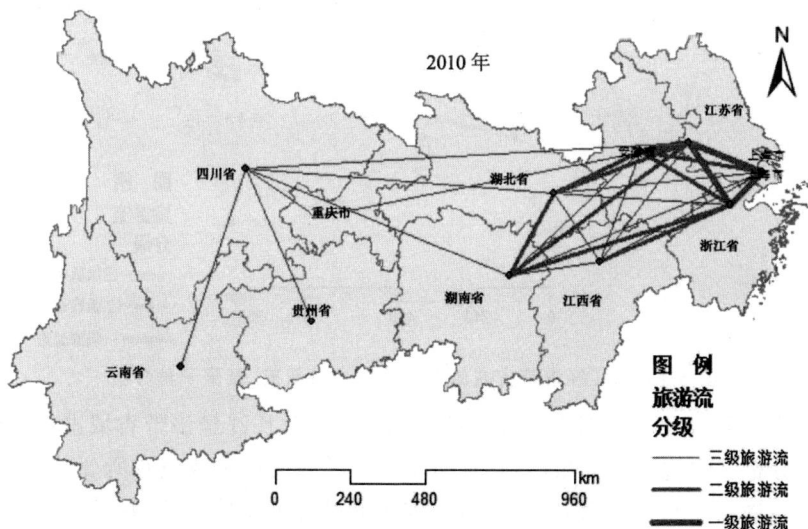

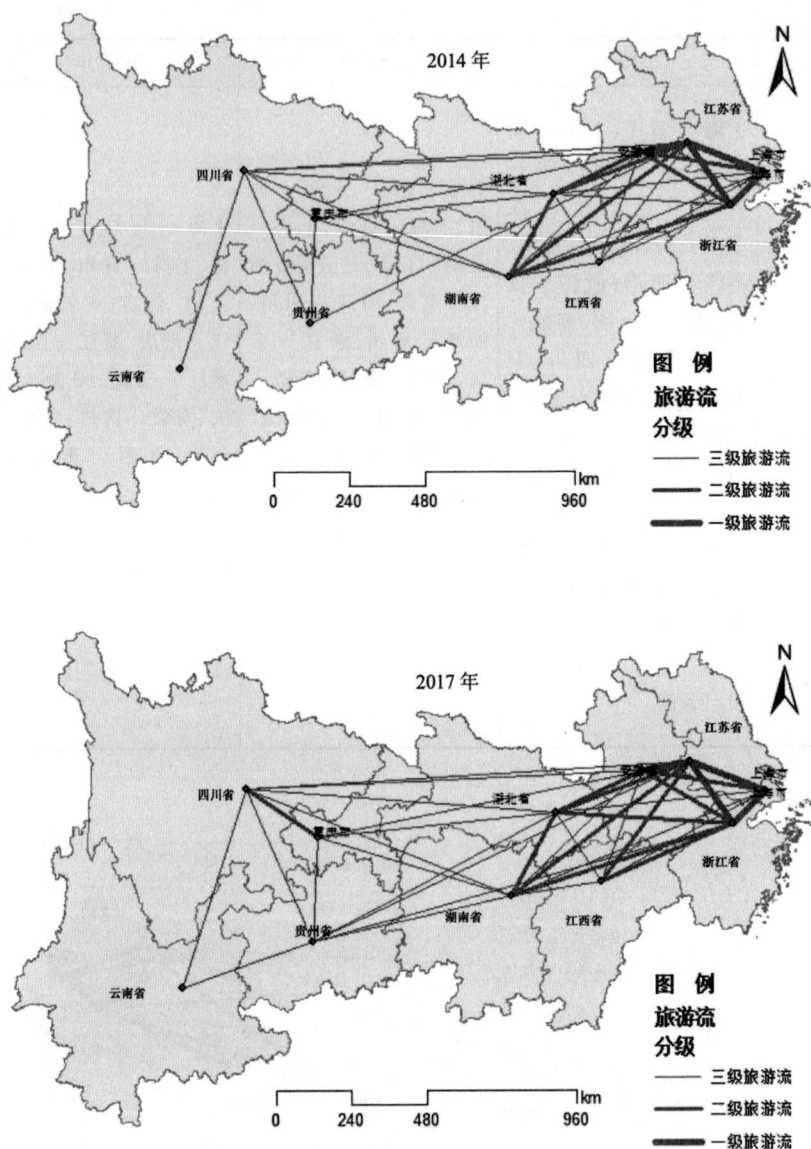

图 5-1　长江经济带省域旅游流等级分布图五、凝聚子群分析

　　应用 UCINET 6 软件中的 CONCOR 方法对长江经济带省域进行凝聚子群分析。由表 5-4 可知,不同时期凝聚子群的成员组成虽有所变化,但总体上较稳定。具体而言,第 1 子群主要成员为上海、浙江、安徽、江西,湖南处于变化当中,2010 和 2014 年属于第 1 子群,2017 年进入第 2 子群。第 2 子群主要成员为湖北和江苏。第 3 子群主要成员为贵州和四川,2014 年,重庆进入该子群。第 4 子群主要成员为云南。

　　从子群内部来看,三个时段下的第 1、第 2 和第 3 凝聚子群密度达到 1,反映了它们之间的旅游联系非常紧密。2010 年,第 4 凝聚子群密度为 0,反映了它们没有旅游联系。从子群外部来看,第 1 和第 2 凝聚子群之间的密度为 1,反映它们之间有很强的旅游联系,第 1 和第 3、第 4 子群之间密度较小,反映它们之间旅游联系较为松散;第 2 与第 3 凝聚子群之间的旅游联系表现为 2010 年弱,2014 和 2017 年紧密,第 2 与第 4 凝聚子群之间密度在 2010 年为 0.250,表明它们之间的旅游联系较弱,2014 和 2017 年它们之间的密度为 0,表明它们之间不产生旅游联系;第 3 和第 4 凝聚子群之间密度在 2010 和 2014 年分别为 0.250 和 0.333,表明它们之间的旅游联系较弱,2017 年,其密度为 0,表明它们之间不存在旅游联系。

表 5-4　2010－2017 年长江经济带省域凝聚子群分布

类型	2010 年	2014 年	2017 年
第 1 凝聚子群	上海、湖南、浙江、安徽、江西	上海、湖南、浙江、安徽、江西	上海、浙江、安徽、江西
第 2 凝聚子群	湖北、江苏	湖北、江苏	湖北、湖南、江苏
第 3 凝聚子群	贵州、四川	重庆、四川、贵州	重庆、四川、贵州
第 4 凝聚子群	重庆、云南	云南	云南

第三节　市域旅游网络结构特征分析

一、整体网络结构评价

　　依据修正的引力模型,本文构建了 2010、2014 和 2017 年长江经济带市域旅游流关联网络。由网络矩阵可知,126 个城市之间的最大可能的关系数为 15750,而实际存在的关系数在三个时段分别为 4643、6168 和 7190,网络密度分别为 0.2948、0.3916 和 0.4565,呈递增态势。依据已有文献对网络密度值和网络关联程度的判断(Mayhew 和 Levinger,1976),得出长江经济带市域旅游流空间关联关系趋于加强,但存在明显的区域不平衡性。江苏省和浙江省的城市不仅自身内部关系紧密,与省外城市也有较多的关联关系,而云南省和贵州省的城市不仅与省外的城市关联关系较少,与自身内部的城市也发生较少的旅游溢出。2010 年旅游流网络关联度为 0.9529,其他两个时段均为 1,表明长江经济带市域旅游流网络的通达性强,城市之间普遍存在空间溢出效应;三个时段下的网络效率分别为0.6717、0.5399和0.5008,说明旅游流网络中存在冗余线,城市之间的旅游溢出存在较明显的相互层叠现象,同时也表征网络越来越稳定;三个时段下的网络等级度分别为0.0324、0.062和0,表明长江经济带城市之间的旅游溢出并不存在"等级森严"的空间结构,也就是说,网络中任意两城市之间即使没有发生直接的旅游联系,也可通过其他城市发生间接旅游联系,即具有非对称可达性。

二、节点中心性评价

应用 Ucinet 6.0 软件,分别计算 2010、2014、2017 年长江经济带市域旅游流网络节点的点出度、点入度、度数中心度、接近中心度和中间中心度(表 5-5),来分析长江经济带 126 个城市的网络位置和权力。

(一)2010 年市域旅游流网络结构特征

表 5-5 显示,2010 年,有 67 个城市的度数中心度(degree)高于均值(29.5%),表明这些城市和其他城市之间存在较强的旅游联系,其中,武汉(69.6%)、重庆(66.4%)、长沙(66%)、上海(65.2%)、苏州(61.2%)、杭州(60.4%)、南京(59.6%)、合肥(58.4%)、无锡(57.6%)和南昌(54.8%)位居前 10 位,在网络中占据核心位置,对经济带内的其他城市具有较强的影响力。临沧(0)、阿坝(0.4%)、迪庆(0.4%)、普洱(0.8%)、西双版纳(0.8%)、德宏(0.8%)、怒江(0.8%)的度数中心性低于 1%,表明它们在网络中处于边缘位置,与其他城市之间的旅游联系非常弱。在有向网络中,节点的度数中心性又分为点出度(out-degree)和点入度(in-degree),如果点出度大于点入度,表明该城市旅游溢出的关系数大于其旅游受益的关系数,在网络表现为旅游流净溢出效应,反之,表现为旅游流净受益效应。武汉、重庆等55 个城市的点出度大于点入度,表明它们向其他城市发出的旅游联系要多于其他城市向它们发出的旅游联系,因而在网络中呈现辐射和扩散效应,可能的原因是这些城市经济发展水平较高,人口规模较大,出游能力较强。而黄山、宣城、六安、张家界等 57 个城市的点入度大于点出度,表明它们接受其他城市的旅游溢出要大于它们对其他城市的旅游溢出,因而表现为集聚效应。可能的原因是这些城市的旅游资源条件较好,交通基础设施相对完善,对其他城市的居民有很强的吸引力,但因经济发展水平相对滞后,出游率相对较低。此外,乐山、眉山、大理和黔西南等 13 个城市的点出度等于点入度,表明这些城市对其他城市的旅游联系和其他城市对它们的旅游

联系是相等的,即不存在旅游净溢出和旅游净受益现象。从地区分布来看,东部地区的度数中心性均值(44.19%)要大于中部地区(36.07%),中部地区要大于西部地区(11.5%)。表明中部地区的城市同其他城市的旅游联系要多于中西部地区与其他城市的旅游联系。

接近中心性的均值为20.312%,高于均值的有重庆、武汉、长沙和上海等93个城市,表明这些城市在传递旅游流等方面更加容易,其权利、声望和影响力也相对较强。而盐城、连云港、宿迁、亳州等33个城市的接近中心性低于平均值,表明这些城市与其他城市的捷径距离较大,其旅游流在网络传递中不通畅,其中,普洱、西双版纳的接近中心性仅0.8%,临沧为0,表明它们处于网络中边缘处,对其他城市的影响力很小。

中间中心度的均值为0.661%,高于均值的有重庆(20.279%)、长沙(5.23%)、成都(5.142%)、武汉(4.681%)和大理(4.611%)等22个城市,表明这些城市处于较多点对(pair of nodes)的捷径上,在网络中拥有较强的控制和支配能力。十堰、达州、甘孜、黔西南、文山、怒江、德宏、西双版纳、普洱、迪庆、阿坝和临沧12个城市的中间中心性为0,表明它们不能控制网络中任何城市,处于网络的边缘。

表5-5　2010年长江经济带市域旅游流网络中心性

城市	点出度	点入度	度数中心性/%	接近中心性/%	中间中心性/%
武汉	93	81	69.6	23.364	4.681
重庆	88	78	66.4	23.408	20.279
长沙	93	72	66	23.364	5.23
上海	87	76	65.2	23.105	3.038
苏州	79	74	61.2	22.686	1.327
杭州	80	71	60.4	22.645	1.036
南京	79	70	59.6	22.686	1.208
合肥	74	72	58.4	22.401	0.568
无锡	78	66	57.6	22.645	1.201
南昌	73	64	54.8	22.401	0.761
常州	69	66	54	22.202	0.389
金华	69	65	53.6	22.242	0.468
岳阳	66	67	53.2	22.282	0.753

续表

城市	点出度	点入度	度数中心性/%	接近中心性/%	中间中心性/%
嘉兴	70	57	50.8	22.242	0.389
鄂州	60	65	50	22.124	0.469
宁波	70	54	49.6	21.441	0.38
镇江	64	60	49.6	22.007	0.298
宜昌	59	65	49.6	22.202	1.303
徐州	61	60	48.4	22.007	0.638
绍兴	68	52	48	21.368	0.247
湘潭	63	57	48	22.163	0.835
新余	68	51	47.6	22.242	0.845
黄石	59	60	47.6	22.007	0.293
咸宁	54	65	47.6	22.046	0.302
湖州	63	55	47.2	21.186	0.161
上饶	61	57	47.2	21.93	0.246
铜陵	63	54	46.8	21.968	0.281
扬州	59	56	46	21.815	0.243
鹰潭	60	54	45.6	21.853	0.294
淮南	50	63	45.2	21.968	0.282
六安	49	64	45.2	22.046	0.36
株洲	58	52	44	21.891	0.417
孝感	52	58	44	21.891	0.27
黄冈	50	60	44	21.891	0.242
娄底	50	60	44	22.085	0.755
黄山	46	64	44	22.007	0.257
安庆	65	44	43.6	22.046	0.367
蚌埠	49	59	43.2	21.853	0.252
衡阳	56	49	42	21.853	0.375
萍乡	51	54	42	21.701	0.338

续表

城市	点出度	点入度	度数 中心性/%	接近 中心性/%	中间 中心性/%
衢州	54	50	41.6	21.664	0.18
泰州	53	51	41.6	20.868	0.08
南通	53	49	40.8	20.868	0.086
九江	52	50	40.8	21.664	0.196
宜春	49	51	40	21.552	0.224
芜湖	49	48	38.8	20.799	0.072
荆州	41	55	38.4	21.777	0.33
宿州	44	50	37.6	21.478	0.176
马鞍山	52	41	37.2	20.799	0.075
贵阳	44	48	36.8	21.739	3.31
郴州	43	48	36.4	21.331	0.276
滁州	42	46	35.2	20.627	0.04
温州	52	35	34.8	20.799	0.083
怀化	44	43	34.8	21.589	0.503
景德镇	43	44	34.8	20.627	0.054
邵阳	43	44	34.8	21.515	0.385
成都	43	41	33.6	21.441	5.142
益阳	38	45	33.2	21.441	0.204
丽水	36	46	32.8	20.627	0.039
池州	36	46	32.8	21.368	0.111
宣城	31	48	31.6	20.661	0.046
阜阳	36	42	31.2	20.525	0.036
随州	35	42	30.8	21.259	0.056
襄阳	40	36	30.4	21.295	0.098
抚州	39	37	30.4	20.425	0.055
常德	38	36	29.6	21.151	0.062
淮安	36	38	29.6	20.392	0.016

续表

城市	点出度	点入度	度数中心性/%	接近中心性/%	中间中心性/%
台州	39	33	28.8	20.392	0.025
淮北	34	36	28	20.325	0.01
永州	33	37	28	21.079	0.035
舟山	38	30	27.2	20.358	0.01
连云港	31	34	26	20.227	0.006
盐城	35	28	25.2	20.259	0.008
宿迁	31	32	25.2	20.161	0.003
遵义	32	27	23.6	21.008	0.761
昆明	31	28	23.6	21.151	3.181
安顺	20	31	20.4	20.973	0.658
内江	23	25	19.2	20.695	0.332
资阳	22	26	19.2	20.695	0.351
亳州	18	30	19.2	20.064	0.001
黔东南	24	23	18.8	20.764	0.122
荆门	22	25	18.8	20.661	0.025
南充	20	27	18.8	20.799	0.417
曲靖	23	22	18	20.833	1.318
遂宁	20	24	17.6	20.695	0.296
德阳	21	20	16.4	20.525	0.186
广安	18	23	16.4	20.593	0.222
吉安	16	22	15.2	20.525	0.037
乐山	18	18	14.4	19.685	0.037
绵阳	18	17	14	19.685	0.029
黔南	17	18	14	20.559	0.063
十堰	15	20	14	20.425	0
眉山	17	17	13.6	19.623	0.028
恩施	11	23	13.6	20.593	0.194

续表

城市	点出度	点入度	度数 中心性/%	接近 中心性/%	中间 中心性/%
广元	13	20	13.2	20.492	0.289
张家界	9	23	12.8	20.525	0.04
自贡	16	15	12.4	19.592	0.026
泸州	15	15	12	19.562	0.016
雅安	15	14	11.6	19.562	0.016
宜宾	14	15	11.6	19.562	0.016
玉溪	13	16	11.6	20.559	0.636
湘西	11	18	11.6	20.392	0.025
巴中	11	12	9.2	19.47	0.002
铜仁	9	13	8.8	20.358	0.024
毕节	11	10	8.4	19.47	0.068
达州	11	10	8.4	19.44	0
赣州	8	12	8	19.501	0.002
楚雄	8	11	7.6	20.325	0.33
六盘水	8	9	6.8	19.41	0.016
大理	8	8	6.4	19.562	4.611
甘孜	6	7	5.2	19.32	0
昭通	7	5	4.8	19.35	0.006
黔西南	6	6	4.8	19.32	0
丽江	4	7	4.4	19.47	1.561
红河	5	5	4	19.29	0.062
攀枝花	4	2	2.4	17.655	0.064
保山	3	3	2.4	16.534	3.11
文山	2	3	2	17.606	0
凉山	2	2	1.6	17.806	0.028
怒江	1	1	0.8	14.253	0
德宏	1	1	0.8	14.253	0

城市	点出度	点入度	度数 中心性/%	接近 中心性/%	中间 中心性/%
西双版纳	1	1	0.8	0.8	0
普洱	1	1	0.8	0.8	0
迪庆	1	0	0.4	16.383	0
阿坝	0	1	0.4	17.756	0
临沧	0	0	0	0	0

(二)2014 年市域旅游流网络结构特征

通过对表 5-6 长江经济带市域旅游流网络中心性分析可知,2014 年,高于度数中心性均值(39.16%)的城市有 69 个,其中,武汉、长沙、上海、杭州、重庆、南京、苏州、无锡、合肥和宜昌的度数中心性位居前 10 位,除苏州、无锡、宜昌为城市外,其他城市为省会城市和直辖市。度数中心性低于 1%的城市仅有临沧。和 2010 年相比,长江经济带城市的度数中心性都有一定提升,表明它们和其他城市的旅游联系在加强。不过,有些城市的排序下降,比如,重庆由 2010 年的第 2 位下降到第 5 位,南昌已退出前 10 位,有些城市排序上升,比如,杭州由 2010 年的第 6 位上升到第 4 位。从点出度和点入度来看,点出度大于点入度的城市有 45 个,比 2010 年减少了 10 个。旅游净溢出最多的城市是成都和重庆,其次是上海、苏州、无锡、杭州和宁波。点入度大于点出度的城市有 79 个,其中,旅游净受益最多的城市是黔东南,其次是亳州、怀化、安顺、湘西、邵阳和黔南。点出度等于点入度的城市仅有宣城和攀枝花。不过,宣城的点出度和点入度是 54,而攀枝花仅为 6,宣城对周边城市的影响力要远大于攀枝花。

重庆、上海、武汉、长沙、苏州、成都和杭州的接近中心性都在 90%以上,表明它们更容易传递旅游流。与 2010 年相比,接近中心性均值有了较大的提升,由 20.312% 增加到 66.905%。临沧(50.201%)、阿坝(50.607%)、迪庆(50.607%)、西双版纳(50.607%)等 61 个城市的接近中心性尽管低于平均值,但它们在传递旅游流等方面相对容易。

2014 年中间中心性均值为 0.428%,高于均值的城市有 22 个,其中,重庆最高(11.971%),其次是上海(4.418%)、成都(3.898%)、武汉(2.922%)、长沙(2.922%)、苏州(2.487%)、杭州(2.328)。表明这些城市在长江经济带中具有强大的控制能力,基本形成以它们为中心的城市群。

甘孜、文山、德宏、怒江、西双版纳、迪庆、阿坝和临沧 8 个城市的中间中心性为 0,表明它们对网络中的其他城市完全没有支配能力。与 2010 年相比,中间中心性值有所降低,但中间中心性首位度减小,中间中心性为 0 的城市减少,这些都表明长江经济带城市的支配能力趋于分散。

表 5-6　2014 年长江经济带市域旅游流网络中心性

城市	点出度	点入度	度数中心性/%	接近中心性/%	中间中心性/%
武汉	116	79	78	93.284	2.922
长沙	116	76	76.8	93.284	2.922
上海	119	63	72.8	95.42	4.418
杭州	112	67	71.6	90.58	2.328
重庆	125	53	71.2	100	11.971
南京	107	71	71.2	87.413	1.559
苏州	114	61	70	91.912	2.487
无锡	109	61	68	88.652	1.783
合肥	95	75	68	80.645	0.706
宜昌	103	66	67.6	85.034	1.336
南昌	90	77	66.8	78.616	0.525
岳阳	84	78	64.8	76.22	0.335
湘潭	83	78	64.4	77.16	0.543
常州	92	63	62	79.114	0.665
宁波	98	56	61.6	82.237	0.876
金华	87	67	61.6	77.16	0.342
鄂州	78	72	60	73.099	0.182
成都	112	37	59.6	91.241	3.898
徐州	87	62	59.6	76.687	0.581
上饶	75	74	59.6	73.099	0.16
黄石	73	76	59.6	73.529	0.177
六安	76	71	58.8	72.674	0.161
嘉兴	83	63	58.4	75.758	0.307

续表

城市	点出度	点入度	度数中心性/%	接近中心性/%	中间中心性/%
绍兴	83	63	58.4	75.758	0.28
镇江	83	62	58	74.85	0.29
贵阳	76	69	58	76.687	1.414
咸宁	71	74	58	73.529	0.184
娄底	68	77	58	74.85	0.379
湖州	78	65	57.2	73.099	0.18
新余	75	67	56.8	72.254	0.227
黄冈	72	69	56.4	72.254	0.146
株洲	69	72	56.4	72.254	0.189
铜陵	74	65	55.6	71.839	0.115
黄山	72	67	55.6	71.429	0.099
衢州	68	71	55.6	70.621	0.084
鹰潭	66	73	55.6	71.023	0.106
萍乡	68	70	55.2	71.839	0.19
九江	69	68	54.8	71.429	0.119
衡阳	63	72	54	72.254	0.196
扬州	75	59	53.6	72.254	0.148
淮南	65	66	52.4	68.681	0.057
孝感	63	68	52.4	70.225	0.095
郴州	63	67	52	71.429	0.159
南通	75	51	50.4	72.254	0.148
泰州	70	56	50.4	70.225	0.09
襄阳	66	58	49.6	69.832	0.096
蚌埠	60	64	49.6	67.204	0.038
怀化	45	79	49.6	73.529	0.502
池州	59	64	49.2	67.935	0.043
安庆	63	59	48.8	68.681	0.067

续表

城市	点出度	点入度	度数中心性/%	接近中心性/%	中间中心性/%
温州	69	52	48.4	70.225	0.087
芜湖	65	56	48.4	68.306	0.054
马鞍山	63	56	47.6	67.568	0.043
丽水	60	59	47.6	67.568	0.046
宜春	52	66	47.2	68.306	0.095
荆州	54	63	46.8	68.306	0.064
景德镇	52	63	46	67.935	0.052
宿州	51	63	45.6	66.845	0.036
随州	45	68	45.2	68.681	0.056
台州	65	47	44.8	68.306	0.065
常德	52	59	44.4	67.568	0.099
淮安	56	52	43.2	65.104	0.023
宣城	54	54	43.2	64.767	0.022
滁州	47	58	42	65.104	0.023
益阳	43	62	42	66.845	0.071
邵阳	37	68	42	68.681	0.172
遵义	49	52	40.4	65.789	0.489
昆明	58	42	40	68.306	1.713
抚州	34	64	39.2	67.204	0.045
永州	35	62	38.8	67.204	0.065
舟山	54	38	36.8	64.103	0.029
盐城	48	44	36.8	63.452	0.012
安顺	30	62	36.8	66.489	0.488
淮北	38	53	36.4	63.452	0.013
阜阳	35	56	36.4	64.433	0.024
恩施	34	56	36	65.445	0.308
黔东南	24	65	35.6	67.568	0.321

续表

城市	点出度	点入度	度数中心性/%	接近中心性/%	中间中心性/%
连云港	42	43	34	62.189	0.008
宿迁	35	46	32.4	61.275	0.004
曲靖	28	51	31.6	63.452	0.488
十堰	35	39	29.6	62.814	0.052
荆门	27	47	29.6	61.576	0.012
吉安	24	47	28.4	61.881	0.009
内江	29	41	28	60.68	0.145
资阳	28	36	25.6	59.524	0.086
南充	30	32	24.8	59.524	0.097
黔南	16	46	24.8	61.275	0.111
亳州	14	48	24.8	61.881	0.012
遂宁	27	34	24.4	59.242	0.075
德阳	26	34	24	59.524	0.086
湘西	14	45	23.6	60.976	0.025
乐山	28	30	23.2	59.242	0.161
绵阳	24	34	23.2	58.962	0.07
广元	20	38	23.2	58.962	0.105
广安	25	30	22	57.87	0.037
张家界	16	38	21.6	59.524	0.012
赣州	20	32	20.8	58.14	0.001
铜仁	14	38	20.8	58.962	0.032
泸州	22	29	20.4	57.078	0.03
自贡	22	29	20.4	57.078	0.033
宜宾	24	26	20	57.078	0.042
玉溪	22	27	19.6	57.339	0.196
眉山	18	31	19.6	57.078	0.025
毕节	14	33	18.8	57.87	0.074

城市	点出度	点入度	度数中心性/%	接近中心性/%	中间中心性/%
达州	16	28	17.6	56.561	0.021
雅安	16	27	17.2	56.054	0.055
巴中	15	28	17.2	56.561	0.013
六盘水	14	24	15.2	56.054	0.034
楚雄	9	22	12.4	54.825	0.043
大理	11	17	11.2	54.348	0.332
甘孜	4	21	10	54.585	0
黔西南	7	16	9.2	53.419	0.004
昭通	4	19	9.2	54.113	0.009
丽江	6	14	8	52.966	0.047
红河	7	12	7.6	52.966	0.004
攀枝花	6	6	4.8	51.653	0.01
文山	1	11	4.8	52.301	0
保山	3	6	3.6	51.23	0.017
凉山	2	7	3.6	51.44	0.007
普洱	1	8	3.6	51.653	0.022
德宏	2	3	2	50.813	0
怒江	1	4	2	50.813	0
西双版纳	1	3	1.6	50.607	0
迪庆	1	3	1.6	50.607	0
阿坝	0	3	1.2	50.607	0
临沧	0	1	0.4	50.201	0

(三)2017年市域旅游流网络结构特征

通过对表5-7长江经济带城市旅游流网络中心性分析可知,2017年,度数中心性均值为0.457,高于均值的城市有74个,其中,重庆(95.6%)、武汉(86.8%)、长沙(86%)、上海(81.6%)、宜昌(79.2%)、成都(76.8%)、

南京(76.4%)、苏州(76%)、杭州(73.6%)、南昌(73.2%)、合肥(73.2%)
和贵阳(73.2%)位居前10位。与2010和2014年相比,度数中心性值有了
明显提升,形成了以这些城市为中心的城市群。比如,以上海为中心,南
京、杭州、苏州、合肥为次中心的长三角城市群,以武汉、长沙和南昌为中心
的长江中游城市群,以重庆和成都为中心的沪渝城市群,以贵阳为中心的
黔中城市群。临沧的度数中心性为0,与2010年一样,表明在城市旅游发
展中,临沧没有抓住机会,没有和其他城市发生旅游联系,处于孤立状态。
从点出度和点入度来看,昆明成为旅游净溢出最多的城市,恩施成为旅游
净受益最多的城市。点出度大于点入度的城市有53个,比2010年要少,但
比2014年要多。点入度大于点出度的城市有63个,点入度等于点出度的
城市有10个。值得注意的是,重庆已由2010和2014年的旅游净溢出城市
变为2017年的旅游净受益城市。

接近中心性均值为39.863%,高于均值的城市有74个,其中,重庆、长
沙、武汉、上海、南京、苏州、成都、宜昌、贵阳、湘潭位居前10位。除苏州、
宜昌、湘潭为城市外,其他都是省会城市或直辖市。值得说明的是,成都的
接近中心性排序发生了较大变化,表明2017年,成都增强了对长江经济带
其他城市的影响力。临沧的接近中心性为0,表明临沧仍为网络中孤立点,
对其他城市没有任何影响。总之,与2010相比,长江经济带的接近中心性
上升,但与2014年,接近中心性下降。

中间中心性均值为0.412%,高于均值有27个城市,其中重庆
(9.941%)、成都(3.367%)、昆明(3.18%)、长沙(3.003%)、大理
(2.798%)、武汉(2.392%)、贵阳(2.111%)、上海(1.773%)、南京
(1.217%)、苏州(1.142%)位居前10位。与2010和2014年,中间中心性
都有所降低。甘孜、凉山、文山、迪庆、阿坝、西双版纳、怒江、德宏、临沧的
中间中心性为0,都位于西部地区。中间中心性位居前10位的城市中有5
个都位于西部地区,表明西部地区的旅游流集中程度更为明显。

表5-7 2017年长江经济带市域旅游流网络中心性

城市	点出度	点入度	度数中心性/%	接近中心性/%	中间中心性/%
重庆	117	122	95.6	49.603	9.941
武汉	112	105	86.8	47.71	2.392
长沙	114	101	86	48.077	3.003
上海	109	95	81.6	47.17	1.773

续表

城市	点出度	点入度	度数 中心性/%	接近 中心性/%	中间 中心性/%
宜昌	102	96	79.2	45.788	1.058
成都	97	95	76.8	45.956	3.367
南京	106	85	76.4	46.296	1.217
苏州	105	85	76	46.125	1.142
杭州	99	85	73.6	45.126	0.744
南昌	99	84	73.2	45.126	0.757
合肥	96	87	73.2	44.643	0.513
贵阳	95	88	73.2	45.62	2.111
无锡	101	81	72.8	45.455	0.839
湘潭	99	82	72.4	45.62	1.135
岳阳	89	85	69.6	43.706	0.324
新余	96	73	67.6	44.643	0.636
娄底	85	84	67.6	43.554	0.482
常州	93	73	66.4	44.17	0.5
上饶	81	85	66.4	43.103	0.194
徐州	89	75	65.6	43.554	0.49
金华	84	80	65.6	42.955	0.167
宁波	87	76	65.2	43.253	0.219
黄石	83	80	65.2	42.808	0.152
鄂州	83	78	64.4	42.662	0.161
咸宁	80	81	64.4	42.517	0.142
鹰潭	85	73	63.2	43.103	0.207
绍兴	84	74	63.2	42.808	0.163
衡阳	83	75	63.2	42.808	0.192
株洲	82	75	62.8	42.808	0.242
萍乡	80	75	62	42.517	0.211
衢州	79	76	62	42.373	0.125

12

续表

城市	点出度	点入度	度数中心性/%	接近中心性/%	中间中心性/%
荆州	75	80	62	42.517	0.271
镇江	83	71	61.6	42.662	0.194
嘉兴	82	72	61.6	42.517	0.148
怀化	77	77	61.6	43.103	0.592
黄冈	71	83	61.6	42.662	0.149
六安	69	85	61.6	42.955	0.19
铜陵	74	79	61.2	42.088	0.092
郴州	76	76	60.8	42.088	0.135
九江	75	77	60.8	42.088	0.097
湖州	77	74	60.4	41.806	0.081
孝感	73	77	60	41.946	0.099
扬州	81	68	59.6	42.373	0.138
宜春	74	73	58.8	42.088	0.149
黄山	69	78	58.8	42.088	0.087
泰州	78	67	58	41.946	0.084
南通	76	67	57.2	41.667	0.074
淮南	62	80	56.8	42.23	0.154
温州	73	66	55.6	41.254	0.056
邵阳	70	67	54.8	41.806	0.309
丽水	67	70	54.8	40.85	0.04
随州	67	70	54.8	41.254	0.046
昆明	82	54	54.4	42.955	3.18
襄阳	68	68	54.4	40.85	0.043
芜湖	72	63	54	41.118	0.062
蚌埠	67	68	54	40.85	0.046
常德	66	67	53.2	40.984	0.095
池州	63	70	53.2	40.984	0.038

续表

城市	点出度	点入度	度数中心性/%	接近中心性/%	中间中心性/%
安庆	61	71	52.8	41.118	0.047
景德镇	67	63	52	40.717	0.038
益阳	65	65	52	40.85	0.08
遵义	62	68	52	41.391	0.833
马鞍山	68	61	51.6	40.717	0.044
宿州	64	64	51.2	40.323	0.035
抚州	62	66	51.2	40.984	0.048
台州	70	57	50.8	40.85	0.047
永州	62	64	50.4	40.984	0.076
恩施	38	87	50	43.253	0.679
黔东南	59	65	49.6	40.85	0.489
宣城	57	66	49.2	40.323	0.025
淮安	62	59	48.4	40.064	0.02
安顺	55	66	48.4	41.254	0.936
滁州	57	58	46	39.557	0.012
阜阳	52	63	46	39.936	0.023
盐城	61	53	45.6	39.809	0.018
荆门	60	46	42.4	39.936	0.03
淮北	49	56	42	39.185	0.008
曲靖	54	50	41.6	39.683	0.712
连云港	48	52	40	38.7	0.004
宿迁	49	50	39.6	38.7	0.004
舟山	60	37	38.8	39.557	0.014
亳州	41	53	37.6	38.7	0.012
十堰	38	56	37.6	39.432	0.046
黔南	45	43	35.2	38.226	0.168
吉安	41	46	34.8	38.344	0.005

续表

城市	点出度	点入度	度数中心性/%	接近中心性/%	中间中心性/%
内江	35	48	33.2	38.11	0.171
绵阳	37	44	32.4	37.879	0.148
德阳	42	38	32	37.764	0.303
张家界	32	47	31.6	38.226	0.017
广元	26	53	31.6	38.82	0.239
南充	30	48	31.2	38.11	0.158
赣州	33	43	30.4	37.764	0.002
遂宁	33	43	30.4	37.538	0.099
湘西	30	46	30.4	37.994	0.019
铜仁	29	47	30.4	38.11	0.126
资阳	33	42	30	37.764	0.112
乐山	31	42	29.2	37.538	0.251
广安	28	44	28.8	37.651	0.076
毕节	31	35	26.4	37.092	0.106
眉山	27	35	24.8	36.873	0.157
泸州	27	32	23.6	36.443	0.054
玉溪	28	29	22.8	36.55	0.318
自贡	28	29	22.8	36.232	0.05
宜宾	26	31	22.8	36.337	0.05
六盘水	26	29	22	36.127	0.083
达州	24	30	21.6	36.337	0.023
雅安	21	31	20.8	36.337	0.114
巴中	19	30	19.6	36.127	0.01
楚雄	18	22	16	35.613	0.124
大理	17	21	15.2	35.411	2.798
昭通	15	14	11.6	34.819	0.012
黔西南	14	15	11.6	34.722	0.008

城市	点出度	点入度	度数中心性/%	接近中心性/%	中间中心性/%
甘孜	14	13	10.8	34.53	0
红河	12	14	10.4	34.819	0.028
丽江	10	13	9.2	34.626	0.046
攀枝花	15	6	8.4	34.819	0.061
凉山	6	7	5.2	33.875	0
文山	5	7	4.8	33.875	0
保山	4	5	3.6	33.967	0.468
怒江	3	3	2.4	26.371	0
德宏	3	3	2.4	26.371	0
普洱	3	3	2.4	33.602	0.004
迪庆	3	2	2	33.693	0
阿坝	2	3	2	33.512	0
西双版纳	2	2	1.6	33.512	0
临沧	0	0	0	0	0

三、角色定位

基于中心性,应用 ArcGIS 的自然断裂法将长江经济带城市划分为核心城市、次核心城市、一般城市、次边缘城市和边缘城市五个等级。由表 5-8 和图 5-2 可知,2010—2017 年,长江经济带中的核心城市数不断增加,由 2010 年的 8 个增加到 2017 年的 15 个。三个时段下的基尼系数分别为 0.312、0.282 和 0.235,表明长江经济带城市中心性之间的差异在不断缩小,城市影响力呈分散化趋势。

从城市类型的地区分布来看,核心城市和次核心城市主要集中在东部和中部地区,三个时段下两者合占 95.5%、93% 和 92.2%。次边缘城市主要集中在西部地区,三个时段下分别占有 76.5%、72.4%、75%。边缘城市全部分布在西部地区,东部和中部地区没有。表明长江经济带城市在网络中的地位和影响力是不对等的,即,东部和中部地区城市的影响力较大,西部地区大多数城市影响力较弱。具体而言,东部地区核心城市稳定,三个时段下均为上海、杭州、苏州、南京和无锡五城市。次核心城市逐渐增加,由 2010 年的 10 个增加到 2017 年的 12 个。一般城市数量在下降,由 2010 年的 10 个下降到 2017 年的 6 个。2010 年,没有次边缘城市,但在 2014 和 2017 年出现了连云港和宿迁两个城市。中部地区核心城市数不断增加。2010 年仅包含武汉和长沙,2014 年增加了宜昌,2017 年增加到 7 个,即武汉、长沙、宜昌、南昌、合肥、湘潭和新余。三个时段下次核心城市数为 25、21 和 23 个,分别占次核心城市总数的 46.3%、38.9%和 42.6%。次核心城市成员较为稳定。三个时段均有的城市为岳阳、新余、鄂州、六安、咸宁、湘潭、黄石、铜陵、娄底、上饶、黄冈、鹰潭、株洲、衡阳、萍乡、九江。中部地区一般城市也占有较大比重,分别为 57.6%、66.2%和 65.5%。主要包括马鞍山、芜湖、宿州、益阳、宣城、池州、景德镇、滁州、襄阳、随州、阜阳、常德、抚州、永州、淮北。次边缘城市所占比重较小,主要包括亳州、吉安、张家界、湘西和赣州。西部地区核心城市 2010 年仅有重庆,2014 年增加了成都,2017 又增加了贵阳。次核心城市数在三个时段均为 1 个,2010 和 2014 年为贵阳,2017 年为昆明。一般城市占有一定比重,2017 年包含遵义、安顺、曲靖和黔东南。次边缘城市在西部地区占有较大比重。

　　长江经济带各城市在网络中的地位不同,与其区位、经济发展水平、旅游资源、交通等其他基础设施条件有密切的关系。上海为长江经济带的经济龙头,拥有丰富的旅游资源,沪渝线、沪昆线两条横向大动脉,直接将上海和长江经济带内的省会城市以及部分城市连接起来,极大地方便了人们的出行。所以,尽管上海位于长江经济带的东段,仍对其他城市产生很大的吸引力和影响力。目前,长三角地区已形成以上海为中心、南京和杭州为副中心、苏州、无锡、宁波为重要节点"8"字型旅游网络结构。位于中部的武汉、长沙等城市,依靠其居中的区位优势、便利的交通条件,和其他城市之间保持较为密切的旅游联系,并成为长江中游城市群的旅游引领城市和长江经济带内的核心旅游城市。重庆和成都为长江经济带西部地区最重要的城市,它们通过成渝线、渝贵线、渝昆线、成贵线和成昆线,和贵州、昆明等城市发生较紧密的旅游联系。经过近些年的快速发展,昆明已从 2010 和 2014 年一般城市晋升为 2017 年次核心城市。伴随云南省交通的进一步发展,成昆高铁的建成通车以及沪昆高铁的完善,昆明的区域旅游中心地位将会得到进一步提升。

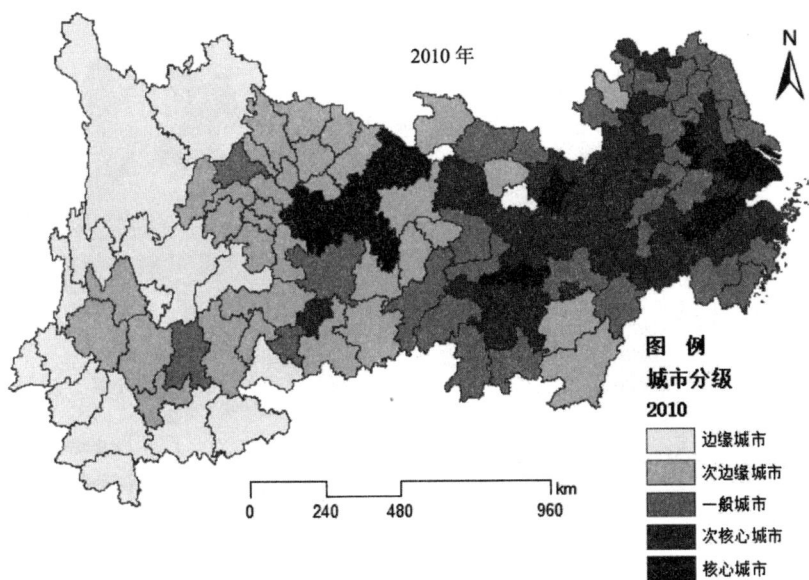

2010 年

图 例
城市分级
2010

边缘城市
次边缘城市
一般城市
次核心城市
核心城市

km
0   240   480   960

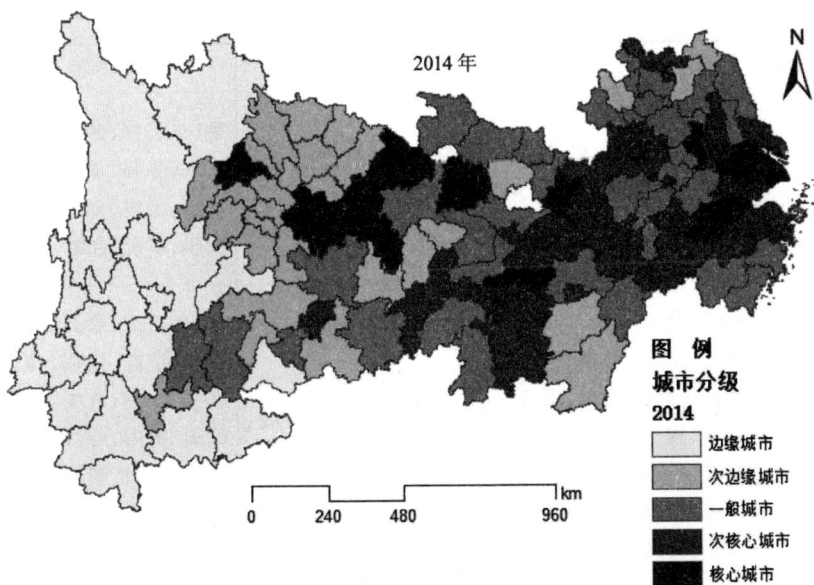

2014 年

图 例
城市分级
2014

边缘城市
次边缘城市
一般城市
次核心城市
核心城市

km
0   240   480   960

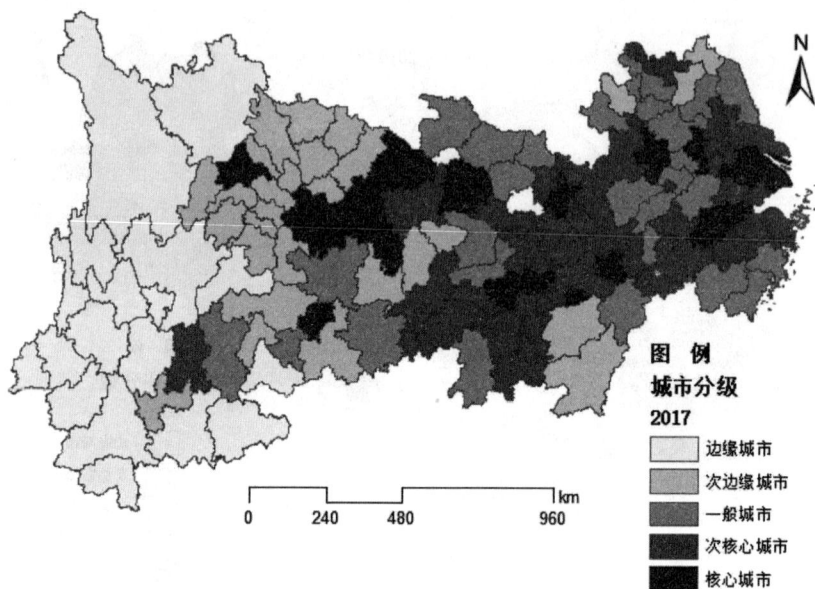

图 5-2　长江经济带城市类型的空间分布

表 5-8　长江经济带城市角色划分

类型	2010 年	2014 年	2017 年
核心城市	重庆、长沙、武汉、上海、杭州、苏州、南京、无锡（8 个）	重庆、上海、武汉、长沙、苏州、成都、杭州、无锡、南京、宜昌（10 个）	重庆、长沙、武汉、上海、南京、苏州、成都、宜昌、贵阳、无锡、湘潭、南昌、杭州、新余、合肥（15 个）
次核心城市	南昌、合肥、岳阳、金华、嘉兴、宁波、常州、新余、宜昌、鄂州、绍兴、安庆、六安、咸宁、湘潭、镇江、黄石、黄山、淮南、铜陵、娄底、徐州、上饶、湖州、孝感、黄冈、鹰潭、蚌埠、株洲、扬州、衡阳、荆州、萍乡、九江、衢州、贵阳（36 个）	宁波、合肥、常州、南昌、湘潭、金华、贵阳、徐州、岳阳、嘉兴、绍兴、娄底、镇江、怀化、咸宁、黄石、鄂州、湖州、上饶、六安、新余、衡阳、株洲、南通、扬州、黄冈、萍乡、铜陵、郴州、九江、黄山、鹰潭、衢州（33 个）	常州、岳阳、徐州、娄底、恩施、宁波、昆明、怀化、鹰潭、上饶、六安、金华、株洲、衡阳、绍兴、黄石、镇江、鄂州、黄冈、荆州、萍乡、嘉兴、咸宁、扬州、衢州、淮南、宜春、郴州、九江、铜陵、黄山、孝感、泰州、邵阳、湖州、南通（36 个）

续表

类型	2010 年	2014 年	2017 年
一般城市	南通、泰州、宜春、郴州、成都、温州、马鞍山、芜湖、宿州、怀化、邵阳、益阳、宣城、池州、景德镇、滁州、丽水、襄阳、随州、阜阳、常德、抚州、台州、淮安、永州、舟山、淮北、昆明、盐城、连云港、遵义、宿迁、安顺（33 个）	孝感、泰州、温州、襄阳、昆明、邵阳、安庆、淮南、随州、宜春、台州、荆州、芜湖、景德镇、池州、黔东南、常德、丽水、马鞍山、永州、抚州、蚌埠、益阳、宿州、安顺、遵义、恩施、淮安、滁州、宣城、阜阳、舟山、曲靖、淮北、盐城、十堰（36 个）	遵义、温州、随州、安顺、芜湖、安庆、常德、永州、抚州、池州、益阳、台州、蚌埠、襄阳、丽水、马鞍山、景德镇、黔东南、宿州、宣城、淮安、荆门、阜阳、盐城、曲靖、舟山、滁州、十堰、淮北（29 个）
次边缘城市	亳州、南充、荆门、资阳、内江、黔东南、曲靖、遂宁、广安、恩施、张家界、吉安、德阳、广元、黔南、十堰、湘西、乐山、绵阳、玉溪、眉山、自贡、铜仁、泸州、宜宾、雅安、大理、赣州、楚雄、巴中、毕节、达州、丽江、六盘水（34 个）	连云港、亳州、吉安、荆门、黔南、宿迁、湘西、内江、南充、德阳、资阳、张家界、乐山、遂宁、广元、绵阳、铜仁、赣州、毕节、广安、玉溪、宜宾、自贡、泸州、眉山、达州、巴中、雅安、六盘水（29 个）	广元、亳州、连云港、宿迁、吉安、黔南、张家界、内江、南充、铜仁、湘西、绵阳、德阳、资阳、赣州、广安、乐山、遂宁、毕节、眉山、泸州、玉溪、雅安、宜宾、达州、自贡、六盘水、巴中（28 个）
边缘城市	昭通、甘孜、黔西南、红河、保山、攀枝花、文山、凉山、阿坝、迪庆、德宏、怒江、普洱、西双版纳、临沧（15 个）	楚雄、甘孜、大理、昭通、黔西南、丽江、红河、文山、普洱、攀枝花、凉山、保山、德宏、怒江、阿坝、西双版纳、迪庆、临沧（18 个）	大理、楚雄、昭通、黔西南、攀枝花、红河、甘孜、丽江、凉山、文山、保山、普洱、迪庆、阿坝、西双版纳、德宏、怒江、临沧（18 个）

四、旅游流分级

　　城市间旅游流是指城市互为客源地和目的地所产生的旅游流总和。相对旅游流是指城市间旅游流占城市间最大旅游流的比重。城市间旅游流和相对旅游流的大小反映了城市之间的旅游联系强度,其值越大,旅游联系越紧密。本文根据长江经济带城市间相对旅游流大小,将其分为四个等级,即一级旅游流(0.8001~1.000)、二级旅游流(0.6001~0.8000)、三级旅游流(0.4001~0.6000)和四级旅游流(≤0.4000)。考虑二级、三级和四级旅游流路径很多,占用篇幅很大,这里不在表5-9中列出。

从表5-9可以看出,三个时段下的骨干旅游流网络(二级及以上旅游流)和主干旅游流网络(三级及以上的旅游流)所包含的旅游路径数呈下降态势。具体而言,三个时段下的一级旅游流路径分别有18、19和16条,其中,2010和2014年位居前三位的旅游流分别为上海－苏州、上海－无锡、上海－杭州。2017年无锡－苏州替代了上海－杭州,跃居第三位。从空间分布来看,主要集中在东部地区,以上海为中心的一级旅游流占了全部一级旅游流的一半,主要原因是上海拥有发达的经济发展水平和众多的常住人口,表明了上海在长江经济带中龙头地位。西部地区仅成都－重庆,表明成渝城市群中两大核心城市重庆和成都之间的旅游联系越来越紧密。中部地区缺失,未来应加强武汉、长沙、南昌、合肥之间的旅游合作和旅游联系。三个时段下的二级旅游流路径分别为296、253和219条,也表现为下降态势。除了东部地区形成了以杭州、苏州、无锡、南京、徐州等为中心的二级旅游圈外,中部地区也分别形成了以武汉、长沙、合肥和南昌为中心的二级旅游圈,四个省会城市之间的旅游联系不断加强。西部地区分别形成了以重庆、成都为中心的二级旅游圈。三个时段下的三级旅游流路径分别为2506、2054和1867条。以贵阳为中心的黔中城市三级旅游圈、以昆明为中心的滇中城市三级旅游圈逐步形成。四级旅游流路径呈增加趋势,形成了以地级市为中心的四级旅游圈,它们在地方旅游业发展中发挥着重要作用。

表 5-9 长江经济带市域旅游流路径分布

类型	2010 年	2014 年	2017 年
一级旅游流	上海－苏州、上海－无锡、上海－杭州、上海－南京、上海－常州、上海－镇江、上海－宁波、上海－嘉兴、上海－绍兴、南京－苏州、无锡－常州、无锡－苏州、常州－苏州、苏州－镇江、苏州－杭州、苏州－嘉兴、杭州－宁波、重庆－成都(18条)	上海－苏州、上海－无锡、上海－杭州、上海－南京、上海－常州、上海－镇江、上海－宁波、上海－嘉兴、上海－绍兴、南京－无锡、南京－苏州、无锡－常州、无锡－苏州、无锡－杭州、常州－苏州、苏州－镇江、苏州－杭州、杭州－宁波、重庆－成都(19条)	上海－苏州、上海－无锡、无锡－苏州、上海－南京、上海－常州、上海－镇江、上海－杭州、上海－宁波、上海－嘉兴、南京－无锡、南京－苏州、无锡－常州、常州－苏州、苏州－镇江、苏州－杭州、重庆－成都(16条)

类型	2010 年	2014 年	2017 年
二级旅游流	略（296 条）	略（253 条）	略（219 条）
三级旅游流	略（2506 条）	略（2054 条）	略（1867 条）
三级旅游流	略（5055 条）	略（5549 条）	略（5773 条）

五、凝聚子群分析

应用 UCINET 6 软件中 CONCOR 方法，以最大分隔深度为 3，收敛标准为 0.2，将三个时段下的长江经济带市域旅游流关联网络进行聚类分析，得到 4 个凝聚子群（表 5-10 和图 5-3），以及各凝聚子群内部和外部的密度值（表 5-11）。

从表 5-10 和图 5-3 可以看出，2010 和 2014 年的四大凝聚子群构成基本稳定，其中第 1 凝聚子群是以上海、南京、苏州、杭州、合肥、武汉为核心，涉及范围包括上海、江苏、浙江、安徽的所有城市以及江西、湖北少数城市；第 2 凝聚子群是以南昌、长沙为核心，涉及范围主要包括江西和湖北的大部分城市以及湖南的所有城市；第 3 凝聚子群是以重庆、成都为核心，涉及范围主要包括重庆、四川大部分城市以及湖北恩施、贵州的部分城市；第 4 凝聚子群是以昆明为核心，涉及范围包括云南所有城市、贵州和四川部分城市。

与 2010 和 2014 年相比，2017 年的凝聚子群发生了较大变化。第 1 凝聚子群增加了江西和湖北的部分城市，减少了上海和武汉，形成以南京、苏州、杭州、合肥为核心的凝聚子群；第 2 凝聚子群则形成以上海、武汉、南昌和重庆为核心，涉及的范围与 2010 和 2014 年一样，但成员数减少；第 3 凝聚子群形成以成都、贵阳和昆明为核心，涉及的范围主要包括四川大部分城市、贵州和云南部分城市，成员数有所增加；第 4 凝聚子群由云南大部分城市以及四川的攀枝花、贵州的黔西南构成。

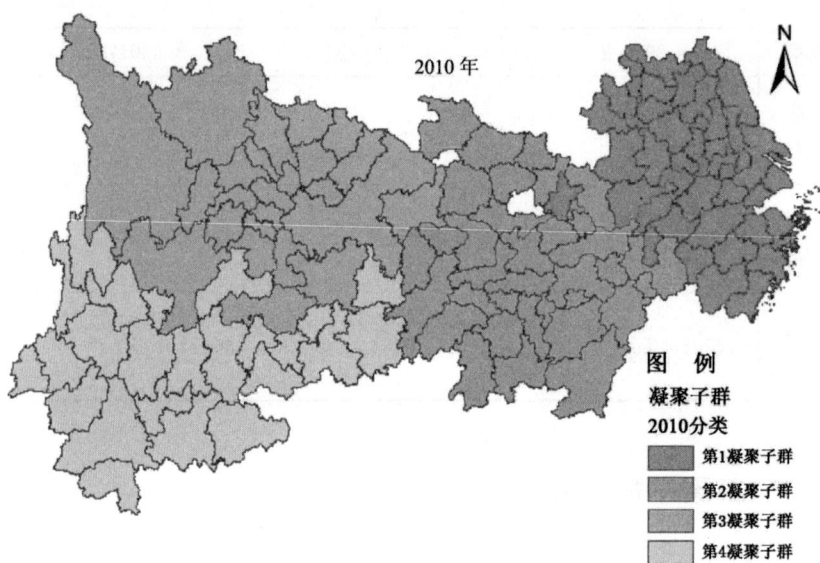

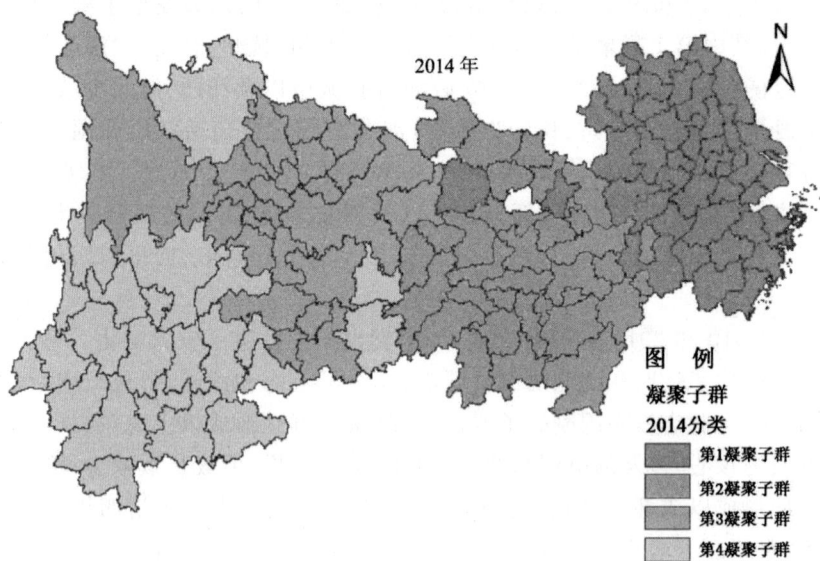

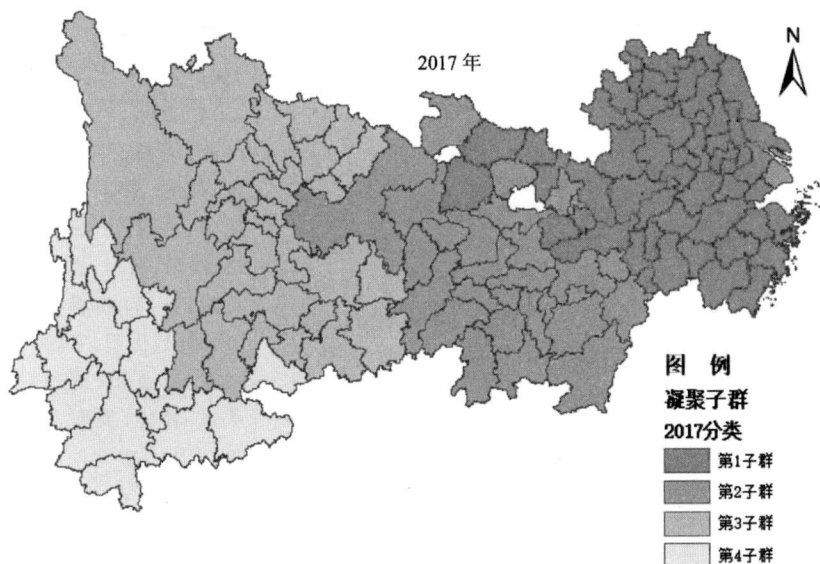

图 5-3　长江经济带市域凝聚子群分类

表 5-10　2010－2017 年长江经济带市域凝聚子群分布

类型	2010 年	数量	2014 年	数量	2017 年	数量
第 1 子群	上海、南京、无锡、徐州、常州、苏州、南通、连云港、淮安、盐城、扬州、镇江、泰州、宿迁、杭州、宁波、温州、嘉兴、湖州、绍兴、金华、衢州、舟山、台州、丽水、合肥、芜湖、蚌埠、淮南、马鞍山、淮北、铜陵、安庆、黄山、滁州、阜阳、宿州、六安、亳州、池州、宣城、景德镇、武汉	43	上海、南京、无锡、徐州、常州、苏州、南通、连云港、淮安、盐城、扬州、镇江、泰州、宿迁、杭州、宁波、温州、嘉兴、湖州、绍兴、金华、衢州、舟山、台州、丽水、合肥、芜湖、蚌埠、淮南、马鞍山、淮北、铜陵、安庆、黄山、滁州、阜阳、宿州、六安、亳州、池州、宣城、上饶、武汉、宜昌	44	南京、无锡、徐州、常州、苏州、南通、连云港、淮安、盐城、扬州、镇江、泰州、宿迁、杭州、宁波、温州、嘉兴、湖州、绍兴、金华、衢州、舟山、台州、丽水、合肥、芜湖、蚌埠、淮南、马鞍山、淮北、铜陵、安庆、黄山、滁州、阜阳、宿州、六安、亳州、池州、宣城、景德镇、九江、鹰潭、上饶、黄石、宜昌、襄阳、孝感、黄冈、咸宁、随州	51

续表

类型	2010 年	数量	2014 年	数量	2017 年	数量
第2子群	南昌、萍乡、九江、新余、鹰潭、赣州、吉安、宜春、抚州、上饶、黄石、十堰、宜昌、襄阳、鄂州、荆门、孝感、荆州、黄冈、咸宁、随州、长沙、株洲、湘潭、衡阳、邵阳、岳阳、常德、张家界、益阳、郴州、永州、怀化、娄底、湘西	35	南昌、景德镇、萍乡、九江、新余、鹰潭、赣州、吉安、宜春、抚州、黄石、十堰、襄阳、鄂州、荆门、孝感、荆州、黄冈、咸宁、随州、长沙、株洲、湘潭、衡阳、邵阳、岳阳、常德、张家界、益阳、郴州、永州、怀化、娄底、湘西	34	上海、南昌、萍乡、新余、赣州、吉安、宜春、抚州、武汉、十堰、鄂州、荆门、荆州、恩施、长沙、株洲、湘潭、衡阳、邵阳、岳阳、常德、张家界、益阳、郴州、永州、怀化、娄底、湘西、重庆	29
第3子群	恩施、重庆、成都、自贡、泸州、德阳、绵阳、广元、遂宁、内江、乐山、南充、眉山、宜宾、广安、达州、雅安、巴中、资阳、阿坝、甘孜、凉山、遵义和毕节	24	恩施、重庆、成都、自贡、泸州、德阳、绵阳、广元、遂宁、内江、乐山、南充、眉山、宜宾、广安、达州、雅安、巴中、资阳、甘孜、贵阳、遵义、安顺、黔南、毕节	25	成都、自贡、泸州、德阳、绵阳、广元、遂宁、内江、乐山、南充、眉山、宜宾、广安、达州、雅安、巴中、资阳、阿坝、甘孜、凉山、贵阳、六盘水、遵义、安顺、铜仁、毕节、黔东南、黔南、昆明、曲靖、昭通	31
第4子群	攀枝花、贵阳、六盘水、安顺、铜仁、黔西南、黔东南、黔南、昆明、曲靖、玉溪、保山、昭通、丽江、普洱、临沧、楚雄、红河、文山、西双版纳、大理、德宏、怒江、迪庆	24	攀枝花、阿坝、凉山、六盘水、铜仁、黔西南、黔东南、昆明、曲靖、玉溪、保山、昭通、丽江、普洱、临沧、楚雄、红河、文山、西双版纳、大理、德宏、怒江、迪庆	23	攀枝花、黔西南、玉溪、保山、丽江、普洱、临沧、楚雄、红河、文山、西双版纳、大理、德宏、怒江、迪庆	15

图5-3显示,长江经济带市域凝聚子群的组合基本上与城市地理位置相邻程度一致,每类子群内部城市间的旅游流联系相对较强和较紧密(表5-11)。从子群内部来看,2010和2014年,第1凝聚子群密度最高,反映了上海、江苏、浙江和安徽之间的旅游联系量较大。上海、南京、苏州、杭

州、合肥、武汉,作为第 1 凝聚子群的核心,与子群内部所有城市都发生旅游联系。第 4 凝聚子群密度最低,反映了这些城市之间的旅游联系量较小。昆明,作为第 4 凝聚子群核心,仅与 16 个城市发生旅游联系,占比 69.6%。依据既有文献可知,城市之间的旅游联系与它们的旅游资源禀赋、经济发展水平、人口规模、服务设施、交通条件等因素有密切关系。2017 年,第 1 子群密度最高(0.95),主要归因于这些城市具有较发达的经济发展水平和较丰富的旅游资源。第 2 凝聚子群密度最高(0.913),上海、武汉和重庆不仅是该子群的核心,也是整个网络的核心,在很大程度上带动了成员之间的旅游联系。第 4 凝聚子群密度最低(0.252)。作为该子群核心的玉溪和大理,分别与 8 和 7 个城市发生旅游联系,占总旅游联系比 57.1% 和 50%。但相比 2010 和 2014 年,子群密度有一定提升,表明旅游联系比以前更加紧密。

从子群对外联系来看,第 1 子群辐射能力最强,其发出的旅游联系多于接受的旅游联系。第 2 子群集聚能力较强,接受的旅游联系多于其发出的旅游联系。第 3 和第 4 凝聚子群接受子群外的旅游联系要大于向外发出的旅游联系。

表 5-11　长江经济带市域凝聚子群密度矩阵

	2010 年				2014 年				2017 年			
	1	2	3	4	1	2	3	4	1	2	3	4
1	0.882	0.449	0.038	0.020	0.948	0.691	0.242	0.101	0.95	0.734	0.162	0.004
2	0.408	0.732	0.073	0.075	0.495	0.852	0.162	0.111	0.696	0.913	0.38	0.078
3	0.025	0.064	0.609	0.085	0.091	0.181	0.782	0.186	0.098	0.323	0.687	0.118
4	0.007	0.064	0.089	0.234	0.002	0.065	0.110	0.209	0	0.055	0.129	0.252

第四节　结论与对策

一、主要结论

运用社会网络方法和修正的引力模型,从省域和市域两个尺度对长江经济带旅游网络结构进行了分析,结论如下:

(一)省域尺度下的结论

(1)从整体网络结构分析来看,长江经济带省域旅游网络密度不断增强,由 2010 年的 0.5727 提高到 0.7636,表明长江经济带省域旅游流联系不断加强,但省域之间旅游联系差异依然存在。2010、2014 和 2017 年的网络关联度均为 1,表明网络通达性强,省域之间都有旅游溢出。网络效率逐渐减小,由 2010 年的 0.400 降低到 2017 年 0.1556,揭示省域旅游网络越来越稳定。等级度较小,且 2014 和 2017 年均为 0,表征长江经济带省域之间旅游溢出不存在严格的等级结构。

(2)从个体网络结构分析来看,长江经济带省域度数中心性均值不断提高,由 2010 年的 57.27% 增加到 76.36%,表明省域之间的旅游联系逐步加强,其中,江苏、湖南、湖北和安徽始终都高于均值,表征它们较强的影响力和控制力,而贵州、重庆和云南始终都低于均值,表明它们在网络中的影响力较小。从点出度和点入度的比较来看,湖南始终是点出度大于点入度,表明它在网络中呈现较强的扩散效应,而安徽始终是点入度大于点出度,表明它在网络中呈现较强的集聚效应,其他省市不断地发生变化。长江经济带省市旅游网络接近中心性均值不断增加,由 2010 年的 76.66% 增加到 89.94%,其中,江苏、湖南、湖北、四川和安徽接近中心性始终都高于均值,而云南、重庆等接近中心性低于均值。长江经济带省域中间中心性均值在不断降低,由 2010 年的 3.64% 减少到 2017 年的 1.41%。其中,湖南、湖北和四川中间中心性始终都高于均值,表明它们对网络中其他省市有较强的控制力,而重庆、云南等省的中间中心性始终低于均值,表明它们在网络中支配能力较弱。

(3)上海市、江苏省、浙江省、安徽省、江西省、湖北省、湖南省 7 省市始终为核心旅游地,而云南省一直为边缘旅游地。重庆和四川在 2014 和 2017 年成为核心旅游地,贵州在 2017 年成为核心旅游地。核心—边缘结构构建的密度表明核心旅游地省域之间的旅游联系较紧密,边缘旅游地省域之间的旅游联系较松散,核心旅游地对边缘旅游地的带动作用不强。

(4)三个时段下的长江经济带主干旅游流网络呈分散演变特征。一级旅游流路径一直都没有发生变化,都是上海—江苏、上海—浙江、江苏—浙江、江苏—安徽。从空间分布上看,主要集中在东部地区。与 2010 年相比,2014 年二级旅游流路径减少了浙江—江西,2017 年增加了江苏—江西、浙江—湖北、重庆—四川。从空间分布来看,主要是东部省市和中部省市之间发生的旅游联系。2017 年,重庆—四川为二级旅游流。三级旅游流路径数发生了较大变化,由 2010 年 16 条增加到 2014 和 2017 年的 22 条。2014 和 2017 年,增加的三级旅游流路径主要发生在中部和西部省市之间。四级旅游流路径数在不断减少,由 2010 年的 27 条减小到 2017 年的 18 条。从空间分布来看,主要发生在东部和西部地区省市之间以及中部和西部地区省市之间。云南和长江经济带其他省市间的旅游流基本上都属于四级旅游流。

（5）不同时期凝聚子群的成员组成虽有所变化，但总体上较稳定。从子群内部来看，第1、第2和第3凝聚子群内部的旅游联系都非常紧密，而第4子群内部联系松散。从子群外部来看，第1和第2凝聚子群之间有非常强的旅游联系，和第3、第4凝聚子群之间旅游联系松散；第2凝聚子群和第3凝聚子群之间的旅游联系表现为2010年弱，2014和2017年较强，第2和第4凝聚子群的联系较弱，2014和2017年没有旅游联系；第3和第4凝聚子群之间的旅游联系表现为2010和2014年都较弱，2017年不存在旅游联系。

（二）市域尺度下的结论

（1）从整体网络结构分析来看，在研究期内，长江经济带市域旅游流网络密度由2010年的0.2948递增到2017年的0.4565，表明长江经济带市域旅游流空间关联关系趋于加强，但存在区域不平衡。网络关联度较好，城市之间普遍存在旅游溢出效应。网络效率由2010年的0.6717降低到2017年的0.5008，表明城市之间的旅游溢出存在较明显的相互叠加现象，网络稳定性在逐渐增强。网络等级度值较小，且呈下降态势，表征城市之间的旅游溢出并不存在"等级森严"的空间结构。

（2）从个体网络结构分析来看，长江经济带城市度数中心度均值逐渐提高，由2010年的0.295提高到2017年的0.457，高于均值的城市也逐渐增加，由2010年的67个增加到2017年的74个，其中，武汉、长沙、上海、杭州、重庆、南京、苏州和合肥在三个时段都高于均值。表明它们在网络中占据核心位置，对经济带内的其他城市具有较强的影响力。而凉山、文山、保山、怒江、德宏、普洱、迪庆、阿坝、西双版纳、临沧的度数中心性排名后面，始终处于网络中边缘位置，其他城市之间的旅游联系非常弱。点出度大于点入度的城市大多集中在东部地区，表现为辐射和扩散效应，而点出度小于点入度的城市大多集中在中西部地区，表现为集聚效应。2017年，重庆成为净受益城市，而昆明成为净溢出最多的城市。接近中心性均值呈波动式上升。2014年接近中心性均值最高，为66.905%。高于均值的城市数在发生变化，2010年最多，为93个，总体上呈上升趋势。重庆、上海、武汉、长沙、苏州、成都、杭州等城市的接近中心性较高，表明在传递旅游流等方面更加容易，能较好和其他城市发生旅游关联。中间中心度均值呈下降态势，由2010年的0.661%下降到2017年的0.412%，高于均值的城市数在增加，由2010年的22个增加到2017年的27个，其中，重庆、长沙、成都、武汉、上海、苏州均较高,2017 年,昆明、大理、贵阳、南京等城市的中间中心性上升很快,表明它们拥有较强的控制和支配能力,在网络中起着重要的中介和桥梁作用,并形成以自身为中心的城市群。甘孜、德宏、西双版纳、文山、阿坝、迪庆、临沧等城市的中间中心性为 0,表明它们处于网络边缘,无法控制网络中其他城市。

(3)基于中心性,将长江经济带城市划分为核心城市、次核心城市、一般城市、次边缘城市和边缘城市五个等级。2010－2017 年,长江经济带中的核心城市数不断增加,由 2010 年的 8 个增加到 2017 年的 15 个。三个时段下的基尼系数分别为 0.312、0.282 和 0.235,表明长江经济带城市中心性之间的差异在不断缩小,城市影响力呈分散化趋势。从城市类型的地区分布来看,核心城市和次核心城市主要集中在东部和中部地区,次边缘城市主要集中在西部地区,边缘城市全部分布在西部地区。

(4)三个时段下的一级旅游流路径数呈下降态势。2010 和 2014 年位居前三位的旅游流分别为上海－苏州、上海－无锡、上海－杭州。2017 年无锡－苏州替代了上海－杭州。从空间分布来看,主要集中在东部地区,以上海为中心的一级旅游流占了全部一级旅游流的一半。西部地区仅成都－重庆,中部地区缺失。三个时段下的二级旅游流路径数也表现为下降态势。除了东部地区形成了以杭州、苏州、无锡、南京、徐州等为中心的二级旅游圈外,中部地区也形成了以武汉、长沙、合肥和南昌为中心的二级旅游圈。西部地区分别形成了以重庆、成都为中心的二级旅游圈。三级旅游流路径数也表现为下降态势。分别以贵阳和以昆明为中心的三级旅游圈逐步形成。四级旅游流路径呈增加趋势,形成了以长江经济带内地级市为中心的四级旅游圈。

(5)基于 CONCOR 方法将长江经济带 126 个城市划分为四个凝聚子群。总体上看,2010 和 2014 年四个凝聚子群内部成员较稳定,但 2017 年发生较大变化。每类子群内部城市间的旅游流联系相对较强和较紧密。从子群内部来看,2010 和 2014 年,第 1 凝聚子群密度最高,上海、南京、苏州、杭州、合肥、武汉等为其核心,第 2 凝聚子群密度相对较高,宜昌、南昌、长沙为其核心,第 3 凝聚子群密度处于中等,重庆和成都为其核心,第 4 凝聚子群密度排在最后,昆明为其核心,仅与 16 个城市发生旅游联系。2017 年,第 1 凝聚子群密度最高,南京、苏州、杭州、合肥为其核心,第 2 凝聚子群密度较高,上海、武汉和重庆为其核心,第 3 凝聚子群密度处于中等,成都、贵阳和昆明为其核心,第 4 凝聚子群密度低,玉溪和大理为其核心。从子群对外联系来看,第 1 子群辐射能力最强,其发出的旅游联系多于接受的旅游联系。第 2 子群集聚能力较强,接受的旅游联系多于其发出的旅游联系。第 3 和第 4 凝聚子群接受子群外的旅游联系要大于向外发出的旅游联系。

二、对策与建议

长江经济带旅游一体化的发展可以通过旅游空间结构的调控,使其空间相互作用达到最佳状态,以达到区域旅游资源优化配置、空间协同效应最大化的目的。本章依据"点(个体网络)—线(旅游流)—面(整体网络)"的空间要素演变特征,提出旅游流空间结构优化举措,以期促进长江经济带旅游流空间结构的和谐化、秩序化、一体化。

首先,构建合理的旅游地等级体系,培育地方增长极。构建区域合理的旅游地等级体系是实现空间链接和扩散的前提,对区域资源要素流通及扩散具有促进作用。未来要重点建设上海、武汉、重庆、长沙、杭州、南京、成都等核心城市,使之通过自身的集聚力吸引大量的游客、资金、技术等而成为长江经济带旅游发动机和增长极,同时应通过扩散机制影响和带动其他旅游地的发展,促进客流在区内其他城市的流动;要充分发挥徐州、黄山、昆明等次核心城市在高等级旅游地与低等级旅游地的承转作用,完善它们与高、低等级旅游地之间的交通设施,提高这些城市的综合竞争力,以增强城市间中介效应和实现空间节点的有机链接。对于一般旅游城市,也要加快发展,使之成为有一定地方影响力的城市,在长江经济带旅游网络结构中发挥出地方增长极作用;对于次边缘和边缘旅游城市,如连云港、张家界、黔东南、丽江、西双版纳等城市,要抓住城市的特色和优势,准确定位,吸引更多的游客前往,以促进长江经济带旅游网络结构向均衡化、多元化方向发展。

其次,规划科学的交通运输网络,优化空间扩散轴线。现代化交通运输网络是区域旅游流空间结构的重要组成部分,它不仅构成了区域旅游流空间结构的重要骨架,而且对旅游流空间结构的形成与拓展也起着非常重要的作用。目前,长江经济带旅游交通网络表现为"东密西疏"的格局,极大地阻碍了西部地区城市之间旅游经济联系以及东部城市和西部城市之间的旅游联系,因此,加快交通建设,消除长江经济带旅游发展瓶颈已势在必行。以快速铁路和高速公路为骨干,以国省干线公路为补充,建设长江三角洲、长江中游、成渝、滇中和黔中城市群城际交通网络,实现城市群内中心城市之间、中心城市与周边城市之间的快速通达。

对于长江三角洲城市群而言,要加快建设以上海为中心,南京、杭州、合肥为副中心,城际铁路和高速公路为主通道的旅游交通网络,并形成四个子旅游交通网络:以上海为中心,南通、苏州、嘉兴、宁波为节点的放射状旅游交通网;以南京为中心,苏州、无锡、常州、镇江、南通、泰州、扬州等城市为节点的放射状旅游交通网;以杭州为中心,绍兴、宁波、舟山、台州、湖州、嘉兴等城市为节点的放射状旅游交通网;以合肥为中心,芜湖、马鞍山、宣城、铜陵、安庆、滁州等城市为节点的放射状旅游交通网。

对于长江中游城市群而言,要加快建设以武汉、长沙、南昌为中心,快速铁路和高速公路为主通道的旅游交通网络,并形成三个子旅游交通网络:以武汉为中心,黄石、黄冈、鄂州、咸宁、孝感、仙桃、宜昌、荆州、襄阳等城市为节点的放射状旅游交通网;以长沙为中心,湘潭、株洲、岳阳、益阳、衡阳等城市为节点的放射状旅游交通网;以南昌为中心,九江、景德镇、抚州、宜春、上饶等城市为节点的放射状旅游交通网。

对于成渝城市群而言,要加快建设以重庆、成都为中心的城际旅游交通网络,并形成 2 个子旅游交通网络:以重庆为中心,万州、涪陵、江津、永川等城市为节点的放射状旅游交通网;以成都为中心,德阳、绵阳、遂宁、南充、内江、乐山、眉山等城市为节点的放射状旅游交通网。

对于黔中、滇中城市群而言,要加快建设以贵阳为中心,安顺、遵义、凯里等城市为节点的旅游交通网络,以昆明为中心,曲靖、玉溪、楚雄、大理、丽江等城市为节点的旅游交通网络,同时要将临沧纳入网络结构体系中,加快其与周边城市之间的旅游交通建设,形成较完整的旅游网络。

最后,加强旅游地的互动与交流,推动旅游合作实质化旅游地等级与旅游地的经济发展水平、旅游资源丰度和品位度、旅游交通等基础设施以及城市知名度等因素密切相关。加强不同等级的旅游地之间的合作,有助于区域实现旅游经济一体化。对于处于高等级旅游地附近的低等级旅游地,应主动加强与高级别旅游地之间的合作与交流,加快特色旅游资源开发,不断挖掘旅游资源中的文化内涵,提高旅游服务质量,正确地引导高等级旅游地旅游流的流入。而对于距高等级旅游地较远的低等级旅游地,应加快与高等级旅游地之间旅游交通建设,提高旅游通达性。作为高等级旅游地,一方面,加快自身品牌旅游资源的宣传,巩固原有的客源市场,另一方面,应主动和附近的低等级旅游地在旅游线路设计、旅游空间布局与功能分区、旅游产品营销等开展合作,提升区域整体旅游竞争力和旅游吸引力。利用长江经济带旅游合作框架和机制,给予中西部地区资金、技术和人才等政策的倾斜,以此增加城市间、城市群间、省域间旅游空间关联关系,有效地保障了长江经济带旅游协同发展。

此外,要充分利用"互联网+"模式,为旅游者提供大量的旅游信息,有效地引导旅游消费者出行,同时,重点打造一批具有示范性的省际、市际互联网合作和交易平台,优化旅游流网络联系结构,提高省域、城市之间旅游合作效率,从整体上提升旅游专业化水平和产业竞争力。

参考文献

[1] 马丽君,肖洋.湖南居民省内旅游流网络结构特征分析[J].河南科学,2019,37(2):320-328.

[2] 徐雨利,李振亭.我国国内旅游流空间流动模式演替与全域旅游供给升级研究[J].陕西师范大学学报(自然科学版),2019,47(2):84-90.

[3] 章锦河,张捷,李娜,等.中国国内旅游流空间场效应分析[J].地理研究,2005,24(2):293-303.

[4] 钟士恩,张捷,任黎秀,等.旅游流空间模式的基本理论及问题辨析[J].地理科学进展,2009,28(5):705-712.

[5] 谢彦君.基础旅游学[M].3版.北京:中国旅游出版社,2011.

[6] 徐冬,黄震方,黄睿.基于空间面板计量模型的雾霾对中国城市旅游流影响的空间效应[J].地理学报,2019,74(4):814-830.

[7] 唐顺铁,郭来喜.旅游流体系研究[J].旅游学刊,1998,13(3):38-41.

[8] 梁玥琳,胡孟姣.宁波市宁海县旅游流网络空间结构及其效应研究[J].华中师范大学学报(自然科学版),2018,52(5):742-749.

[9] 张佑印,顾静,马耀峰.旅游流研究的进展、评价与展望[J].旅游学刊,2013,28(6):38-46.

[10] 邓祖涛,周玉翠,周玄德.长江中游城市群旅游流空间关联网络及传导机制研究[J].资源开发与市场,2020,36(1):82-88.

[11] 黄泰.长三角城市群旅游流潜力格局演变及其影响因素[J].资源科学,2016,38(2):364-376.

[12] Dann,G. Anomie,ego-enhancement and tourism [J]. Annals of Tourism Research,1977,4(4):184-194.

[13] Jang,S.,Bai,B.,Hu,C.,and Wu,C. M. E. Affect,travel motivation,and travel intention:A senior market [J]. Journal of Hospitality & Tourism Research,2009,33(1),51-73.

[14] Al-Haj Mohammad,B. A. M.,and Mat Som,A. P. An analysis of push and pull travel motivations of foreign tourists to Jordan [J]. International Journal of Business and Management,2010,5(12):41-50.

[15] Lee,S. H.,Choi,J. Y.,Yoo,S. H.,and Oh,Y. G. Evaluating spatial centrality for integrated tourism management in rural areas using GIS

and network analysis [J]. Tourism Management,2013,34(2):14—24.

[16] 刘大均.旅游流空间格局及发展模式[J].经济地理,2018,38(5):217—221.

[17] Asero,V.,Gozzo,S.,and Tomaselli,V. Building tourism networks through tourist mobility[J]. Journal of Travel Research,2016,55(6):751—763.

[18] 王娟,胡静,贾垚焱,等.城市旅游流的网络结构特征及流动方式——以武汉自助游为例[J].经济地理,2016,36(6):175—184.

[19] Sen A. and Smith T. Gravity Models of Spatial Interaction Behaviour [M]. Springer. Place of publication,1995.

[20] 杨兴柱,顾朝林,王群.旅游流驱动力系统分析[J].地理研究,2011,30(1):23—36.

[21] Archer,B. H. Demand Forecasting in tourism [M],university of wales press,1976. "Forecasting demand:Quantitative and Intuitive Techniques [J]." international Journal of Tourism management,1980,1(1):5—12.

[24] Mazanec,J. A. Segmenting city tourists into vacation styles. In J. A. Mazanec(Ed.),International city tourism:Analysis and strategy [M]. London,Washington:Pinter,1997.

[25] 刘佳.中国旅游产业绿色创新效率的空间网络结构与形成机制[J].中国人口·资源与环境,2018,28(8):127—137.

[26] 刘军.整体网分析:UCINET 软件实用指南[M]. 2 版.上海:格致出版社;上海人民出版社,2014.

[27] Wasserman,S.,K. Faust. Social network analysis:methods and applications [M]. Cambridge:Cambridge University Press,1994.

[28] Scott,J. Network analysis:A handbook (2nd Ed.)[M]. Newbury Park,CA:Sage,2000.

[29] Freeman,L. C. Centrality in social networks:Conceptual clarification[M]. Social Networks,1979:215—239.

[30] Pfeffer,J.,& Salancik,G. R. The external control of organizations:A resource dependence perspective[M]. New York:Harper & Row,1978.

[31] Mayhew B H,Levinger R L. Size and the Density of Interaction in Human Aggregates [J]. American Journal of Sociology,1976,82(1):86—110.

第六章　长江经济带旅游经济空间格局及其形成机理

旅游经济的时空分异是旅游经济发展的重要表征,也是旅游空间结构研究的主要内容之一(王开泳等,2014)。伴随中国旅游业的快速发展,旅游经济发展不平衡现象已成为一个亟须解决的重大现实问题。既有文献表明,旅游经济在时空上表现出的不平衡性和差异性主要来源于旅游资源禀赋、社会经济、交通区位、基础设施等因素的影响(王洪桥等,2014)。

长江经济带是世界上人口最多、城市体系较为完整的城镇密集带(席建超等,2015),拥有丰富的旅游资源和较好服务设施条件,现已发展成为国内重要的旅游目的地和客源地。尽管如此,区域旅游经济发展差异明显。2017 年,长江经济带内最高旅游收入是最低旅游收入的 94 倍,低于旅游收入均值的有 89 个城市,占比 70.6%。因此,研究长江经济带旅游经济空间分异的时空演化及变化规律,对于优化长江经济带旅游资源和生产要素空间布局,促进区域旅游协调发展具有重要的理论和实践意义(Wanhill,1997;Archer 和 Fletcher,1996;Bichaka Fayissa,2007;Wang 等,2011)。

国内外关于旅游经济空间格局的研究成果颇为丰富,学者们应用多种方法从不同的角度对不同尺度的区域进行了研究,但既有文献也大多是静态研究,较少从多个时段进行动态研究;在影响因素的方法选择上主要以定性分析和一般线性回归模型为主,极少应用地理探测器来解释旅游经济空间的异质性。鉴于此,本章以长江经济带 126 个地级研究单位为研究对象,运用空间统计方法来研究 2010—2017 年三个时段下的长江经济带旅游经济空间自相关和空间异质性,并应用地理探测器来探讨旅游经济空间格局演变机理,以期为地方政府制定区域发展政策提供决策参考和实践指导。

第一节　研究方法与数据来源

一、空间自相关

空间自相关(spatial autocorrelation)是一种空间统计的方法,用以显示某种地表现象是否存在某种特殊的空间形态。近年来,许多社会和行为科学的研究开始借助于空间统计分析方法（Griffith 和 Paelinck，2018；Stankov 等，2017；苏旭冉等，2019；周强，2019），来探测社会现象的空间模式和非常态分布（Goodchild 和 Janelle，2004）。一种现象的观测值如果在空间分布上呈现出高的地方周围也高，低的地方周围也低，称为空间正相关，表明这种现象具有空间扩散的特性；如果呈现出高的地方周围低，低的地方周围高，则称为空间负相关，表明这种现象具有空间极化的特性；如果观测值在空间分布上呈现出随机性，表明空间相关性不明显，是一种随机分布的现象。

空间自相关分为全局空间自相关和局部空间自相关。其中，全局空间自相关主要用于描述研究区域内某种现象的整体空间分布情况，以判断该现象在空间上是否存在聚集性（Wang，2005）。表达全局空间自相关的指标和方法很多，如，Moran's I、Geary'C 和 Getis'G。本文选用全局 Moran's I 模型来分析，其计算公式为：

$$I = \sum_{i=1}^{n}\sum_{j=1}^{n} w_{ij}(x_i - \bar{x})(x_j - \bar{x})/s^2 \sum_{i=1}^{n}\sum_{j=1}^{n} w_{ij} \qquad (6-1)$$

式中，x_i 和 x_j 表示城市 i 和 j 的属性值；$\bar{x}$ 表示研究区域该属性值的平均值；s^2 表示该属性值方差；w_{ij} 为空间权重矩阵，表示城市 i 和城市 j 之间的空间位置关系。Moran's I 指数的取值范围为 $[-1,1]$，当 I 值越接近 1，空间正相关性越强，即邻近城市之间属性值越相似，呈聚集态势；当 I 值越接近 -1，空间负相关性越强，即邻近城市之间属性值差异越大，呈离散态势；当 I 值接近 0，表现为随机性或不相关性。

局部空间自相关侧重分析区域局域空间某种现象或属性的空间相关性，以克服全局空间自相关只分析研究区域整体分布态势，而不揭示局部区域的异质性。表达局部自相关的指标有很多，但常用的测度指标是局部 Moran's I 指数，其计算公式：

$$I_i = Z_i \sum_{j=1}^{n} w_{ij} Z_j \qquad (6-2)$$

式中，Z_i 和 Z_j 分别为城市 i 和 j 某属性的标准值，反映属性值与均值的偏差程度，其大小可表示为 $Z_i = (x_i - \bar{x})/s, Z_j = (x_j - \bar{x})/s$，$s$ 为标准差，w_{ij} 含义同上。

空间权重矩阵是空间相邻关系的主要表达方式，刻画了空间对象间的相互邻接关系。当前有多种空间权重定义方式，不少学者采用了地理空间邻接矩阵（周玄德等，2019；施慧仪等，2019；邓祖涛等，2017；胡彪等，2016），而本章则是根据距离衰减函数，以长江经济带城市间的距离平方倒数来构建空间权重矩阵，以便更好地考虑地理空间不邻接但地理距离邻近的城市之间可能存在较强的空间自相关性(吴玉鸣,2014)。

二、半方差函数

半方差函数也称空间变差函数,是研究区域化变量随机性和结构性变化的常用工具。半方差函数是一个关于数据点的半变异值与数据点间距离的函数,其计算公式:

$$\gamma(h) = \frac{1}{2N(h)} \sum_{i=1}^{N(h)} [Z(x_i - Z(x_i + h)]^2 \qquad (6\text{-}3)$$

式中,$\gamma(h)$为半方差函数;h为点间距离;$N(h)$为点间距离的样点数;Zx_i和$Zx_i + h$为区域化变量$Z(x)$在空间位置x_i和$x_i + h$处的观测值$[i=1,2,\cdots,N(h)]$。

表征半方差函数的参数有块金值(C_0)、偏基台值(C)、基台值($C_0 + C$)、块金系数($C_0/(C_0 + C)$)、变程(A)(图6-1)。块金值表示随机因素引起的变异,偏基台值反映空间自相关引起的变异,基台值表示半方差函数$\gamma(h)$随着间距h的增大,从非零值达到一个相对稳定的常数,它反映区域化变量总的空间变异。基台值越高,区域化变量空间异质性越强。块金系数表示随机因素引起的变异占总变异的比重,其值越高,表示区域化变量的变异更多是由随机因素引起,或者说,由空间自相关引起的变异越弱。变程是半方差函数达到基台值时的间距。在变程范围内,空间自相关性随间距h的增大而减弱,当$h>A$时,区域化变量的空间自相关性消失(图6-1)。

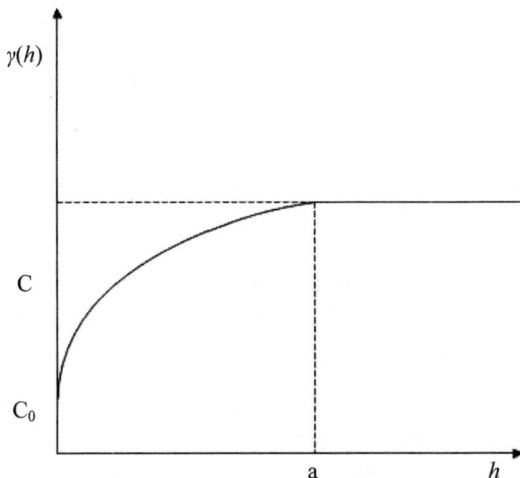

图6-1　半方差函数图

三、地理探测器

地理探测器是一种利用空间分层异质性来揭示其背后驱动因素的地理统计研究方法(王劲峰,2019)。它最初是用来探测地方疾病分布的影响因素,后来被广泛应用于自然环境和经济社会等方面的影响机理研究(胡雪瑶等,2019;徐冬等,2018;赵多平等,2019)。地理探测器的基本思想是:如果自变量的空间格局和因变量的空间格局具有一致性,就可以判断该自变量对因变量产生影响。其计算公式:

$$P_{D,U} = 1 - \frac{1}{n\sigma_U^2} \sum_{i=1}^{m} n_{D,i} \sigma_{U_{D,i}}^2 \qquad (6-4)$$

式中,$P_{D,U}$为城市旅游发展水平影响因素探测力值,n为整个区域的样本数,$n_{D,i}$为次级区域的样本数,m为次级区域的个数,$n\sigma_U^2$和$\sigma_{U_{D,i}}^2$为整个区域和次级区域的方差,$P_{D,U}$的值域为$[0,1]$,值越大,表明某因素对城市旅游经济发展水平的影响越大。

四、数据来源

考虑到数据的可获得性、可靠性,本章选取了长江经济带126个地级及其以上单元(含直辖市、副省级市、地级市和地级区域)作为研究对象,研究长江经济带国内旅游发展水平和入境旅游发展水平的空间自相关性和空间异质性,并应用地理探测器来测度长江经济带国内旅游经济发展水平的影响因素。其中,国内旅游发展水平和入境旅游发展水平分别用国内旅游收入和旅游外汇收入变量来表征,两个变量数据来源于《2011—2018年省市统计年鉴》《2011—2014年中国区域经济统计年鉴》,部分缺失数据来源于《省市国民经济和社会发展公报》和省市相关旅游网站。国内旅游经济发展水平的影响因素包括国内生产总值、城镇居民人均可支配收入、农村居民人均可支配收入、常住人口数、城镇化率、等级公路里程、等级公路密度、旅游资源价值和旅游知名度。其中,各城市GDP、城镇居民可支配收入、农村居民人均可支配收入、常住人口、城镇人口来源于2010—2017年各城市国民经济和社会发展公报,等级公路里程和城市面积来源于2011—2018年《各城市统计年鉴》,4A景区数来源于各城市旅游局官方网站和政府网站,5A级景区数据来源于国家文化和旅游部网站。城市行政边界矢量数据来源于国家基础地理信息中心提供的1∶400万中国基础地理信息数据。

第二节　长江经济带旅游经济空间格局特征分析

一、总体格局

长江经济带旅游总收入呈上升态势,2010 年 20604.48 亿元,2017 年达 76980.48 亿元,年均增长率为 20.72％。国内旅游收入由 2010 年的 19221.16 增加到 2017 年的 74731.82 亿元,年均增长率为 21.4％,旅游外汇收入由 2010 年的 204.33 亿美元增加到 2017 年的 333.06 亿美元,年均增长率为 7.22％。

由图 6-2 可知,长江经济带市域单元之间、省域单元之间存在着旅游发展水平差异。市域单元尺度下的国内旅游收入变差系数由 2010 年的 1.808 减小到 1.035,旅游外汇收入的变差系数由 2010 年的 3.808 减小到 2017 年的 2.832,表明长江经济带市域单元的旅游发展水平差异呈下降趋势,城市旅游经济发展由不平衡逐步向均衡状态发展,同时也表征市域单元在旅游外汇收入上差距要大于在国内旅游收入上的差距。省域单元尺度下的国内旅游收入的变差系数由 2010 年的 0.646 减小到 0.403,旅游外汇收入的变差系数由 2010 年的 1.168 缩小为 2017 年的 0.818,表明长江经济带省域旅游发展水平也呈下降态势,旅游外汇收入的差距大于国内旅游收入的差距。与市域单元相比,省域尺度下的国内旅游收入和旅游外汇收入差距都相应要小些。

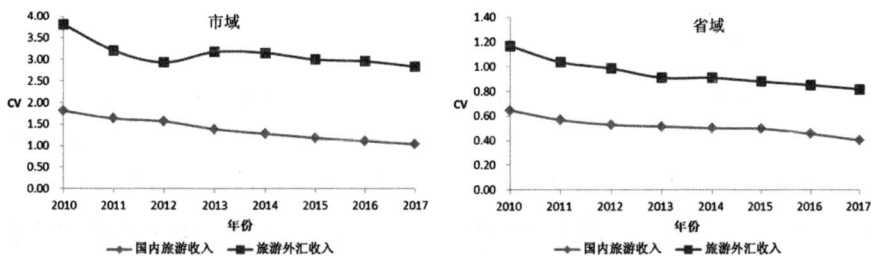

图 6-2　市域和省域尺度下的长江经济带旅游收入变差系数

二、空间自相关演化分析

(一)全局自相关分析

运用 ArcGIS 软件对 2010—2017 年长江经济带市域国内旅游收入和旅游外汇收入进行全局自相关分析(表 6-1)。

表6-1　长江经济带旅游经济全局自相关分析

年份	国内旅游收入			旅游外汇收入		
	Moran's I	Z	P	Moran's I	Z	P
2010	0.200	5.509	0.000	0.205	5.263	0.000
2011	0.194	5.114	0.000	0.149	5.281	0.000
2012	0.178	4.629	0.000	0.167	5.305	0.000
2013	0.180	4.447	0.000	0.112	3.789	0.000
2014	0.172	4.167	0.000	0.123	4.066	0.000
2015	0.175	4.170	0.000	0.126	3.883	0.000
2016	0.158	3.778	0.000	0.117	3.547	0.000
2017	0.128	3.094	0.002	0.116	3.412	0.001

表6-1显示,国内旅游收入和旅游外汇收入的全局Moran's I指数均为正值,且通过了0.01显著性水平检验,表明长江经济带市域旅游发展呈现明显的空间相关性和集聚性。从演变态势来看,国内旅游收入的Moran's I指数表现为下降趋势,表征长江经济带市域旅游发展集聚程度下降,区域旅游空间差距在增大;旅游外汇收入的Moran's I指数呈现波折变化,但总的趋势是下降,其中2011—2012年、2013—2015年的Moran's I指数呈上升趋势,其他时间段呈下降态势,反映长江经济带市域旅游外汇收入的集聚性和空间关联性相对复杂些。

(二)局域自相关分析

全局空间自相关分析只能揭示长江经济带市域旅游经济发展水平确实存在空间正相关性,对于局部地区与其周边地区是否存在空间依赖关系还不能准确判断,为此,本文对三个研究时段下的长江经济带市域国内旅游收入和旅游外汇收入的局域相关性作进一步分析,以便更好地指导局域地区旅游业发展的竞争和合作。

由图6-3可知,2010—2017年,长江经济带市域国内旅游收入"高—高"集聚区集中分布在长三角地区,"高—低"集聚区零散分布在中部地区的武汉和西部地区的重庆,隶属其他类型区的城市旅游空间关系不显著。具体而言,2010年,国内旅游收入的"高—高"集聚区分布在南京、常州、无锡、苏州、上海、杭州、嘉兴、绍兴和宁波,它们是长江经济带的"热点"城市,城市之间旅游联系紧密,并呈现较强的旅游溢出和辐射效应,而"高—低"

集聚区分布在武汉和重庆,这两个城市依靠自身的资源禀赋、政策优势,形成"低谷中高地",表现较强的极化效应。2014 年,国内旅游收入的"高一高"集聚区格局非常稳定,不过,国内旅游收入"高一低"集聚区格局发生了变化,增加了成都,其范围向西移动,表明了成都旅游业在这个时段得到了快速发展,已成为西部地区的旅游核心城市。2017 年,国内旅游收入的"高一高"集聚区分布在无锡、苏州、上海、杭州、湖州、嘉兴、绍兴、宁波、金华和台州,与 2014 年相比,减少了南京和常州,增加了湖州和台州,集聚区范围向南移动。而"高一低"集聚区格局与 2014 年相同,没有任何变化。

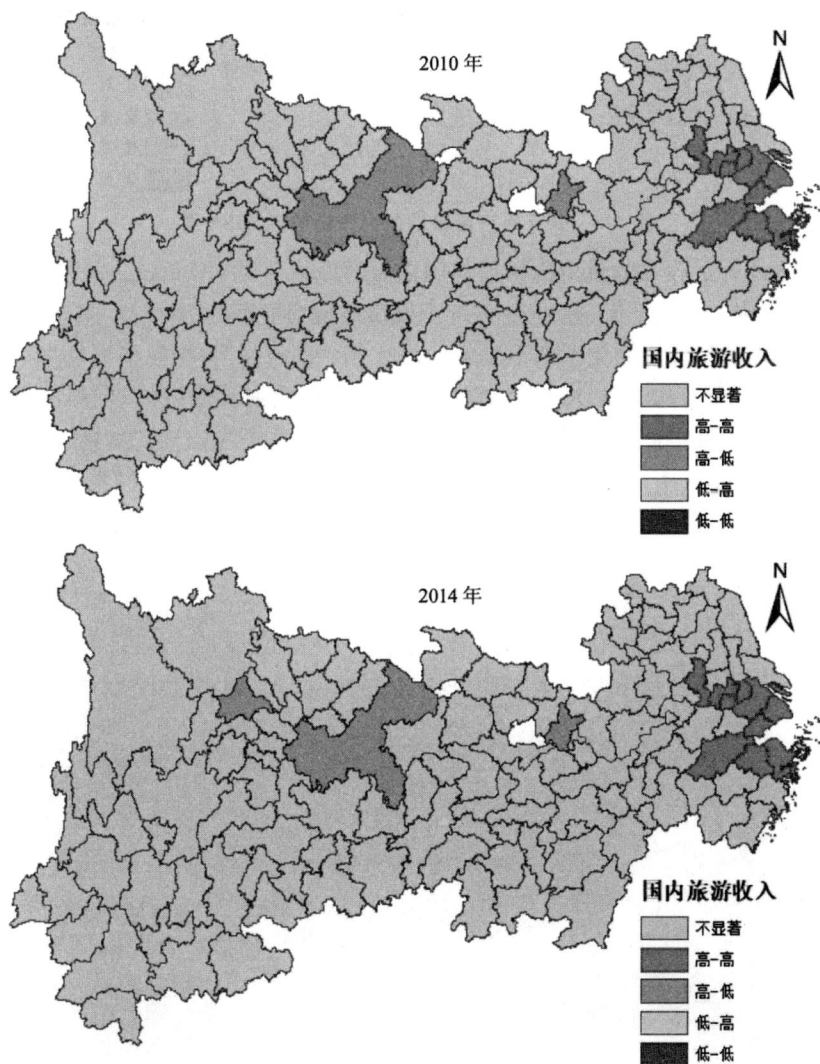

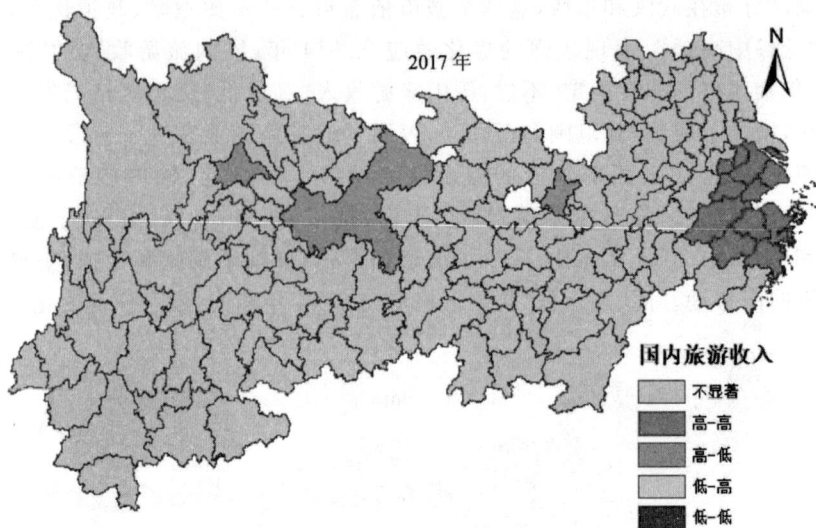

图 6-3　长江经济带市域国内旅游收入 LISA 图

　　旅游外汇收入的集聚区格局与国内旅游收入不同(图 6-4)。2010 年,仅南通、无锡、苏州、上海、杭州、宁波 6 个城市表现为显著的"高－高"集聚区,而其他城市的局域空间关系都不显著。2014 年,"高－高"集聚区格局发生了变化,减少了南通和无锡,增加了金华,集聚区范围向南移动,这一点与国内旅游收入的局域空间变化特征相似。同时,出现了重庆"高－低"集聚区类型,表明 2014 年重庆入境旅游业得到了较大发展。2017 年,"高－高"集聚区范围缩小,仅包括苏州、上海、杭州、宁波,高－低集聚区格局稳定,仅包含重庆市。

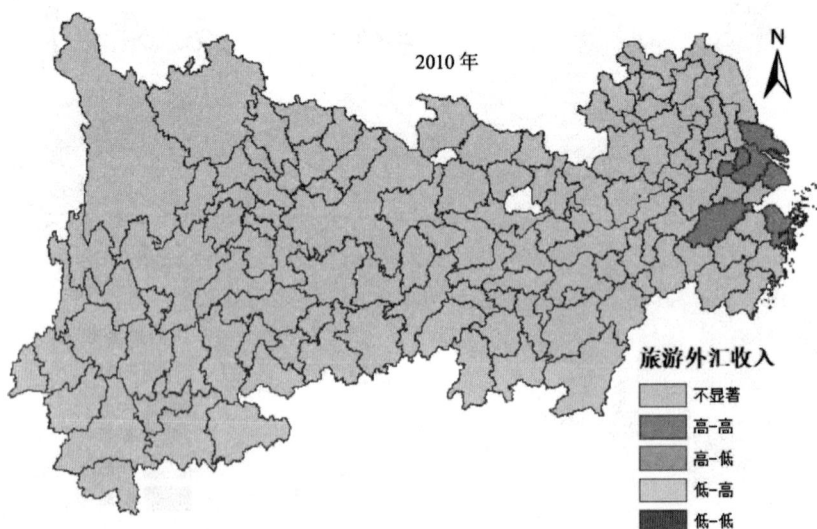

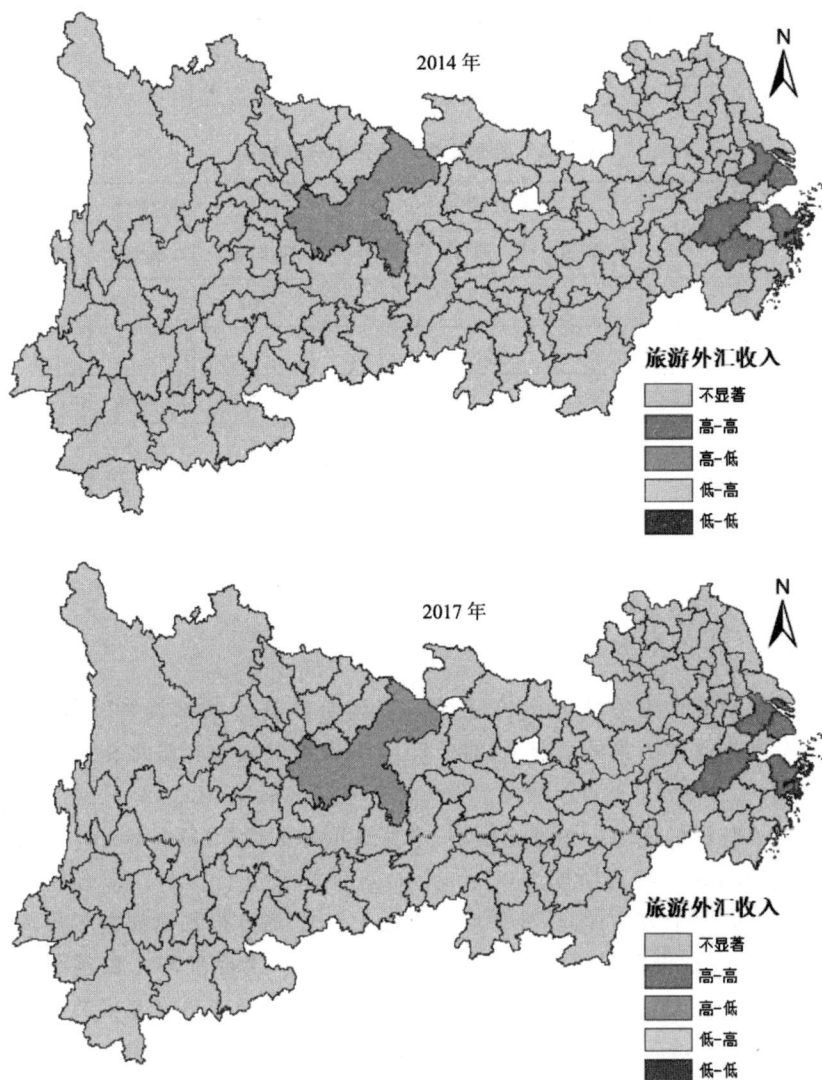

图 6-4　长江经济带市域旅游外汇收入 LISA 图

三、空间变异演化分析

（一）数据预处理

因为半方差函数对数据分析的要求是正态分布或接近正态分布，所以在进行半方差分析之前，需要对数据进行预处理。本文采用自然对数变换形式对 2010—2017 年长江经济带市域国内旅游收入和旅游外汇收入数据进行处理。从表 6-2 可以看出，处理前的标准偏差、偏度和峰度较大，经过对数变换后,其值都变小。一般而言,标准偏差越小,表明数据的离散程度越低,偏度和峰度越接近于0,表明研究数据越接近正态分布。表6-2显示,经过预处理后的数据较接近正态分布,可用于半方差函数分析。

表6-2 数据处理前后正态分布检验

年份		处理前			处理后		
		标准偏差	偏度	峰度	标准偏差	偏度	峰度
国内旅游收入	2010	282.93	5.418	41.273	1.022	0.688	3.633
	2014	438.13	3.261	15.279	0.885	0.521	3.488
	2017	659.55	2.680	11.062	0.808	0.289	3.373
旅游外汇收入	2010	6.090	8.859	89.613	2.454	−0.448	3.233
	2014	5.895	7.195	63.814	2.249	−0.341	3.013
	2017	7.483	6.124	47.905	2.602	−0.675	3.204

(二)半方差函数分析

利用地统计学方法分析长江经济带旅游经济空间结构和变异特征。在不考虑方向性因素的情况下,对长江经济带市域旅游经济结构进行半方差分析。

为了获得最优半方差理论模型,本文选取球面模型(Spherical)、指数模型(Exponential)和高斯模型(Gaussian)三种模型进行拟合。拟合模型最优的标准有四个方面:①标准平均值接近于0;②均方根预测误差尽可能最小;③平均标准误差尽可能接近均方根预测误差;④标准均方根预测误差接近于1。根据这个标准得出长江经济带市域旅游经济半方差函数最优拟合模型。由表6-3可知,除2014年国内旅游收入半方差函数拟合模型为指数模型外,其他都为高斯模型。

表6-3显示,2010—2017年,国内旅游收入的块金值不断下降,表征长江经济带市域旅游经济空间差异不断缩小。块金比例呈现先降低后上升的态势,表明长江经济带市域国内旅游收入由随机部分引起的空间分异先减小后增加,而由空间自相关所引起的结构化分异先增加后减小。Cambardella等(1994)认为,当块金比例小于25%时,表明变量具有强烈的空间依赖性和空间自相关性;当块金比例在25%～75%之间时,表明变量具有中等的空间自相关性;当块金比例大于75%时,表明变量具有较弱的空间自相关性(蒋文惠,2014)。根据上述观点,2010和2014年长江经济带

市域国内旅游收入的空间自相关性处于中等水平,而 2017 年处于较弱水平。这与前面通过 Moran's I 分析得出的结论一致;变程值呈现波动上升态势,由 2010 年的 428.31km 增加到 2017 年的 504.95km,表明长江经济带国内旅游收入的结构化分异所引起的空间相关性范围不断扩大。

　　长江经济带市域旅游外汇收入的块金值不断上升,表明其旅游外汇空间差异不断扩大。块金比例由 2010 年的 0.427 增加到 2017 年的 0.495,说明由随机部分引起的长江经济带旅游外汇收入空间变异在增加,而由空间自相关引起的结构化变异在减小。长江经济带市域旅游外汇收入的空间自相关性处于中等水平,且呈减小趋势。变程总的态势在减小,由 2010 年的 1562.89km 减少为 2017 年的 1303.85km,表明旅游外汇收入的结构化分异所引起的空间自相关性范围在不断缩小。

表 6-3　长江经济带市域旅游经济半方差函数拟合参数

类型	年份	拟合模型	块金值	基台值	块金比例	变程(km)
国内旅游收入	2010	高斯	0.720	1.010	0.713	428.31
	2014	指数	0.549	0.773	0.710	688.14
	2017	高斯	0.520	0.688	0.756	504.95
旅游外汇收入	2010	高斯	3.533	8.264	0.427	1562.89
	2014	高斯	3.069	6.993	0.439	1645.40
	2017	高斯	4.235	8.561	0.495	1303.85

第三节　长江经济带国内旅游经济空间分异地理探测

　　影响长江经济带国内旅游经济的空间分布因素有很多,本文根据数据的可得性、可靠性以及已有的研究成果,从经济驱动、人口驱动、交通驱动和资源驱动来构建长江经济带市域国内旅游经济发展影响因素指标体系。选取国内生产总值(X1)、城市居民人均可支配收入(X2)和农村居民人均可支配收入(X3)来代表经济因素,常住人口数(X4)和城镇化率(X5)来代表人口因素,等级公路里程(X6)和等级公路密度(X7)来代表交通因素,旅游资源质量和旅游知名度来代表资源因素。其中,旅游资源质量用 4A 和 5A 级旅游资源加权之和来表达,两者权重之比为 1:2,旅游知名度用百度指数日均搜索指数来表征,其搜索的关键词是"＊＊＊旅游"＋"＊＊＊旅游景区"＋"＊＊＊旅游攻略"。

一、相关性分析

鉴于地理探测器只研究各影响因素的作用强度,不能判断其影响是正向还是负向,所以在进行地理探测分析之前,需要进行相关分析,以便更好地揭示各影响因素对城市旅游经济的作用方向。表6-4显示,除了2017年等级公路密度与国内旅游发展水平无显著性影响外,国内生产总值等其他八个影响因素与城市国内旅游发展水平之间均呈正向相关,且都通过了5%显著性水平检验,其中,国内生产总值、旅游资源价值和旅游知名度三因素与城市国内旅游经济发展的相关性最高。

表6-4 市域国内旅游发展水平与其影响因素的相关性分析

年份	X1	X2	X3	X4	X5	X6	X7	X8	X9
2010	0.96***	0.66***	0.57***	0.73***	0.59***	0.22**	0.36***	0.81***	0.69***
2014	0.94***	0.68***	0.56***	0.77***	0.63***	0.29***	0.33***	0.83***	0.85***
2017	0.90***	0.66***	0.55***	0.77***	0.64***	0.31***	0.17	0.80***	0.83***

注:X1:国内生产总值;X2:城市居民人均可支配收入;X3:农村居民人均可支配收入;X4:常住人口数;X5:城镇化率;X6:等级公路里程;X7:等级公路密度;X8:旅游资源质量;X9:旅游知名度。

表示在0.05水平上显著相关;*表示在0.01水平上显著相关。

二、地理探测分析

首先应用ArcGIS 10.4软件中的自然断点方法将2010、2014和2017年长江经济带国内旅游发展水平以及国内生产总值、城镇居民人均可支配收入、农村居民可支配收入等9个影响因素分为5个等级,然后利用公式(4)测算地理探测因子对三个时段下的长江经济带市域国内旅游经济空间格局的影响力(表6-5)。

表6-5 长江经济带市域国内旅游经济地理探测

年份	X1	X2	X3	X4	X5	X6	X7	X8	X9
2010	0.75***	0.50***	0.43***	0.46***	0.50***	0.18***	0.20***	0.60***	0.58***
2014	0.68***	0.41***	0.35***	0.43***	0.48***	0.21***	0.11***	0.59***	0.59***
2017	0.62***	0.38***	0.28***	0.39***	0.48***	0.17***	0.07***	0.49***	0.57***

注:X1:国内生产总值;X2:城市居民人均可支配收入;X3:农村居民人均可支配收入;X4:常住人口数;X5:城镇化率;X6:等级公路里程;X7:等级公路密度;X8:旅游资源质量;X9:旅游知名度。

***表示变量在1%的水平上显著相关。

从表 6-5 可以看出,在三个时段下,九个因子都对长江经济带市域国内旅游经济都产生显著性影响,但同一时段的地理探测 q 值差异较大,其中,影响力较大的是国内生产总值、旅游资源质量、旅游知名度、城镇居民人均可支配收入、城镇化率、常住人口数和农村居民人均可支配收入,表明经济、资源和人口要素是长江经济带市域国内旅游发展水平格局形成的主要驱动力。等级公路里程和等级公路密度对城市国内旅游发展水平的影响较小,但也起着一定作用。可能的原因是长江经济带作为国家"一带一路"重要战略构架,随着中西部地区交通设施的不断改善以及沪蓉、沪昆高铁不同区段的相继通车,人们跨省和跨市出游比以前更为便利。与其他因素相比,交通对人们出游的影响大大降低。此外,不同时段的地理探测因子呈下降态势,表明旅游经济发展水平的影响因素呈多元化发展。

表 6-6　长江经济带三大地区旅游发展水平地理探测比较

	2010 年			2014 年			2017 年		
	东部	中部	西部	东部	中部	西部	东部	中部	西部
X1	0.816***	0.460***	0.729***	0.756***	0.487***	0.647***	0.667***	0.523***	0.639***
X2	0.547***	0.202***	0.327***	0.608***	0.349***	0.200***	0.682***	0.449***	0.255***
X3	0.529***	0.145***	0.245***	0.435***	0.216***	0.275***	0.534***	0.328***	0.134***
X4	0.408***	0.175***	0.669***	0.366***	0.166***	0.601***	0.208***	0.267***	0.556***
X5	0.560***	0.242***	0.631***	0.762***	0.326***	0.517***	0.560***	0.449***	0.620***
X6	0.074	0.029	0.468***	0.024	0.054***	0.446***	0.025*	0.057***	0.404***
X7	0.185***	0.006	0.207***	0.059***	0.019	0.175***	0.050***	0.010	0.150***
X8	0.761***	0.232***	0.795***	0.520***	0.323***	0.664***	0.572***	0.264***	0.579***
X9	0.811***	0.464***	0.660***	0.760***	0.484***	0.704***	0.761***	0.371***	0.647***

注:X1:国内生产总值;X2:城市居民人均可支配收入;X3:农村居民人均可支配收入;X4:常住人口数;X5:城镇化率;X6:等级公路里程;X7:等级公路密度;X8:旅游资源质量;X9:旅游知名度。

***、**、* 分别表示变量在 1%、5%、10% 的水平上显著相关。

由上可知,在市域尺度上,经济、资源、人口和交通四要素均对长江经济带国内旅游发展水平产生显著性影响,但这些要素在地区尺度上是否对其国内旅游发展水平的影响有差异,需要作进一步探测分析。为此,本文应用地理探测器方法来比较长江经济带三大地区国内旅游发展水平的影响因素,揭示地区尺度上的空间差异,以期为地区旅游业发展提供合理建议与对策。

表 6-6 显示,东部、中部和西部地区城市国内旅游发展影响因素的地理探测值都呈下降态势,不过,同一时段下东部地区大多数影响因素的探测值要高于西部地区,而西部地区大多数影响因素的探测值又高于中部地区。

从三大地区比较来看,三个时段下国内旅游发展水平的影响因素存在着空间差异,具体而言,东部地区国内旅游经济的主要影响因素是国内生产总值、旅游知名度、旅游资源价值、城镇化率、城镇居民人均可支配收入、农村居民人均可支配收入,这表明经济、资源和人口要素是东部地区国内旅游经济的主要驱动力。东部地区国内旅游发展水平首位影响因素发生了变化,2010 年为国内生产总值,2014 和 2017 年则为旅游知名度,其影响力分别为 0.760 和 0.761,表明旅游知名度对东部地区旅游业发展作用越来越突出。三个时段下的上海、杭州等城市的旅游知名度都位居前列。等级公路里程对东部地区国内旅游发展水平无显著性影响,等级公路密度虽然有显著性影响,但影响力较小,表明东部地区各城市较早进行交通基础设施投入和建设,旅游主干交通网络经历了"横 v 型"—"三角型"—"8"字型的演变,居民出游受其影响较小,尤其是长三角地区早期形成的 15 个城市。

中部地区城市国内旅游经济的主要影响因素是国内生产总值和旅游知名度,表明经济和资源要素是中部地区国内旅游发展水平的主要驱动力。2010 年,中部地区旅游发展水平首位影响因素是旅游知名度,2014 和 2017 年则转变为国内生产总值。武汉、长沙、合肥、南昌四城市的国内旅游发展水平之所以居于前列,与位居前四的国内生产总值和排名靠前的旅游知名度有密切的关系。反观国内旅游发展水平居于末尾的鄂州和淮北,其国内生产总值和旅游知名度均处于后列。可见,城市国内生产总值会直接其旅游发展的资金投入和旅游接待设施建设,而旅游知名度则会影响旅游者对旅游目的地的选择和出游人数。提升国内生产总值和加强旅游地宣传是中部地区急需重视的问题。常住人口数和城镇化率的影响虽然较小,但在一定程度上也推动中部地区旅游业发展。2010 年,等级公路里程和等级公路密度对中部地区旅游业发展无显著性影响,2014 和 2017 年,等级公路里程产生了显著性影响,不过,影响力很小。表明经过近 10 年快速发展,中部地区大的交通网络基本形成,交通对居民出游的阻碍作用在减弱。

西部地区城市旅游经济的主要影响因素是旅游资源价值、国内生产总值、旅游知名度、常住人口数和城镇化率,表明资源、经济和人口要素是西部地区国内旅游发展水平的主要驱动力,其中 2010 年,影响国内旅游发展水平的首位因素是旅游资源价值(0.795),2014 和 2017 年,则是旅游知名度,分别为 0.704、0.647。与东部、中部地区不同,旅游资源价值和旅游知名度在西部地区国内旅游发展中占据重要地位。也就是说,旅游资源丰富和旅游知名度大的城市,其旅游业发展水平相应较高,重庆、成都国内旅游发展水平居前 2 位,与其丰富的旅游资源和较高的旅游知名度有着紧密关系。2017 年,重庆、成都分别拥有 4A、5A 级景区 91 处和 42 处,百度指数日均搜寻量分别为 7717 和 7185,旅游资源价值和旅游知名度在西部地区位居前两位。而临沧、怒江不仅旅游资源价值低下,而且旅游知名度低,是导致其国内旅游发展水平低的主要原因。2010—2017 年,怒江和临沧无高级别的旅游资源,百度指数日均搜寻量也位居后列。需要指出的是,交通影响力虽然比旅游资源价值和旅游知名度低,但在西部地区旅游业发展中起着重要作用,其影响远超过东部地区和中部地区交通的影响和作用,表明西部地区在未来较长一段时间内,需要加强交通基础设施建设,提高城市之间的可达性,以便较好地开展城市之间的旅游合作。

第四节　结论与对策

一、结论

本章应用变差系数、空间自相关和半方差函数对 2010—2017 年长江经济带旅游经济空间演变特征进行分析,并选用地理探测器对国内旅游发展水平的影响因素进行探究,得到如下结论。

(1)变差系数分析表明,长江经济带国内旅游经济和入境旅游经济的差异都呈下降态势,且入境旅游发展的差异大于国内旅游发展差异。与市域尺度相比,省域尺度的国内旅游发展和入境旅游发展的差异都相应小些。

(2)全局自相关分析结果表明:长江经济带国内旅游发展和入境旅游发展都表现为显著的空间自相关性和集聚性特征。其中,国内旅游发展呈下降态势,入境旅游发展呈波动的下降趋势。局域自相关分析揭示长江经济带国内旅游发展"高—高"集聚区主要分布在长三角地区,"高—低"集聚区零星分布在武汉和重庆。从演变的态势来看,"高—高"集聚区分布的城市发生了变化,且向南方向上移动。"高—低"集聚区分布的城市也有所变化,2017 年增加了成都,表明"高—低"集聚区向西方向上扩展。入境旅游发展的"高—高"集聚区集中在长三角地区,且范围向南扩展,与国内旅游发展的局域演变特征类似,而"高—低"集聚区在 2010 年缺失,2014 和 2017

年仅为重庆市。

(3)长江经济带国内旅游经济空间分异不断缩小。由随机部分引起的空间变异先减小后增加,而由空间自相关所引起的结构化分异先增加后减小。这与 Moran's I 分析的结论一致。此外,国内旅游经济的结构化分异所引起的空间相关性范围不断扩大;入境旅游经济的空间差异逐步扩大。由随机部分引起的长江经济带旅游外汇收入空间变异在增加,而由空间自相关引起的结构化变异在减小,此外,入境旅游经济的结构化分异所引起的空间自相关性范围不断缩小。

(4)应用地理探测器分析长江经济带国内旅游发展的影响因素,结果发现九个因子均对其产生显著性影响,但各个影响因素产生的影响力差异明显。三个时段下的经济、资源和人口要素均是长江经济带国内旅游发展水平格局形成的主要驱动力。从三大地区比较来看,东部地区国内旅游经济的主要影响因素是国内生产总值、旅游知名度、旅游资源价值、城镇化率、城镇居民人均可支配收入、农村居民人均可支配收入,其中,首位影响因素在 2010 年为国内生产总值,2014 和 2017 年为旅游知名度;中部地区城市国内旅游经济的主要影响因素是国内生产总值和旅游知名度,其中,首位影响因素在 2010 年为旅游知名度,2014 和 2017 年则转变为国内生产总值;西部地区国内旅游发展水平的主要影响因素是旅游资源价值、国内生产总值、旅游知名度、常住人口数和城镇化率,其中,首位影响因素在 2010 年是旅游资源价值,2014 和 2017 年,则是旅游知名度。

二、对策

为促进长江经济带旅游可持续发展,并结合长江经济带旅游经济空间格局特征,提出如下建议。

第一,以上海为核心,杭州、苏州、南京、武汉、重庆、成都为次核心,发挥核心城市和次核心城市的辐射和扩散作用,同时,加强城市之间的旅游合作,完善城市间旅游合作机制,促进长江经济带旅游可持续发展,不断缩小城市旅游发展水平差距。

第二,根据不同因素地理探测的影响力,因地制宜地制定城市旅游发展战略和合理路径。加快城市经济发展,逐步提高旅游发展的资金投入,改善城镇居民和农村居民的人均可支配收入和生活水平,为居民出游创造条件,解决经济问题上的瓶颈;不断挖掘旅游资源的文化内涵,提升旅游资源的吸引力和价值,同时,采用多种促销手段,加强城市旅游宣传,提升城市旅游和旅游景区知名度、影响力。此外,交通基础设施建设不断完善也是需要引起足够的重视,尤其是西部地区的重庆、四川、云南和贵州省市,从根本上解决交通带来的瓶颈。

长江经济带旅游经济空间演变是由多种因素共同影响的,本章只选取了主要的影响因素,忽略了其他因素,如文化、制度、政策、事件等因素。本章在进行旅游经济发展水平的地理探测时,鉴于数据的可得性和影响因素的不一致,仅研究了国内旅游经济发展水平的影响因素,对于入境旅游发展水平的影响因素未加分析,这将在未来的研究中不断完善。

参考文献

[1] 王开泳,张鹏岩,丁旭生.黄河流域旅游经济的时空分异与 R/S 分析[J].地理科学,2014,34(3):295—301.

[2] 王洪桥,袁家冬,孟祥君.东北三省旅游经济差异的时空特征分析[J].地理科学,2014,34(2):163—169.

[3] 席建超,葛全胜.长江国际黄金旅游带对区域旅游创新发展的启示[J].地理科学进展,2015,34(11):1449—1457.

[4] Wanhill,S. Peripheral area tourism:A European perspective [J]. Progress in Tourism Hospitality Research,1997,1:47—70.

[5] Archer,B.,Fletcher,J. The economic impact of tourism in the Seyhelles [J]. Annals of Tourism Research,1996,23(1):32—47.

[6] Fayissa,B.,Nsiah,C.,Tadasse,B. The impact of tourism on economic growth and development in Africa [J]. Department of Economics and Finance Wording Paper Series,2008,14(4):807—818.

[7] Wang,S. X.,He,Y. Q.,Wang,X. D.,et al. Regional disparity and convergence of China's inbound tourism economy[J]. Chinese Geographical Science,2011,21(6):715—722.

[8] Griffith,D. A.,Paelinck,J. HP. Morphisms for Quantitative Spatial Analysis[M]. Berlin:Springer International Publishing,2018:49—60.

[9] Stankov,U.,Armenski,T.,Klauco,M.,et al. Spatial autocorrelation analysis of tourist arrivals using municipal data:A Serbian example [J]. Geographica Pannonica,2017,21(2):106—114.

[10] 苏旭冉,蔺雪芹.基于夜间灯光数据的京津冀地区碳排放的时空演化特征及影响因素[J].首都师范大学学报(自然科学版),2019,40(4):48—57.

[11] 周强.经济增长、城镇化与旅游产业发展对城乡收入差异的影

响——基于省级空间面板数据的实证研究[J]. 现代城市研究,2019(2):60—68

[12] Goodchild, M. F. ,Janelle, D. G. Spatially integrated Social Science [J]. International Regional Science Review,2004,23(2):139—159.

[13] Wang, F. H. Quantitative methods and socio-economic applications in GIS (2nd edition) [M]. CRC Press,2015.

[14] 周玄德,孜比布拉·司马义,邓祖涛. 基于空间自相关的城市化、经济与生态环境协调发展分析——以新疆巴州地区为例[J]. 数学的实践与认识,2019,49(10):1—10.

[15] 施慧仪,王立群. 京津冀县域经济发展空间格局变化研究[J]. 北京林业大学学报(社会科学版),2019,18(2):81—91.

[16] 邓祖涛,吴必虎. 农村居民旅游消费影响因素的空间计量研究——基于静态和动态空间面板模型的比较分析[J]. 旅游论坛,2017,10(5):28—40.

[17] 胡彪,付业腾. 中国生态效率测度与空间差异实证[J]. 干旱区资源与环境,2016,30(6):6—12.

[18] 吴玉鸣. 旅游经济增长及其溢出效应的空间面板计量经济分析[J]. 旅游学刊,2014,29(2):16—24.

[19] 王劲峰,廖一兰,刘鑫. 空间数据分析教程 [M]. 2 版. 北京:科学出版社,2019.

[20] 胡雪瑶,张子龙,陈兴鹏,等. 县域经济发展时空差异和影响因素的地理探测——以甘肃省为例[J]. 地理研究,2019,38(4):772—783.

[21] 赵多平,曹兰州. 宁夏入境旅游时空演化特征及驱动因素研究[J]. 西北师范大学学报(自然科学版),2019,55(2):127—134.

[22] 徐冬,黄震方,胡小海,等. 浙江省县域旅游效率空间格局演变及其影响因素[J]. 经济地理,2018,38(50):198—206.

[23] Cambardella,C. A. , T. B. Moorman,J. M. Novak 等. Field-scale variability of soil properties in central Iowa soils[J]. Soil Science Society of America,1994(58):1501—1511.

[24] 蒋文惠. 地形和土地利用对山区土壤养分空间变异的影响[D]. 泰安:山东农业大学硕士学位论文,2014.

第七章 长江经济带城市群旅游流网络结构及空间效应比较

　　城市群(urban agglomerations)是指在特定的地域范围内具有相当数量的不同性质、类型和等级规模的城市,依托一定的自然环境条件,以一个或两个超大或特大城市作为地区经济的核心,借助于现代化的交通工具和综合运输网的通达性,以及高度发达的信息网络,发生与发展着城市个体之间的内在联系,共同构成一个相对完整的城市"集合体"(姚士谋,2006,2017)。城市群是城市化空间组织的重要形态,是国家经济发展的重心和区域发展的重要引擎(宁越敏,2011;虞虎等,2012),聚集性、开放性和枢纽性是城市群的重要特征(顾朝林,2011)。与单个城市相比,城市群主要体现为城市间高度联结所形成的整体效应和总体形象(陈浩等,2011)。十九大报告明确提出"以城市群为主体构建大中小城市和小城镇协调发展的城镇格局……以共抓大保护、不搞大开发为导向推动长江经济带发展"。国务院颁布的《关于依托黄金水道推动长江经济带发展的指导意见》特别强调"以沿江综合运输大通道为轴线,以长江三角洲、长江中游和成渝三大跨区域城市群为主体,以黔中和滇中两大区域性城市群为补充,以沿江大中小城市和小城镇为依托,促进城市群之间、城市群内部的分工协作,强化基础设施建设和联通,优化空间布局……形成集约高效、绿色低碳的新型城镇化发展格局"。

　　城市群旅游是指在城市群范围内,以一定的旅游吸引物、旅游设施和旅游服务为依托,以旅游流为媒介开展的旅游活动(刘燕婷等,2010)。城市群旅游一直是中国政府部门和学者非常重视的问题(黄泰,2016)。旅游流作为城市群旅游发展的关键要素,直接关系到城市群旅游一体化建设,并影响城市群一体化发展进程与方向(刘大均,2018)。旅游流研究相对较早,但基于百度等搜索引擎的旅游流研究却较少,对城市群或多个旅游目的地旅游流网络结构特征的研究就更少。近年来,社会网络分析法在旅游流研究中得到了广泛的应用(付琼鸽等,2015;喻琦等,2018),但这些研究都是围绕节点结构特征和整体结构特征来展开,它们侧重节点之间关系属性研究,即节点之间是否存在关系,取决于阈值大小的设定,不同的阈值会形成不同的关系网络。它们不考虑节点之间的流量大小。然而,流量是旅游流一个最基本属性,在空间结构中占有重要地位。通过流量大小不仅能确定节点的集散能力和角色地位,还能识别网络中不同规模层级的旅游流。另外,既有文献很少探讨旅游网络结构的空间效应,尤其是从直接效应、间接效应和总效应角度来研究的更少。在研究对象的选择上,大多数文献都是从单一城市群(比如,长三角城市群、长江中游城市群)来研究,极少以长江经济带三大城市群为案例来进行比较。鉴于此,本文从旅游流的方向和流量两个基本属性着眼,以长江经济带三大城市群为研究对象,基于百度指数构建三大城市群旅游流网络结构,动态地分析城市节点角色变化和城市之间旅游流层级演变,同时,采用空间计量模型,分析旅游流网络结构对城市群旅游协调发展水平的影响,旨在为城市群旅游业高质量发展以及区域旅游流网络结构的优化提供科学依据和实践指导。

第一节　研究区域和研究方法

一、研究区域概况

本章研究的长江经济带城市群是指长江三角城市群、长江中游城市群和成渝城市群。长三角城市群是"一带一路"与长江经济带的重要交汇地带,在国家经济发展格局中占有举足轻重的战略地位(詹军,2018)。长三角城市群包含上海市、江苏省 9 个城市(南京、无锡、苏州、常州、南通、盐城、扬州、镇江和泰州)、浙江省 8 个城市(杭州、宁波、嘉兴、湖州、绍兴、金华、舟山、台州)和安徽省 9 个城市(合肥、蚌埠、芜湖、马鞍山、铜陵、安庆、滁州、池州、宣城),共计 26 个城市;长江中游城市群经历了从"中三角"到"中四角"再到"新中三角"的空间演绎格局(梁滨等,2015),是长江经济带上具有承上启下功能的重要城市群。它包含湖北省 10 个城市(武汉、黄石、黄冈、咸宁、孝感、鄂州、宜昌、荆州、荆门和襄阳)、湖南省 8 个城市(长沙、岳阳、常德、益阳、株洲、湘潭、衡阳和娄底)、江西省 10 个城市(南昌、九江、景德镇、鹰潭、上饶、新余、抚州、宜春、萍乡、吉安),共计 28 个城市;成渝城市群是西部大开发的重要平台,是长江经济带的战略支撑(刘大均,2020)。它包括重庆市和四川省 15 个城市(成都、自贡、泸州、德阳、绵阳、遂宁、内江、乐山、南充、眉山、宜宾、广安、达州、雅安、资阳),共计 16 个城市。长江经济带三大城市群示意图如图 7-1 所示。

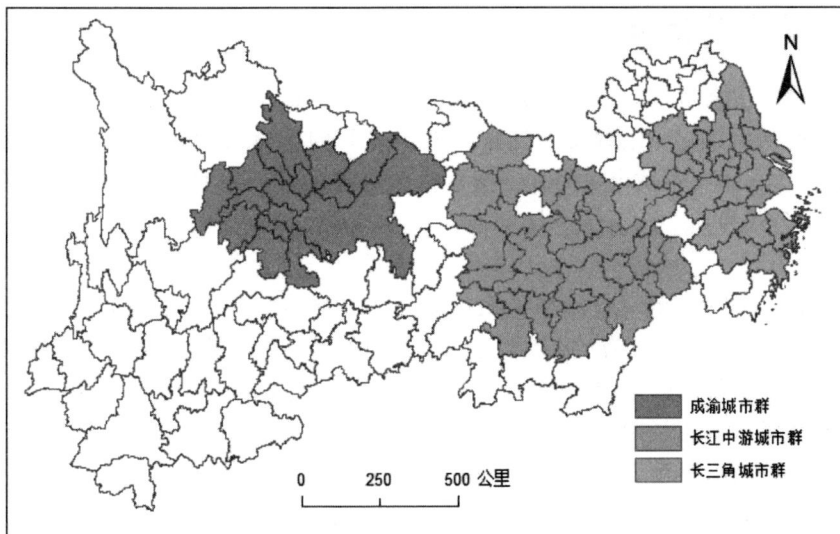

图 7-1　长江经济带三大城市群示意图

二、数据来源

　　据统计,旅游流文献数据主要来源于三个方面:一是抽样调查、网络游记(周慧玲等,2016;吴江等,2018),二是百度指数(Baidu Index)(邓祖涛,2019)、谷歌趋势(Google Trends)(王章郡等,2011),三是引力模型(黄泰等,2016)。抽样调查和网络游记能获得现实的旅游流,而百度指数、谷歌趋势和引力模型则只能得到潜在的相对旅游流。鉴于抽样调查和网络游记的样本数量有限,引力模型中旅游流又和城市规模、城市间距离高度相关,本文选取百度指数,来反映一个城市对另一个城市的旅游关注度以及城市和城市之间的旅游流。比如,要获得长江经济带其他城市对上海的旅游关注度,首先得选好关键词,在这里选择"上海旅游+上海旅游景点+上海旅游攻略"三个叠加关键词,然后,借助百度指数平台,查询其他城市对三个关键词的百度搜索指数,以表征其他城市对上海旅游关注度,进而获得反映城市间旅游流信息数据。由于本章研究的是长江经济带三个城市群,所以分别构建了 26×26、28×28、16×16 三个城市群城市间旅游流矩阵,作为城市群旅游流网络结构特征分析的依据。本文数据采集时间段选取 2012—2018 年。

三、研究方法

百度搜索指数的增加与旅游客流的增加呈正相关（Huang 等,2017），百度搜索指数在一定程度上反映了城市之间的旅游流和旅游联系。鉴于此,本章采用两两城市之间百度搜索指数之和来表征它们之间的潜在旅游流,其公式为：

$$T_{ij} = T_{i-j} + T_{j-i} \qquad (7-1)$$

式中,T_{i-j}表示城市 i 对城市 j 的旅游搜索指数,T_{j-i}表示城市 j 对城市 i 的旅游搜索指数,T_{ij} 为 i 城市和 j 城市之间的潜在旅游流,其值越大表示两城市之间的旅游联系越紧密,反之,旅游联系越松散。

相对旅游流是用来表征 i 城市和 j 城市之间旅游流层级及其相对地位,其值越大,表示 i 城市和 j 城市之间的旅游流层级越高。其公式为：

$$RT_{ij} = T_{ij}/\max(T_{ij}) \qquad (7-2)$$

为了反映城市在旅游流网络中的地位和层级,选用该城市与其他城市之间的旅游流之和来表征,其值越大,表示该城市的层级越高,地位越高。其公式为：

$$T_i = \sum_{j=1, j \neq i}^{n} T_{ij} \qquad (7-3)$$

式中,T_i 表示 i 城市的旅游流总量,T_{ij} 含义同上。

第二节　城市群网络空间结构的测度与比较

一、城市群网络节点特征

本文首先依据公式(7-1)和(7-3)计算出 2012、2018 年 70 个城市旅游流总量,然后利用 ArcGIS 10.4 软件将其分为四个等级(表 7-1),并应用变异系数和旅游流总量占比来测度各层级的发展差异和在城市群中的地位。

表 7-1　2012 和 2018 年三大城市群城市网络层级分布

等级	2012 年	2018 年
第一层级	上海、杭州、南京、苏州、武汉、重庆、成都	上海、杭州、南京、苏州、武汉、重庆、成都
第二层级	无锡、常州、扬州、绍兴、宁波、合肥、长沙	无锡、常州、扬州、镇江、绍兴、宁波、舟山、合肥、长沙、南昌

等级	2012 年	2018 年
第三层级	镇江、南通、湖州、嘉兴、舟山、金华、台州、芜湖、南昌、宜昌	南通、泰州、盐城、湖州、嘉兴、金华、台州、芜湖、宜昌、景德镇、绵阳
第四层级	滁州、咸宁、德阳等 46 个城市	滁州、咸宁、德阳等 42 个城市

　　由表 7-2 可知,2012 和 2018 年两个时段的第一层级城市相同,均为上海、杭州、南京、苏州、武汉、重庆和成都,其中,长三角城市群已形成了多核城市,长江中游城市群为单核城市,成渝城市群为双核城市。上海、杭州、南京和苏州在长三角城市群中具有绝对竞争优势。上海为国际大都市,全国经济、金融、贸易中心,区位优势明显,与全国各大城市的交通都十分便捷,全国最重要的目的地城市和客源地城市。"上有天堂,下有苏杭"。苏州和杭州拥有丰富的旅游产品,如苏州的古典园林、水乡古镇、太湖风光,杭州的西湖、千岛湖和浓厚的历史文化在国内外都享有很高的知名度。南京为历史古都,文化底蕴深厚,拥有明孝陵、中山陵、夫子庙等丰富的人文资源。总之,上海、苏州、杭州、南京能成为长三角城市群第一层级城市或核心城市,与它们拥有发达的经济发展水平、信息化水平、丰富的旅游资源以及承办了许多重大事件和活动有密切关系。武汉,国家中心城市,九省通衢,拥有东湖、黄鹤楼、汉口江滩等著名的旅游景点。重庆和成都在成渝城市群中一直占有十分重要地位,不仅自然旅游资源丰富,人文旅游资源也颇具特色。

　　第二层级城市是城市群中的次核心城市,在城市群旅游业发展中扮演着重要的旅游集散枢纽功能。2012 年拥有无锡、常州、扬州、绍兴、宁波、合肥、长沙 7 个城市,2018 年增加了 3 个,其中长三角城市群增加了镇江和舟山两城市,长江中游城市群增加了南昌。第三层级城市为地方性中心城市,承担了区域旅游目的地集散功能。第三层次城市组成发生较大变化,与 2012 年相比,2018 年新增了泰州、盐城、景德镇和绵阳,同时,有 3 个城市晋升为第二层级。第四层级城市数量最多,2012 年,有 46 个,2018 年降为 42 个。它们除了与少数核心城市、周边城市有一定的旅游联系外,与其他城市旅游联系非常弱,为城市群中的边缘城市。需要指出的是,长三角城市群中的第四层级仅包括安徽省的滁州、马鞍山等 6 个城市,江苏省和浙江省的城市均没有第四层级城市。长江中游城市群中的第四层级城市有 23 个,占比 82.1%。成渝城市群中的第四层级城市有 13 个,占比 81.3%。两个时段下的长三角城市群城市旅游流总量变异系数分别为 2.239 和 0.857,长江中游城市群分别 3.785 和 1.273,成渝城市群分别为

5.422 和 1.627。表征成渝城市群城市内部差距最大,长三角城市群内部差距最小,但都呈下降态势。

二、城市群网络旅游流分析

由百度指数查询可知,长江经济带内绝大多数城市之间都存在旅游关注和旅游联系。在这里,仅比较三大城市群内部城市之间的旅游联系,不分析三大城市群之间的旅游联系。为了更清晰地展现城市群内的旅游联系,本文首先筛选出城市间旅游联系量 2220(占最大旅游流 0.1)的旅游流,将其构成旅游流主干网络,然后依据 ArcGIS 软件中的自然断裂法将两个时段下的三大城市群城市间旅游流划分为三个等级。考虑到篇幅原因,在表 7-2 中不列出具体的旅游流名称,仅列出三大城市群所对应的三个等级的旅游流数量,同时对其等级进行可视化表达(图 7-2)。

表 7-2 三大城市群旅游流数量

类型	2012 年			2018 年		
	长三角城市群	长江中游城市群	成渝城市群	长三角城市群	长江中游城市群	成渝城市群
一级旅游流	16	1	1	15	2	1
二级旅游流	50	3	1	55	4	12
三级旅游流	73	22	24	119	59	34
合计	139	26	26	189	65	47

由表 7-2 和图 7-2 可知,长江经济带三大城市群旅游流网络存在明显差异。长三角城市群在网络紧凑程度上,要远强于长江中游城市群和成渝城市群。2012 年,长三角城市群三级及以上旅游流有 139 条,2018 年达到 189 条。其中一级旅游流在两个时段分别为 16 条和 15 条。两个时段下的上海-苏州、上海-杭州、上海-南京之间旅游流排名前三,苏州、杭州和南京三个副中心城市之间的旅游流联系位居前列。副中心城市与节点城市之间也存在较为密切的旅游联系。与 2012 年相比,2018 年长江中游城市群旅游联系明显增强,一级旅游流由原来的 1 条(武汉-长沙)增加为 2 条(武汉-长沙、武汉-宜昌),形成"7"字型的空间格局。长沙-南昌、武汉-南昌尚处于二级旅游流,其旅游联系有待加强。武汉、长沙、南昌、宜昌与其他地市之间的旅游联系较弱,可能的原因是这些地市处于边缘状态,网络嵌入性较差。成渝城市群呈现出"双核驱动、放射状"旅游流网络结构特征。2012 年,重庆和成都之间旅游联系量为 16500,2018 年达到

63780。重庆、成都和其他地市之间的旅游联系增长很快,由2012年1条增加到2018年12条,但其他地级城市之间的旅游联系明显较弱,2018年,遂宁和南充之间的旅游联系量仅为2280。

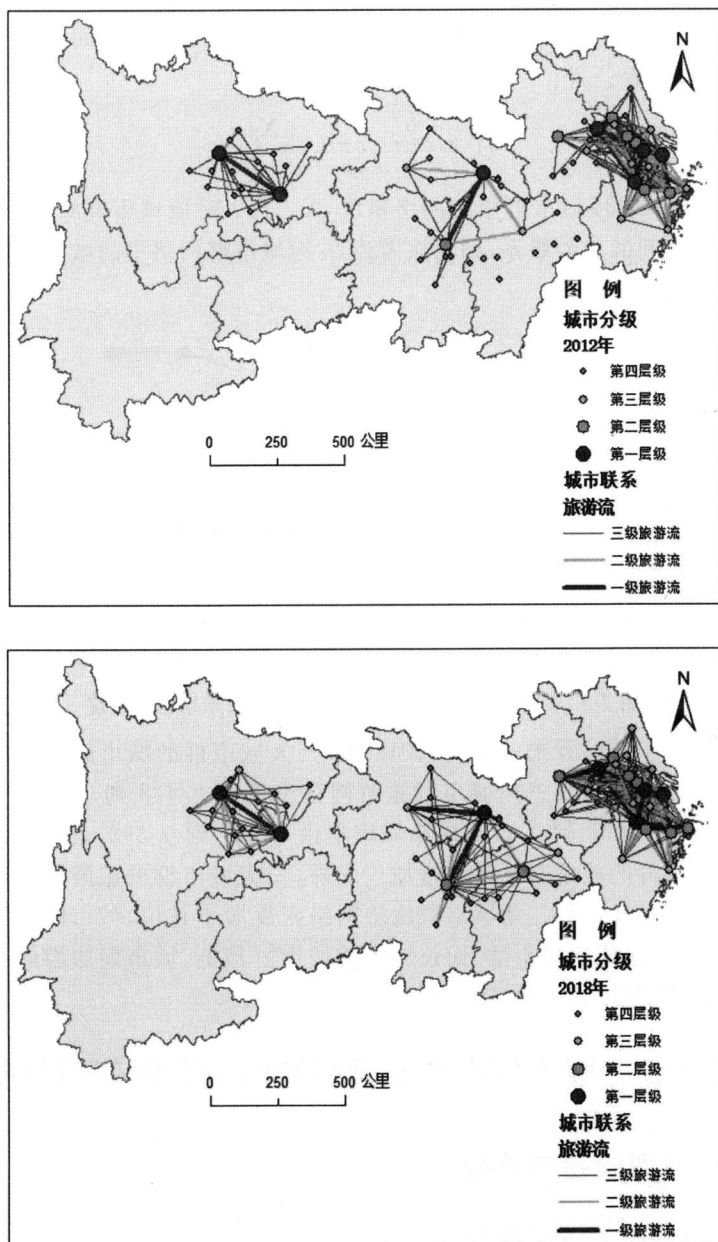

图7-2　长江经济带三大城市群旅游流网络图

三、城市群网络密度分析

在社会网络分析中,网络密度是用来反映网络中节点间联系紧密程度,在这里主要表征城市群旅游网络的完善程度和城市节点间旅游联系的紧密程度。网络密度越大,城市群旅游网络越完善,城市之间的旅游联系越紧密,其计算公式:

$$D_t = \frac{\sum_{i=1}^{n}\sum_{j=1}^{n}X_{ij,t}}{n(n-1)} \tag{7-4}$$

式中,D_t 为 t 时段城市群旅游网络密度,$X_{ij,t}$ 为 t 时段城市群旅游网络中 i 和 j 城市之间的旅游联系,即为旅游流,n 为城市群网络中的城市个数。

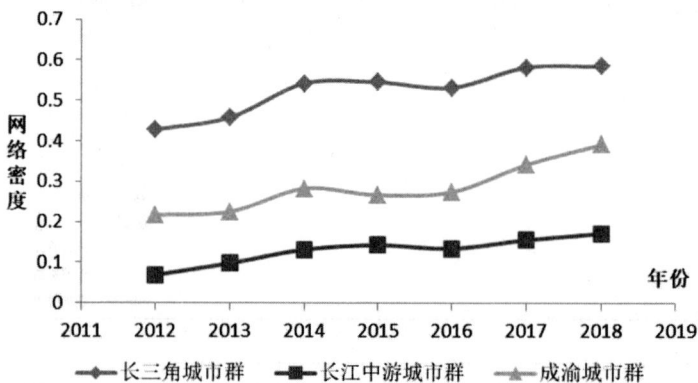

图 7-3 2012—2018 年长江经济带三大城市群网络密度

由图 7-3 可以看出,2012—2018 年,三大城市群的城市旅游网络密度呈上升态势,其中,长三角城市群旅游网络密度由 0.428 到 0.585,长江中游城市群由 0.069 到 0.172,成渝城市群由 0.217 到 0.392,表明长江经济带三大城市群的旅游联系逐年增加。此外,三大城市群的旅游网络密度存在着较大差异性。长三角城市群旅游网络密度居于首位,城市间旅游联系最紧密,其次是成渝城市群,而长江中游城市群最低,城市间旅游联系较松散,但网络密度增长最快,年增长率为 16.4%。

第三节 城市群旅游流网络结构的空间效应分析

一、模型检验与选择

(一)空间权重矩阵选择

空间权重矩阵是用于表征观察单元的地理属性、经济属性、社会文化属性之间的相互依赖关系,是进行空间计量模型分析的前提条件。为了比较长江经济带三大子城市群旅游经济协调发展水平及空间溢出效应的大小,本文根据既有研究文献构建了以下三种空间权重矩阵。

1. 地理邻接权重矩阵

如果两个城市之间有共同边界,则赋值1,表征它们之间有空间依赖关系,反之,赋值0,表征它们没有空间依赖关系。其表达式为:

$$W_{ij} = \begin{cases} 1 & (i\text{ 城市和 }j\text{ 城市相邻}) \\ 0 & (i\text{ 城市和 }j\text{ 城市不相邻}) \end{cases} \tag{7-5}$$

2. 反距离权重矩阵

采用两个城市之间直线距离的平方的倒数来表征城市之间的空间依赖关系。城市之间的距离越近,城市之间的空间联系越强,反之,则越弱。其表达式为:

$$W_{ij} = \begin{cases} \dfrac{1}{d_{ij}^2} & i \neq j \\ 0 & i = j \end{cases} \tag{7-6}$$

3. 经济地理权重矩阵

采用两个城市间人均 GDP 的均值差的倒数来表征城市之间的空间依赖关系。两个城市之间人均 GDP 均值差越小,城市之间的空间联系越强,反之,则越弱。其表达式为:

$$W_{ij} = \begin{cases} \dfrac{1}{|gdpp_i - gdpp_j|} & i \neq j \\ 0 & i = j \end{cases} \tag{7-7}$$

(二)空间计量模型选择

一般而言,空间计量模型主要包括三种类型:空间滞后模型、空间误差模型和空间杜宾模型,在实际应用中,应该选择哪种模型更合适呢? 对于空间滞后模型和空间误差模型,Anselin 等提出 LM 检验方法(Acs 等,2002),即通过比较 LMerr、LMlag、LMerr-Robust、LMlag-Robust 统计量来进行判断,如果只有一方通过了显著性检验,就选择显著的一方作为计量模型,据此,本文以三大城市群为研究对象,分别进行了拉格朗日乘子检验,结果发现空间滞后和空间误差模型都通过了显著性检验。在这种情况下,不少文献选用了统计量较大的空间计量模型,但也有学者提出了空间杜宾模型。实际上,空间滞后模型和空间误差模型是空间杜宾模型的特殊类型,当时,空间杜宾模型简化为空间滞后模型;当时,空间杜宾模型简化为空间误差模型,据此,对空间滞后模型、空间误差模型和空间杜宾模型进行 wald 检验和对数似然比检验(LR)。由表 7-3 可知,三大城市群无论是采用 wald 检验,还是采用 LR 检验,都拒绝了原假设,表明采用空间杜宾模型比其他两种模型更合适。关于是固定效应还是随机效应的选择,采用了 hausman 检验,结果显示拒绝了原假设,为此,本文将应用空间杜宾固定效应模型,来分析对城市旅游协调发展水平的影响因素及其空间效应。

表 7-3　三大子城市群 wald 和 LR 检验

	长三角城市群			长江中游城市群			成渝城市群		
	W(1)	W(2)	W(3)	W(1)	W(2	W(3)	W(1)	W(2)	W(3)
chi2 (Wald for SAR)	15.54**	49.98***	45.21***	76.9***	62.25***	107.16***	20.54***	33.27***	19.93***
chi2 (Wald for SEM)	27.09***	53.67***	52.34***	57.33***	41.10***	73.26***	24.03***	24.39***	17.28***
chi2 (LR for SAR)	15.70**	45.40***	46.36***	71.36***	55.42***	85.59***	19.38***	29.58***	17.68***
chi2 (LR for SEM)	35.93***	58.64***	68.99***	72.47***	65.41***	86.33***	22.61***	23.78***	16.97***

注:*、**、*** 分别表示变量统计量在 0.1、0.05、0.01 水平下通过了显著性检验。

（三）变量选取与数据来源

城市群旅游协调发展水平为模型的被解释变量。在这里采用城市相对旅游收入自然对数来表征,城市相对旅游收入等于城市旅游总收入和隶属城市群中最大的城市旅游总收入的比值。其计算公式为:$Y_i = \dfrac{TR_i}{TR_{max}}$。城市相对旅游收入越大,说明城市间相对收入差距就越小,城市旅游协调发展水平越高。

核心解释变量。采用城市旅游流总量来表征城市旅游网络节点中心性。城市旅游流总量越大，表明它对网络的控制力和影响力越强，反之，越弱，处于网络的边缘。

控制变量。不少文献表明，城市经济发展水平、人口规模、旅游资源禀赋、旅游接待服务和交通条件是影响城市旅游协调发展水平的重要因素。在这里用城市国内生产总值来表征其经济发展水平，用常住人口数来表征人口规模，用 4A 和 5A 级旅游资源加权求得的旅游资源价值来表征其旅游资源禀赋程度，旅游资源价值的计算公式为 $res＝N_{4A}＋2×N_{5A}$，用酒店数来表征城市旅游接待服务水平，用等级公路里程来表征城市交通发展水平。为消除模型中异方差的影响，本文对各变量取自然对数。各变量描述性说明如表 7-4 所示。模型数据来源于 2013—2019 年《中国统计年鉴》、长江经济带 9 省 2 市统计年鉴，部分数据来源于 70 个城市统计年鉴以及国民经济和社会发展公报。

表 7-4　变量及其说明

变量分类	变量名称	变量说明
被解释变量	城市旅游协调发展水平（Yi）	城市旅游收入/城市群中最大旅游收入
核心解释变量	旅游网络结构（Ti）	城市旅游流总量
其他控制变量	城市经济发展水平（enc）	城市国内生产总值
	人口规模（pop）	城市常住人口数
	旅游资源禀赋（res）	4A 级景区数＋2＊5A 级景区数
	旅游接待服务水平（hote）	城市酒店数
	交通条件（road）	城市等级公路里程

二、空间计量回归结果及分析

由表 7-5 可以看出，R^2 较大，对数似然值（LogL）较大，σ^2 值较小，表明空间杜宾固定效应模型具有较好的拟合度。从空间滞后系数（ρ）来看，长三角城市群和成渝城市群在三种空间权重矩阵下都是正值，表明邻近地区旅游协调发展水平对本地区有正向促进作用，呈现一定的正向空间相关关系，而长江中游城市群空间滞后系数为负值，表明长江中游城市群城市间的旅游空间相关关系为负相关关系，即邻近地区旅游协调发展水平对本地区具有负向溢出关系。

表 7-5　三大城市群旅游协调发展水平影响因素的空间计量回归

变量		长三角城市群			长江中游城市群			成渝城市群		
		W(1)	W(2)	W(3)	W(1)	W(2)	W(3)	W(1)	W(2)	W(3)
直接效应	lnTi	0.145**	0.208***	0.107**	0.035*	0.002*	0.031*	0.034*	0.067*	0.029*
	lnenc	0.127	0.239*	−0.041	−0.585**	−1.178***	−1.420***	1.062***	1.274***	0.878***
	lnpop	−0.011	−0.056	0.185	0.513	0.733	−1.201	0.785*	0.522	0.741
	lnres	0.144***	0.156***	0.029	0.238***	0.251***	0.184***	0.091*	0.116**	0.112**
	lnhote	−0.001	0.014	−0.056	0.169**	0.178**	0.156*	0.055	0.004	0.069
	lnroad	0.222**	0.270**	0.287***	0.723**	−0.764**	−0.687**	−0.385*	−0.604***	−0.353
间接效应	lnCi	0.144**	0.099***	0.275*	−0.111*	−0.184*	−0.075	0.260	0.220	0.386
	lnenc	0.117	0.111*	−0.139	0.464	0.389	2.119***	0.080	0.370	−2.246
	lnpop	−0.008	−0.025	0.504	14.09***	9.659**	3.678	2.520**	1.403	1.275
	lnres	0.149**	0.077**	0.077	0.330***	0.218*	−0.097	−0.139	−0.016	0.349
	lnhote	0.002	0.009	−0.148	−0.369	−0.792***	−0.389***	−0.222	−0.046	0.056
	lnroad	0.227*	0.131**	0.772**	−3.035***	0.257	1.219*	−1.428**	−2.372***	0.096
总效应	lnCi	0.289***	0.307***	0.382**	−0.076*	−0.182*	−0.044	0.294*	0.287	0.415
	lnenc	0.244	0.350*	−0.180	−0.121	−0.789	0.699	1.142**	1.644***	−1.368
	lnpop	−0.019	−0.082	0.689	14.60***	10.39**	2.477	3.305*	1.925	2.016
	lnres	0.293**	0.233***	0.106	0.568***	0.468**	0.087	−0.048	0.100	0.462
	lnhote	0.001	0.022	−0.203	−0.20***	−0.614**	−0.233	−0.168	−0.041	0.126
	lnroad	0.450**	0.400**	1.058**	−2.311***	−0.507	0.532	−1.812**	−2.976***	−0.256
ρ		0.532***	0.344***	0.761***	−0.530**	−0.244*	−0.063	0.368***	0.455***	0.665***
σ^2		0.0082	0.0101	0.0060	0.0107	0.0183	0.0173	0.0089	0.0078	0.0081
R^2		0.9917	0.9897	0.9939	0.9844	0.9734	0.9748	0.9896	0.9908	0.9905
LogL		186.177	170.503	207.978	173.101	126.734	133.157	111.490	117.971	114.168
obs		182	182	182	196	196	196	112	112	112

注：*、**、***分别表示变量统计量在 0.1、0.05、0.01 水平下通过了显著性检验。

表 7-5 显示，三大城市群旅游网络节点中心性对城市旅游经济协调发展水平的影响呈现显著性差异。对于长三角城市群而言，三种权重矩阵下的估计结果显示的直接效应、间接效应和总效应估计系数均在 1% 水平下显著为正，表明城市旅游网络节点中心性的提升不仅有利于通过直接效应提高自身相对旅游收入，还可以通过间接效应对邻近城市产生正向的空间溢出效应，即促进邻近城市旅游业发展。从节点中心性效应的影响值来

看,邻近权重和地理距离权重下的直接效应均大于间接效应,而经济距离矩阵下的间接效应(0.275)大于直接效应(0.107),实际上,对单一城市而言,经济距离权重下的间接效应是小于直接效应,其大小为 0.275/26＝0.0106。究其原因,长三角城市群整体上已形成以上海为核心,南京、杭州、苏州为次核心,各层级城市紧密联系的多中心、网络化空间格局。当中心城市的中心性得到提升时,一方面会依托自身的城市规模,不断集聚周边城市的资金、劳动力、技术等要素资源,加快自身旅游业发展,同时,又会在扩散作用下,充分发挥正向的空间溢出效应,不断带动和促进周边地区旅游业发展,提高其相对旅游收入,进而促进城市之间旅游业协调发展(刘梅等,2019)。对于长江中游城市群而言,模型估计的结果是旅游网络节点中心性的直接效应系数显著为正,间接效应和总效应系数显著为负,表明旅游网络节点中心性能促进自身旅游业发展,但同时通过集聚效应和虹吸效应,对邻近城市产生极化作用,即产生负向的空间溢出效应。可能是因为武汉、长沙和南昌三大省会与城市群内其他城市形成的旅游竞争关系大于旅游合作关系。加之,中小城市间旅游经济联系较弱,尚未形成功能互补、网络化联系格局。对于成渝城市群而言,模型的估计结果是直接效应和间接效应估计系数都为正值,不过三种空间权重下的间接效应系数均没有通过显著性检验。表明城市旅游网络节点中心性对自身旅游业发展水平的提升有重要的促进作用,对邻近城市的空间溢出效应尚不明显。重庆和成都是成渝城市群内的双核城市,因历史因素它们之间早已形成较强的旅游经济联系,受两者强大的经济基础和较好交通条件的影响,城市群内的其他城市均与它们发生密切的联系,在一定程度上可能获得这两个城市的辐射效应和溢出效应。与长江中游城市群一样,成渝城市群内的其他城市之间的旅游联系较弱。

第四节　结论与对策

一、主要结论

本章基于百度指数,分析比较了长江经济带三大城市群旅游网络空间结构,并对城市群旅游网络结构与旅游协调发展之间关系进行了空间计量分析,主要结论如下:

(1)基于城市旅游流总量将长江经济带划分为四个层级,上海、南京、杭州、苏州、武汉、重庆和成都一直位居第一层级;2012 年,第二层级城市有无锡、常州、扬州、绍兴、宁波、合肥、长沙7城市,2018年,新增了镇江、舟山和南昌3城市;第三层级城市组成变化较大,第四层级城市数量最多;变异系数分析表明成渝城市群城市内部差距最大,长三角城市群内部差距最小,不过都呈下降态势。

(2)长三角城市群城市之间的旅游流要远强于长江中游城市群和成渝城市群。上海—苏州、上海—杭州、上海—南京间的旅游联系量一直稳居前三,节点城市与中心城市、副中心城市之间都有较密切的旅游经济联系;长江中游城市群旅游联系逐渐加强,一级旅游流由原来的1条(武汉—长沙)增加到2条(武汉—长沙、武汉—宜昌),长沙和南昌、武汉和南昌之间的旅游联系亟待加强,节点城市与省会城市之间的旅游联系较弱;成渝城市群表现为"双核驱动、放射状"旅游流网络结构特征,两核之间旅游联系量很大,但其他城市之间的旅游联系明显较弱。

(3)长三角城市群旅游网络密度位居首位,城市间旅游联系最紧密,其次是成渝城市群,长江中游城市群最低,但旅游网络密度增长最快。

(4)三大城市群城市网络节点对城市旅游协调发展的影响存在差异,长三角城市群存在显著的正向空间溢出效应,长江中游城市群产生负向的空间溢出效应,成渝城市群正向空间溢出效应不显著。

二、对策与建议

上述研究结论对于进一步优化长江经济带三大城市群旅游空间结构,促进城市群旅游业协调发展水平的提升有重要的实践指导意义。为此,提出以下对策和建议:

1. 深化城市群内部旅游协调合作水平

一方面巩固城市群中心城市的节点地位,有效引导中心城市之间开展互补共赢的旅游合作模式,另一方面,推动中小城市积极融入城市群旅游合作发展进程中。在制定城市旅游发展战略时,中小城市应充分考虑网络中心城市的辐射效应和溢出效应,结合自身实际,以规模借用和功能借用等方式有机融入(刘梅等,2019),以达到增强自身旅游发展的目的。

2. 完善城市群内部交通基础设施建设

对于长三角城市群而言,要深化沪苏浙和安徽省中小城市之间的旅游联系通道建设,保障它们之间旅游活动畅通、便捷,使之形成更加紧密的旅游空间网络;对于长江中游城市群和成渝城市群而言,要重点打通、拓展中心城市和边缘城市以及边缘城市之间的旅游联系通道,确保中心城市在多个向度上向边缘城市延伸、扩展,这一方面提升了中心城市的旅游集聚能力,但同时推动了边缘城市通过完善的城市旅游联系通道来获取中心城市的旅游溢出。

3.加强旅游产业链建设

长江经济带三大城市群应打造特色旅游产品,树立区域旅游形象品牌,同时,应发挥旅游产业集群规模优势,优化旅游产业结构,提升旅游整体服务质量,完善产业链建设,推动城市群旅游业高质量发展。

参考文献

[1] 姚士谋,陈振光,朱英明,等.中国城市群[M].合肥:中国科学技术大学出版社,2006.

[2] 姚士谋,周春山,王德,等.中国城市群新论[M].北京:科学出版社,2017.

[3] 宁越敏.中国都市区和大城市群的界定:兼论大城市群在区域经济发展的作用[J].地理科学,2011,31(3):257—263.

[4] 虞虎,陆林,朱冬芳,等.城市旅游到城市群旅游的系统研究[J].地理科学进展,2012,31(8):1087—1096.

[5] 顾朝林.城市群研究进展与展望[J].地理研究,2011,30(5):771—784.

[6] 陈浩,陆林,郑嬗婷.基于旅游流的城市群旅游地旅游空间网络结构分析:以珠江三角洲城市群为例[J].地理学报,2011,66(2):257—266.

[7] 刘燕婷,甘巧林.东部3大区域旅游业发展的竞争力研究——主要旅游城市群的比较[J].华南师范大学学报(自然科学版),2010(4):122—126.

[8] 黄泰.长三角城市群旅游流潜力格局演变及其影响因素[J].资源科学,2016,38(2):364—376.

[9] 刘大均.长江中游城市群旅游流空间格局及发展模式[J].经济地理,2018,38(5):217—223.

[10] 付琼鸽,刘大均,胡静.湖北省旅游流网络结构的特征与优化[J].经济地理,2015,35(3):191—196.

[11] 喻琦,马仁锋,叶持跃,干青亚.长三角城市群旅游空间结构分析[J].统计与决策,2018(13):113—116.

[12] 詹军.长江三角洲城市群旅游经济差异及影响因素研究[J].世界地理研究,2018,27(3):120—130.

[13] 梁滨,邓祖涛.长江中游城市群旅游经济空间格局演化分析[J].经济问题,2015(9):125-128.

[14] 刘大均,陈君子,贾垚焱.高铁影响下成渝城市群旅游流网络的变化特征[J].世界地理研究,2020,29(3):549-556.

[15] 周慧玲,许春晓.基于游记行程的湖南旅游流空间网络结构特征[J].经济地理,2016,36(10):201-206.

[16] 吴江,魏玲玲,周年兴,等.基于网络游记的甘肃省旅游流空间分布格局研究[J].西北师范大学学报(自然科学版),2018,54(6):75-81.

[17] 邓祖涛.基于百度指数的长三角城市群旅游流网络结构演变探究[J].湖北文理学院学报,2019,40(11):37-43.

[18] 王章郡,方忠权,杜坤.中国自驾车旅游网络空间关注度的时空演变——基于 Google 搜索解析的分析[J].地域研究与开发,2011,30(5):112-117.

[19]黄泰.长三角城市群旅游流潜力格局演变及其影响因素[J].资源科学,2016,38(2):364-376.

[20] Huang,X. K.,Zhang,L. F.,Ding,Y. S. The Baidu Index:Uses in predicting tourism flows—A case study of the Forbidden City [J]. Tourism Management,2017,58(2):301-306.

[21] Acs Z J,Anselin L,Varga A. Patents and innovation counts as measures of regional production of new knowledge[J]. Research Policy,2002,31:1069-1085.

[22] 刘梅,赵曦.城市群网络空间结构及其经济协调发展——基于长江经济带三大城市群的比较分析[J].经济问题探索,2019(9):100-111.